森林认证的林产品国际贸易效应研究

陈娇娇　宋维明　夏恩龙◎著

中国農業大學出版社
China Agricultural University Press
·北京·

图书在版编目(CIP)数据

森林认证的林产品国际贸易效应研究 / 陈娇娇，宋维明，夏恩龙著. -- 北京：中国农业大学出版社，2023.5

ISBN 978-7-5655-2984-9

Ⅰ.①森… Ⅱ.①陈…②宋…③夏… Ⅲ.①林产品-国际贸易-研究-中国 Ⅳ.①F752.652.4

中国国家版本馆 CIP 数据核字(2023)第 090260 号

书　　名　森林认证的林产品国际贸易效应研究
Senlin Renzheng de Linchanpin Guoji Maoyi Xiaoying Yanjiu

作　　者　陈娇娇　宋维明　夏恩龙　著

策划编辑　石　华　　**责任编辑**　石　华　程书萍
封面设计　李尘工作室
出版发行　中国农业大学出版社
社　　址　北京市海淀区圆明园西路 2 号　　**邮政编码**　100193
电　　话　发行部 010-62733489，1190　　编辑部 010-62732617，2618
出版部 010-62733440　　读者服务部 010-62732336
网　　址　http://www.caupress.cn　　**E-mail**　cbsszs@cau.edu.cn
经　　销　新华书店
印　　刷　河北虎彩印刷有限公司
版　　次　2023 年 5 月第 1 版　　2023 年 5 月第 1 次印刷
规　　格　170 mm×228 mm　　16 开本　　11.75 印张　　217 千字
定　　价　36.00 元

前　言

森林认证是全球林产品国际贸易发展的重要变革。本书基于新制度经济学、环境经济学和国际贸易学的理论基础，将森林认证视为全球林业的国际标准，从全球角度考察和评估森林认证是否同其他国际标准一样，成为林产品国际贸易中的贸易壁垒，阻碍林产品的自由贸易，并研究森林认证对林产品国际贸易的影响程度，从而为改善国际森林认证体系和发展林业产业提供理论依据。

本书从全球视角为森林认证对林产品国际贸易的影响研究提供了一个规范的理论框架，延伸和丰富了国际贸易学、标准经济学和林产品国际贸易学的内容，并创新了现有森林认证理论。本书的结论为深化森林认证体系的改革、建立市场导向的森林认证发展体系提供了理论支撑和对策建议，对我国的碳达峰和碳中和的实现具有重要意义。

本书分为 8 章，其中第 1 章主要根据新制度经济学对国际标准的基本要求，得出森林认证是林业行业的国际标准的研究基础；第 2 章在理论和文献研究的基础上，论证本书研究的必要性；第 3 章系统全面地梳理森林认证现状及林产品国际贸易现状；第 4 章解释森林认证对林产品国际贸易的作用机制；第 5 章至第 7 章是实证部分，重点考察森林认证对林产品国际贸易的影响结果；第 8 章从森林认证体系发展和我国林业行业发展两个方面提出建议，以达到森林认证发展的理想阶段。

本书的出版得到国际竹藤中心“基本科研业务费专项资金项目（1632022003）”的支持，在此特别感谢！本书的撰写历时较长，暂且作为阶段性成果出版，不足之处恳请读者批评指正。

作　者

2022 年 11 月

前　言

森林认证是全球林产品国际贸易发展的重要变革。本书基于新制度经济学、环境经济学和国际贸易学的理论基础，将森林认证视为全球林业的国际标准，从全球角度考察和评估森林认证是否同其他国际标准一样，成为林产品国际贸易中的贸易壁垒，阻碍林产品的自由贸易，并研究森林认证对林产品国际贸易的影响程度，从而为改善国际森林认证体系和发展林业产业提供理论依据。

本书从全球视角为森林认证对林产品国际贸易的影响研究提供了一个规范的理论框架，延伸和丰富了国际贸易学、标准经济学和林产品国际贸易学的内容，并创新了现有森林认证理论。本书的结论为深化森林认证体系的改革、建立市场导向的森林认证发展体系提供了理论支撑和对策建议，对我国的碳达峰和碳中和的实现具有重要意义。

本书分为8章，其中第1章主要根据新制度经济学对国际标准的基本要求，得出森林认证是林业行业的国际标准的研究基础；第2章在理论和文献研究的基础上，论证本书研究的必要性；第3章系统全面地梳理森林认证现状及林产品国际贸易现状；第4章解释森林认证对林产品国际贸易的作用机制；第5章至第7章是实证部分，重点考察森林认证对林产品国际贸易的影响结果；第8章从森林认证体系发展和我国林业行业发展两个方面提出建议，以达到森林认证发展的理想阶段。

本书的出版得到国际竹藤中心“基本科研业务费专项资金项目（1632022003）”的支持，在此特别感谢！本书的撰写历时较长，暂且作为阶段性成果出版，不足之处恳请读者批评指正。

作　者

2022年11月

目　录

绪 论 1

1.1 研究背景与问题的提出

1.1.1 研究背景

1. 森林认证是全球森林治理的重要方式

森林是地球生物最重要的生态系统，是数以亿计的当地居民维持生计的基础，也是实现低碳循环经济的关键因素。自20世纪60年代以来，全球范围内的生态破坏问题日益严重，气候变化、环境污染、资源短缺、社会正义和当地居民权利等可持续发展问题成为国际社会关注的焦点。2019年第6版《全球环境展望》报告①，人类正在遭受包括由气候变化和土地利用变化在内的生态变化所造成的影响。森林过度砍伐对生态系统造成了极大的破坏，全球每年大约有1 200万公顷森林遭到破坏，其释放的温室气体排放量约占全球温室气体排放量的25%。有关生物多样性和森林砍伐的数据表明，森林生态系统结构和功能普遍恶化。对社会和社区状况的研究表明，社区居民依赖森林谋生能力日益下降。对经济全球化和技术创新的研究表明，由于森林开发的加速，林业行业全球发展趋势的不确定性将增加。

生态系统的破坏、生存环境的恶化及自然资源的枯竭导致各种以市场为导向的保护手段出现。虽然这些以市场为导向的方案的合理性和执行力有所不同，但在本质上都是试图通过增强商品的可持续性，从而创造与环境相关的商品需求，以达到资源的可持续利用和生态的可持续发展。在世界范围内，生态系统服务付款(payment for ecosystem services, PES)成为可持续发展的重要途径和基础，林产品的生态系统服务付款成为该类计划的重点。在林业行业，森林的经营管理和生产方式正发生巨大变化，以应对在经济全球化过程中因环境退化所导致的经济衰退问题。

---

① UN Environment. Global environment outlook 6. 04, March 2019.

由森林的经济、生态、环境、社会和文化等多方面的需求所产生的冲突，森林的管理和治理难度不断加大(荆珍，2015)。对于应采取何种措施来缓解或应对正在日益加剧的森林产业衰退问题以及日益严峻的环境和社会变化问题，世界各国很难达成共识。森林认证是全球森林治理的有效手段，是解决森林可持续发展问题的重要方式之一。始于20世纪90年代的森林认证是指应对包括非法采伐、滥伐森林和森林退化在内的一系列森林管理问题，兼具木材合法性和可持续发展的双重属性。森林认证旨在维持森林原有的生态价值以及森林相关利益者的经济利益和社会利益，从而为所有森林利益相关者带来共生的利益，并为社会和自然带来切实的效益。

2.森林认证是林业行业重要的国际标准

国际标准是产业发展的秩序和规则，是工业生产中产品分工、集合和生产的“公共语言”(胡娜，2016)。标准化体制改革将成为中国政治与经济体制改革的重要组成部分(刘三江和刘辉，2015)。要充分发挥标准与认证的战略性、基础性和引领性作用，创新生态文明体制机制，全面提升绿色发展的质量和效益，促进我国绿色产品标准、认证和标识的国际接轨与互认，以便利于国际贸易和合作交往①。

我国政府高度重视森林认证的发展，提出要积极开展森林认证，培育我国的绿色林产品市场，促进林业的可持续健康发展②。联合国粮食及农业组织(Food and Agriculture Organization，FAO)指出，森林认证是一种自愿程序，由独立的第三方“认证者”根据公共或私人认证组织预先确定的一组“标准”评估森林管理和生产质量。森林认证标准是符合国际法的，是依托国际标准化组织(International Organization for Standardization，ISO)的标准、规范和原则设定的，增加了产品的合法性。

标准有两种，即基于过程的标准和基于性能的标准。在森林认证中，过程标准适用于特定的林业组织(企业、土地所有者和协会)对森林经营过程的管理，而性能标准适用于森林管理单位对森林管理质量的要求，以国际标准为基础的森林认证详见附录A。森林认证中有各种各样的术语用于描述这种管理效果，包括“负责任的森林管理”“良好实践”和“可持续森林管理”。可以说，所有森林认证标准都制定了一些过程要求以及一定程度的性能要求。尽管范围、内容和程序存在差异，但所有可信的森林认证体系都要求遵守现有的国际法律和法规。森林认证标准的设定、编写、认证过程和认可申诉四个重要方面的原则、准则、指标和标准都是基于ISO标准执行的

① 《国务院办公厅关于建立统一的绿色产品标准、认证、标识体系的意见》(国办发〔2016〕86号)。

② 《国家林业和草原管理局关于加快推进森林认证工作的指导意见》。

(Nussbaum 和 Simula, 2013),设计和运行森林认证体系的 ISO 指南详见附录 B。Barrios(2018)指出在经济学研究中,技术法规、协定都具有相似的经济影响,因此可统称为标准。可以说,森林认证标准是林业行业重要的国际标准。

3. 国际标准促进国际贸易,抑或成为贸易保护措施

随着贸易自由化进程的加快,各国普遍融入经济全球化,国际标准对国际贸易的影响不断凸显。国际标准促进国际贸易的进程,国际标准也可能成为贸易保护措施。标准和技术规则对国家或者国际的贸易和竞争会产生阻碍作用,各种技术性贸易壁垒正在取代关税、配额和许可证等传统贸易壁垒,成为影响国际贸易的新因素。标准的三个特征导致其成为全球自由贸易的障碍:①与关税和配额不同,它们不仅是由政府制定的,而且还涉及一系列私人行为。②与公开制定的关税和配额不同,许多标准是不透明的。生产者必须遵守的规章制度通常缺乏稳定性和一致性。③与世界贸易组织解决关税和配额等争端机制不同,与标准有关的解决机制通常是一个不对称的过程,完全由购买方或购买国决定。

世界贸易组织(World Trade Organization,WTO)和区域一体化组织致力于通过国际贸易协定降低全球关税,然而,贸易保护主义却出现了新型非关税壁垒(Non-Tariff Barriers,NTB)的设置。由于贸易壁垒形式层出不穷,各行业都遭受了不同程度的贸易壁垒。非关税壁垒数量呈现上升趋势,发达国家成为主要设置者,而发展中国家则是主要受害者(符磊和强永昌,2018),国际贸易摩擦出现了“南北不对称”的问题(尹翔硕和李春顶,2007)。20 世纪 70 年代,非关税壁垒问题已经开始成为关税及贸易总协定(General Agreement on Tariffs and Trade,GATT)的谈判重点。

各国开始将标准的使用作为保护本国市场免受外国不良竞争的新手段。1996—2016 年 WTO 官方数据显示,技术标准型贸易壁垒已成为非关税壁垒的一种新形式(徐惟和卜海,2018)。2020 年新型冠状病毒感染疫情暴发导致全球经济严重萎缩,加上 2009 年金融危机的持久影响,一些发达国家的贸易保护主义盛行,凭借其在科技、管理、环保和劳动环境等方面的优势,设置具有隐蔽性的新型的标准型贸易壁垒(蔡倩茹,2010)。在如今全球经济复苏的迫切需求下,标准型贸易壁垒会制约一些国家经济的发展,影响全球福利。国际贸易正处于以新型非关税壁垒为主的贸易保护主义时代,技术标准型贸易壁垒成为新的形式,阻碍了自由贸易的进程。

在实践中,森林认证作为一种跨国的森林治理机制,通过制度和权利的互动以及全球治理要求与国内政策发展的相互妥协,最终实现认证标准和第三方认证机构在国内的合法性。但是这种妥协带来的是实践与理论的差距,即实现了一定程

度的治理，但没有完全发挥国际标准的作用（任洪生，2017）。

1.1.2 问题的提出

国际标准对国际贸易产生了两方面对立的影响。一方面，国际标准的存在解决了行业内的不规范问题，增加了社会福利。另一方面，当标准在国际贸易中被用作限制贸易的政策工具时，由此产生的高额成本远超过关税。因此，国际标准的存在和发展产生了两个争论：国际标准是否是贸易壁垒；国际标准对发展中国家的影响。

作为全球性的国际标准，森林认证正在成为林产品全球贸易的重要组成部分。森林认证的目的是对那些使用非法木材、滥伐森林或森林退化以及对当地居民不利的行为形成市场或贸易壁垒，以达到森林可持续经营。

然而，作为与贸易有关的工具，森林认证已成为当代国际林业政策中最具争议性的问题之一。第一，森林认证在认证过程和认证绩效方面产生了差距，即在不同国家，森林认证市场机制的发挥和激励措施效果不同（彭晓陈，2015），影响了一些国家的产品在国际市场上的竞争力和市场准入。第二，“知识经济”的到来导致国际标准成为发达国家的政治武器，关于森林认证是非关税壁垒的争论日益突出。第三，森林认证可能会对一些利益相关者产生偏见，比如，小森林所有者（校建民等，2019）。第四，森林认证一般被认为是一种绿色贸易壁垒（朱江梅，2012）。绿色贸易壁垒是指一国以保护生态环境、自然资源以及人类和动物的健康为由来限制进口的非关税壁垒措施，包括绿色关税、绿色技术标准、绿色环境标志和绿色卫生检疫制度等（麻见阳，2020）。然而，与现有的家具行业遭受的家具企业绿色营销体系和国际环境管理体系系列标准（ISO 14000）中关于板材、涂料、包装和生产过程的环境问题不同（张二愧，2009），森林认证是关于森林和林产品经营和管理方面的要求，因此，森林认证的贸易壁垒问题需要被重新考察。

在现实中，森林认证与林产品贸易存在争论，即森林认证标准是促进了，还是阻碍了林产品贸易？如果它促进了林产品贸易，是如何实现的？如果阻碍了林产品贸易，贸易壁垒的性质是什么？（例如政治或非关税）为了解决以上现实问题，本书进一步提炼出以下四个核心的科学问题。

（1）森林认证对林产品国际贸易影响的作用机制如何？即森林认证对林产品贸易分工网络、森林认证的交易模式和特性、交易效率和交易成本等基础理论问题有什么影响。

（2）森林认证与林产品国际贸易的关系如何？即从全球角度来看，森林认证是否会影响林产品国际贸易。

(3)森林认证对林产品国际贸易的影响程度如何？即森林认证标准是促进了，还是阻碍了林产品贸易，对贸易的影响效应如何以及对不同国家和不同林产品的具体影响如何。

(4)森林认证对全球林产品的价格、生产、贸易和福利方面的预期影响如何？

1.2 研究目的与意义

1.2.1 研究目的

由于森林认证的产生，林产品贸易问题需要重新讨论。从全球范围来看，森林认证是否同其他国际标准一样，成为林产品国际贸易中的贸易壁垒还未有论断，森林认证对国际林产品贸易的影响研究十分迫切。因此，对于学术界而言，为森林认证对林产品国际贸易的影响研究提供统一的普适理论；对于实务界而言，森林认证对国际贸易的影响结果，均是需要解决的重要问题。

本书的研究目的在于通过理论分析，解释森林认证如何通过贸易过程达到其目的，即促进森林可持续经营的途径。进一步从全球的视角出发，探讨森林认证与国际贸易之间的关系，考察森林认证的贸易本质，即森林认证是阻碍了自由贸易还是促进了自由贸易以及森林认证对全球林产品的价格、生产、贸易和福利方面的影响。本书重点分析森林认证对林产品国际贸易的影响，从而为揭示森林认证与林产品国际贸易的内在作用规律，考察两者之间的关系，发现现实中两者间的矛盾，并对两者的发展趋势做出判断，进而为政府政策的合理化，为相关主体适应森林认证体系的要求以及有效推进林产品国际贸易等提供科学的依据和指导。

1.2.2 研究意义

1. 理论意义

本书的研究延伸和丰富了国际贸易学、标准经济学和林产品国际贸易学的内容。首先，国际标准正以新型的贸易壁垒的姿态走向国际贸易的舞台，传统的非关税壁垒已经不足以涵盖森林认证的贸易壁垒内涵。新型贸易壁垒的研究有利于完善国际贸易学的理论基础。其次，森林认证是林业行业的国际标准，对森林认证的研究将完善标准经济学的研究范畴。最后，森林认证成为林产品国际贸易的重要组成部分，大多目前的林产品国际贸易研究未考虑或者无法正确衡量森林认证的影响效果。因此，本书将森林认证纳入林产品国际贸易的研究，有利于完善林产品国际贸易的研究。

本书的研究还创新了现有森林认证理论的研究内容，为森林认证对林产品贸易的影响研究提供一个规范的理论框架，即将森林认证体系的运行机理纳入国家对外贸易活动及政策研究的框架，从而为森林认证对林产品国际贸易效应的研究带来更大的深度和广度，为森林认证体系的进一步发展提供了理论基础。

2. 实践意义

本书从新的研究视角为森林认证对贸易的影响提供了新的解释和实证证据，从而为制定公平的森林认证国际标准提供了科学基础，并丰富了国际标准效果评价的研究。

我国正处于体制转型的关键阶段，森林认证的建设和发展对完善我国标准化建设具有重要的意义，契合当下体制转型、标准改革、可持续发展、市场化建设和“双循环”的新发展格局的中国时代背景。针对目前中国森林认证和林产品国际贸易在全球林产品供应链中处于加工大国地位的现状，从标准层面来寻找解决对外贸易摩擦与争端的方法是一个新的思路。据此，本书的研究可为我国政府、行业协会及企业应对国外的非关税贸易壁垒提供思路，并为我国完善标准政策提供建议，具有一定的现实指导意义。同时森林认证对我国的碳达峰和碳中和的实现具有重要意义。

1.3 研究内容与研究框架

1.3.1 研究内容

本书根据新制度经济学对于国际标准的基本要求，解释了森林认证基于过程和基于性能的表现，由此得出森林认证是林业行业的国际标准的研究基础。在理论基础和文献研究的基础上，论证本书研究的必要性。通过系统全面地梳理森林认证现状及林产品国际贸易现状，为后文森林认证的实证研究提供数据基础。

本书的理论分析回答了森林认证对林产品贸易的影响机制这一科学问题，重点将森林认证发展过程的多种要素融入林产品国际贸易理论中，为森林认证对林产品贸易的影响研究提供一个规范的理论框架。本书提出 6 个森林认证对林产品国际贸易影响的假说，为实证分析奠定理论基础。

本书的实证部分重点考察森林认证对林产品国际贸易的影响结果。通过贸易网络分析、引力模型分析以及一般均衡模型的分析回答本书提出的第四个科学问题。

基于全书研究，本书从森林认证体系发展和中国林业行业发展两个方面提出

建议,以达到森林认证发展的理想阶段。

1.3.2 研究框架

本书基于环境经济学的研究背景,在新制度经济学的指导下,将森林认证视为林业行业公共的国际标准,围绕研究问题和研究目的,基于国际贸易理论,构建了以森林认证发展特征为基础的研究框架(图 1-1)。

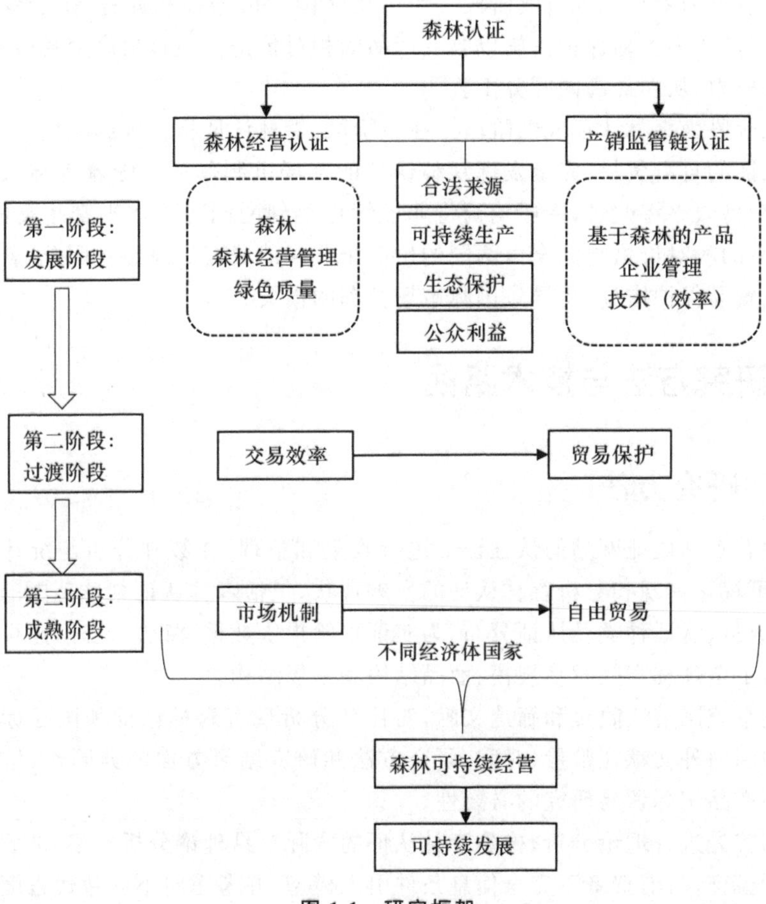

图 1-1 研究框架

基于国际贸易理论,森林认证的发展将改变发达国家和发展中国家的交易效率,改变国际分工,导致国际贸易格局的变化。按照国际标准的发展阶段,森林认证的发展可分为三个阶段,对国际贸易将产生不同的影响。

第一阶段为森林认证发展阶段。由于森林认证基于成本、生产和管理等方面的作用，一国的交易效率将由低到高变化。由于发达国家和发展中国家林业资源禀赋和生产效率的差异，发达国家和发展中国家的交易效率是不一样的。一般均衡会导致国家分工从完全自给自足非连续跳到不完全分工，即交易效率低的发展中国家的分工水平比交易效率高的发达国家低。此时，交易效率低的发展中国家的国内相对价格就是国际市场的相对价格，这时的贸易和分工的好处均被交易效率高的国家获得。

第二阶段为森林认证过渡阶段。为了扭转国际市场福利局势，基于森林认证的特点，将其作为贸易保护措施以改变产品的相对价格。通过提高交易效率，来提高国际竞争力，从而提高国际分工。

第三阶段为森林认证成熟阶段。在该阶段，森林认证将积极影响贸易进程，达到森林认证的自由贸易，完全发挥森林认证的市场机制作用。随着森林认证的不断发展，交易效率将改进，一般均衡将非连续地跳到两国分工水平都很高的状态。此时，产品的相对价格将完全由两国的生产条件和消费偏好决定。因此，若是两国仍然采取贸易保护措施，将导致国际市场福利的损失。

1.4 研究方法与技术路线

1.4.1 研究方法

对现有森林认证网站的认证证书进行收集和整理，在数理分析与统计分析的基础上，可视化呈现和分析森林认证的发展现状，包括森林认证全球范围的认证面积、认证数量、认证种类及认证分布，为实证检验提供数据基础。此外，还可视化呈现和分析了全球林产品贸易规模、商品结构和市场结构。

通过系统图谱法收集和筛选文献，对比和分析现有森林认证和国际标准对贸易影响的国内外文献在数量、时间、研究方法和研究结果方面的异同，以论证森林认证对林产品国际贸易研究的必要性。

本书首先进行理论分析，构建森林认证的国际贸易理论分析框架，进而将其纳入经济学模型，将消费者不完全信息条件引入模型，并考虑对不同替代程度的产品和对不同国家生产过程的影响，进而解释森林认证对林产品国际贸易的作用机制，由此得出森林认证对贸易影响的经济学假说，以待验证。

为了验证经济学假说，本书依次开展三个方面的实证研究，层层递进，以得出森林认证对林产品国际贸易的影响结果。本书的第一部分实证旨在对现实中森林认证与林产品贸易两者的关系进行宏观观测，以清晰地对比和考察森林认证对林产品国际贸易网络的影响,为实证检验提供研究基础。通过社会网络分析法,基于复杂网络理论,通过 R 语言软件的 igraph 数据包以及 Ucinet 6 软件,选取 2009—2018 年全球多个国家木制品、纸和纸浆产品以及家具产品的国际贸易以及森林认证的数据,对比和分析三种林产品国际贸易网络以及以森林认证为节点属性的林产品国际贸易网络的网络度值、网络密度、节点强度、平均路径长度和聚类系数等多种网络特征指标。进一步通过社团分析,动态考察森林认证对林产品贸易空间格局的影响。最终,分析现有网络的演化规律,模拟预测 2025 年森林认证的贸易网络格局。

本书的第二部分实证是在网络分析的基础上,进一步选取重点国家,以分析森林认证对林产品国际贸易具体的影响效应。通过扩展的引力模型,剥离森林认证在国际贸易中的贸易效应,即森林认证在贸易过程中的出口竞争效应、贸易壁垒效应和通用语言效应,并将模型细分为不同经济体国家相互贸易和不同产品的子模型,进行组间认证贸易效应比较。由于林产品国际贸易实证研究中存在估计方法的争论,因此,本书进行多种估计方法的比较,以选取适合林产品国际贸易的估计方法。

本书的第三部分实证是基于第二部分实证得出的"森林认证是非关税贸易壁垒"的结论,进一步量化相关国家或地区森林认证的非关税壁垒数值,运用一般均衡模型和 GTAP 第十版数据库,模拟预测森林认证的非关税壁垒对全球林产品价格、生产、贸易和福利方面的影响。

1.4.2 技术路线

技术路线如图 1-2 所示。

1.5 研究的创新之处

本书运用全球数据并从全球角度开展森林认证对林产品国际贸易影响的理论和实证研究,主要创新点如下。

(1)从新制度经济学的视角出发,将森林认证视为国际标准,研究其对林产品国际贸易的影响,是一个创新的研究视角。

(2)理论方面,构建森林认证的国际贸易理论分析框架,为森林认证对林产品贸易的影响研究提供一个规范的理论框架,即构建了森林认证对国际贸易的作用机制,探讨在贸易过程中森林认证对林产品的分工网络、森林认证的交易模式和特性、交易效率和交易成本等问题。

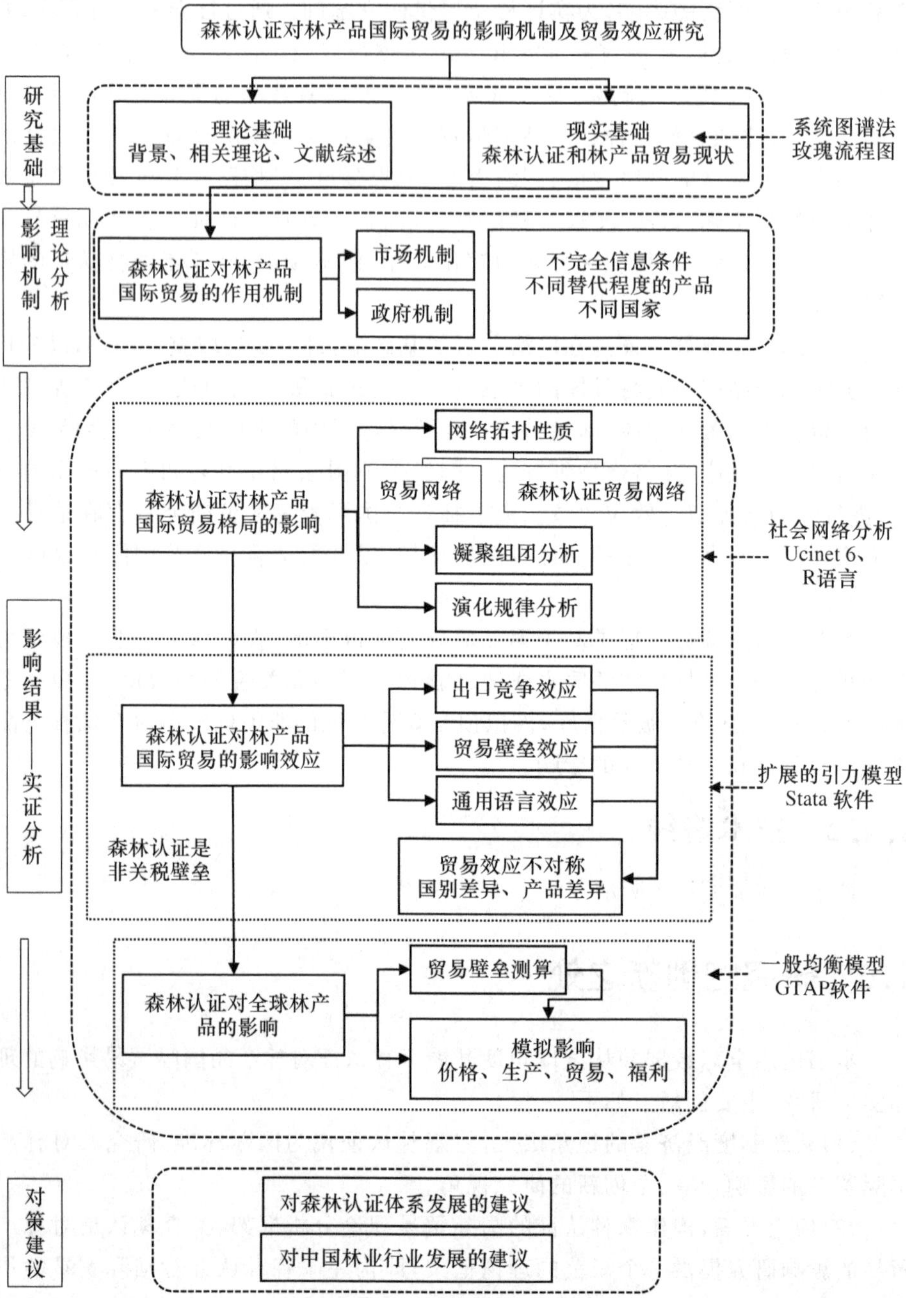
森林认证对林产品国际贸易的影响机制及贸易效应研究
研究基础
理论基础
背景、相关理论、文献综述
现实基础
森林认证和林产品贸易现状
系统图谱法
玫瑰流程图
理论分析——影响机制
森林认证对林产品国际贸易的作用机制
市场机制
政府机制
不完全信息条件
不同替代程度的产品
不同国家
网络拓扑性质
贸易网络
森林认证贸易网络
森林认证对林产品国际贸易格局的影响
凝聚组团分析
演化规律分析
社会网络分析
Ucinet 6、
R语言
影响结果——实证分析
出口竞争效应
森林认证对林产品国际贸易的影响效应
贸易壁垒效应
通用语言效应
扩展的引力模型
Stata 软件
森林认证是非关税壁垒
贸易效应不对称
国别差异、产品差异
贸易壁垒测算
一般均衡模型
GTAP软件
森林认证对全球林产品的影响
模拟影响
价格、生产、贸易、福利
对策建议
对森林认证体系发展的建议
对中国林业行业发展的建议

图 1-2　技术路线

(3)从全球贸易网络的视角出发，将森林认证作为节点属性引入全球林产品贸易网络，清晰地剥离了森林认证在国际贸易中的贸易效应，即森林认证在贸易过程中的出口竞争效应、贸易壁垒效应和通用语言效应；并进一步将模型分割成国家和产品子模型，以进行组间认证贸易效应比较；还验证了适用于林产品国际贸易的实证研究的估算方法；测度了不同国家(地区)森林认证的非关税壁垒，将其纳入一般均衡模型。

(4)从全球的角度得出了森林认证是非关税壁垒以及森林认证贸易效应不对称的重要结论。

理论基础与国内外研究进展 2

2.1 理论基础

2.1.1 新制度经济学理论

随着全球经济、政治和文化的复杂性不断加强，社会科学研究领域各学科相互渗透，制度的内涵也逐渐扩展。在新制度经济学中，制度包括正式的规则、程序或规范。规范作为资本，支持着经济主体之间的信用和相互信任。作为具备约束性的规范减少了人类行为的不确定性，体现了社会关系网络主体的兴趣和偏好。价格制度或市场制度被认为是达到合作、解决冲突所建立的重要的制度之一。标准作为一种制度或公共物品，最具有解释力的理论应当是新制度经济学。Dimaggio和 Powell (1991)指出，规则、标准以及中介的综合，属于非正式制度。因此，森林认证可以看成是一种非正式的国际制度，新制度经济学为森林认证的研究提供了一个新的视角。

在经济活动中，不同的经济主体对商品与贸易信息了解的全面程度与充分性是不同的，即参与者之间的信息通常是不对称的，一般地，卖方对产品信息的掌握程度高于买方，信息更丰富的卖方具有主动权，而缺乏信息的买方则相对被动。在市场经济中，经济主体为了实现自身利益最大化往往会造成信息不对称，从而导致社会福利的损失。在木材及木制品交易中就存在明显的信息不对称现象。在市场交易中，买方可以辨识产品的基本性能，却很难辨认木材的来源、流通途径和合法性，即消费者无法清晰地了解林产品原料来源是否合法以及是否具有可持续性。当存在信息不对称问题时，任何一种有效的制度都需要满足"激励相容"条件(张维迎，2012)。而要解决信息不对称问题主要有三种途径，即信誉、许可和认证。因而林业行业也就产生了森林认证(白清玉，2014)。

Coase(1988)通过交易费用对企业的行为进行了解释。企业(社会)责任下的活动代表自愿的自我调节，这是企业可持续发展战略的一部分。企业社会责任的制度理论强调正式和非正式的规则，以规范作为行业参与者、监管者和其他利益相关者之间的行为调节。直接监管是改善企业环境绩效的重要驱动力，也可能鼓励企业为改善环境绩效而开展自愿活动。软性的监管手段可能不够严格，没有法律约束力的法规（行业自我法规）已被证实明显不如大多数政府法规有效（Korhonen等，2015），企业社会责任和强有力的政府监管是互补而不是相互替代的。

2.1.2 环境经济学理论

环境经济学研究了经济发展和环境保护之间的关系，是探索人类发展和自然环境协同发展的科学。经济手段被认为是目前解决环境问题的有效手段之一，通过将环境的价值纳入生产和生活的成本中，变革传统的无偿使用环境的发展模式。环境经济学认为，环境的污染和破坏是由人类没有正确认识经济发展和环境保护之间的关系，缺乏用长远的眼光看待自然对经济发展的问题，只考虑短期内的经济效应导致的。直到20世纪50年代，人口数量迅速增加、需求不断扩大和生产供不应求导致全球出现了严重的资源匮乏和生态环境破坏等问题。随着环境经济学研究的不断深化，环境开始被当作商品生产和消费的要素，生产者需要对环境的消费支付成本。

在环境经济学中，外部性理论从福利的角度进行解释。市场双方由于环境因素产生的福利大于由原先市场带来的影响效应，则为正外部性。外部性问题已经扩展到了区际，甚至国际，尤其是环境的负外部性问题，是现阶段全球需要共同面对的重要和关键问题。

在全球化进程中，贸易与环境的联系更加紧密。由于发达国家和发展中国家在经济发展和环境保护方面的差距，国家间的贸易和环境问题成为国际关注的焦点。“污染避难所”假说是国际贸易与环境保护领域的重要理论，该假说认为环境保护和经济发展是对立统一的关系。从全球视角来看，在贸易自由化条件下，重污染企业将逐渐迁移至发展中国家。但是适当的环境保护规范可以通过促进企业创新增加企业收益，从而抵消环境保护成本。“波特假说”指出了环境规制可以提高技术创新，创新带来的收益超过环境规制的成本，提升了企业的竞争力，为企业带来更大的创新激励。

作为环境资源，如果森林价格没有国际社会合理的评价和约束，将会导致市场失灵。森林认证作为全球公共物品具有非竞争性和非排他性，可解决环境资源配置过程中的市场失灵的问题。森林认证对于环境资源调节的最终效果仍要取决于对林业经济发展与森林环境保护的对立统一关系的认知水平。

森林认证不仅在一定程度上能够消除森林经营的负外部性，还能够产生环境外部溢出经济效应。森林认证的经济意义就是把森林的正外部性物质转化为货币的形式，即支付使用环境的费用。森林认证是森林可持续经营的重要途径，同时被纳入了经济要素，促进了经济、社会和环境的和谐发展。在环境经济学理论的指导下，与传统环境相关的产品的消费模式正在被重新定义，环境经济学理论是森林认证经济和贸易研究的重要支撑。

2.1.3 国际贸易学理论

国际贸易理论随着经济的发展经历了古典贸易理论、新贸易理论以及新新贸易理论的变革。古典贸易理论认为，贸易源于国家间的外生比较优势和资源禀赋的差异。随着国家间经贸的往来，传统贸易理论已无法解释现实中的问题。例如，在林产品国际贸易过程中，发达国家间的一些林产品的贸易量高于发展中国家和发达国家的贸易量，即林德贸易模式。这种现象是由于发展中国家的交易效率低于发达国家。李嘉图(Ricardo，1817)的外生技术比较优势用分工网络模型等经济组织的拓扑性质的变化代表国际贸易学的发展思路(杨小凯和张永生，2001)。新贸易理论提供了一个基于内生分工和专业化的贸易理论，在一定程度上解释了传统贸易理论无法解释的问题。由于不同国家消费偏好的差异性，专业化生产的出现提高了生产效率，也增加了交易次数和交易费用，因此，全球范围将会产生以内生比较利益为基础的最优分工。国际分工将节约各国的重复学习成本，因此，内生比较利益将随着国际分工的发展而增加，经济、贸易和市场结构变化都将成为演进过程的不同体现方面。

古典贸易理论和新贸易理论的局限性在于假设企业的同质性，导致无法解释企业的出口决策行为，且研究对象为国家和产业层面。新新贸易理论的核心是从企业的微观视角分析一国贸易主体决策经济活动的行为，对企业的经济活动和国家政策的制定具有较强的指导意义。Melitz(2003)提出的企业异质性理论强调企业特征差异和市场准入的固定成本，该理论的提出使在企业异质性框架下的国际贸易模式更加符合国际贸易现实。在国际贸易中，资源得以重新配置，贸易流向倾向于生产率较高的企业。新新贸易理论是通过贸易和开放来提高一个产业，甚至全国的生产率水平的理论基础。从新新贸易理论的角度来看，竞争优势是指一个企业或国家在某些方面比其他企业或国家更能带来利润或效益的优势，其主要来源于技术、管理、品牌和劳动力成本等方面。

自由贸易主义和贸易保护主义是国际贸易中的一组相对立概念，一国究竟应该实行自由贸易，还是通过贸易保护提高国际竞争力一直是发展着的国际贸易理论争论的焦点。Krugman(1994)认为，自由贸易是各国追求的最终目的。而Sachs(1983)却认为，国际竞争有利于提高和改善国家福利。Cheng(2000)认为虽然一国的交易效率高，具有比较优势，但并不能得到贸易好处，还要通过促进自由贸易来提高交易效率。20世纪以来的贸易优势在很大程度上取决于一国的产业创新和升级的能力，是一个国家内部各种因素综合作用的结果。

自由贸易理论建立在分工理论和比较优势的基础上，通过全球范围内的自由贸易，可达到各方利益的最大化以及全球福利的最大化。而贸易保护主义理论则限制了世界范围内的资源优化与合理配置。但是贸易保护在发展中国家可以保护幼小企业，在发达国家可以保护就业。在西方经济学中，贸易保护理论作为新的国际贸易理论很好地解释了“里昂惕夫之谜”。战略性出口政策和战略性贸易政策是贸易保护主义的体现，这两种政策以不完全竞争和规模经济理论为前提，强调了政府适度干预贸易对于本国企业和产业发展的作用(白清玉，2014)。

Cheng(2000)将超边际分析运用于李嘉图模型，从政治经济学的角度解释贸易保护主义。当交易效率从低到高变化时，一般均衡会导致国家分工从完全自给自足非连续地跳到不完全分工，即交易效率低的国家分工水平比交易效率高的国家低。此时，交易效率低的国家的国内相对价格就是国际市场的相对价格，也就是此时的贸易和分工的好处均被交易效率高的国家获得，进而交易效率低的国家将试图通过贸易保护措施来改变产品的相对价格，以扭转国际市场福利局势。随着交易效率的改进，一般均衡将非连续地跳到两国分工水平都很高的状态。此时产品的相对价格将完全由两国的生产条件和消费偏好决定。因此，若是两国仍然采取贸易保护措施，将导致国际市场的福利损失。国际贸易环境正在把传统的关税、配额和倾销等贸易保护形式转变为更加隐蔽和具有影响力的贸易保护新形式。例如，技术性贸易壁垒和绿色贸易壁垒的合理性就依托贸易保护主义理论的支持。因此，新型贸易壁垒的研究有利于完善国际贸易学的理论基础。

森林认证是后工业时期绿色经济的需求。它的表现形式的理论基础有别于传统的贸易理论，对于贸易的负面影响也已经不足以涵盖传统的贸易理论的范围，更适用于新新贸易理论。相对于古典贸易理论中的国家从要素禀赋中产生比较优势而言，森林认证是从产品绿色质量水平和信息传递等方面获得竞争优势。企业异质性理论是新新贸易理论的核心，是国际贸易中用来解释微观企业行为的重要理论基础，很好地解释了企业进行森林认证的原因。从关税壁垒到隐蔽的非关税壁垒，贸易壁垒一直是国际贸易的重要部分，影响着国际经济与贸易的秩序。与传统的关税壁垒一样，产业的生产率会发生改变，森林认证所蕴含的非关税壁垒的属性，也将无形中影响企业的生产率，从而影响企业的贸易决策。

随着森林认证的发展，国际分工将不断深化，各国的林业专业化水平、林业生产率、林产品贸易依存度、林产品商业化程度、林产品结构多样化程度以及林产品贸易种类及相关市场都将发生变革。森林认证作为国际标准将不可避免地面临国际贸易过程中贸易保护主义的挑战，因此，解释森林认证的国际贸易理论基础也需要不断完善。

2.2 国内外研究综述

为了回答在“绪论”提出的科学问题，本书试图从国内外现有文献来审查和评估森林认证标准对林产品国际贸易影响的研究进展，从而证明本书选题的科学性和研究的必要性。通过对国内外研究的梳理，本书试图回答以下四个问题。

(1)森林认证对林产品国际贸易的影响研究在文献数量、研究范围等方面的研究现状如何?

(2)森林认证标准对林产品国际贸易的影响研究采用了哪些方法?如采用了概念研究法、实证研究法、数学研究法、统计研究法、案例研究法，还是调查研究法?

(3)国际标准和森林认证对贸易的影响研究在基础研究上存在哪些空白?

(4)森林认证标准对林产品国际贸易有什么影响?

2.2.1 文献研究方法

基于以上问题，本书通过系统图谱(systematic map)的研究方法来收集和筛选文献，在玫瑰流程图的指导下开发系统图。

1.收集和筛选文献

本书参考 David 和 Han(2004)的方法和标准科学地搜索既有研究文献:①搜索的文献截至 2019 年 12 月发表的研究。通过选择“国际标准”“贸易”“森林认证”为主要搜索关键词，搜索多个电子期刊数据库中的关键词，包括 Elsevier、JSTOR、Wiley、EBSCO 和 Web of Science 等。②在百度学术上通过检索词进行搜索，选取搜索结果 1～20 页的相关文章;为了确保相关度，所选文献的标题和关键词的数量必须大于等于主要关键词的数量。③通过阅读所选文献的摘要，剔除与整合国际标准和贸易不相关以及重复的文献。④仔细阅读剩余文献的全文以保证文献与研究主题的相关性。

在选定研究文献的基础上进一步通过四个方面对文献进行编码处理：①发表时间；②文献类型；③研究方法；④研究层面。文献类型为期刊文章、书籍、学位论文和工作论文。根据 Samantha 等(2019)所描述的研究分类，文献可分为理论概念性分析、数学建模、统计分析、实证性方法、问卷分析和案例分析；研究范围分为全球范围、国家范围和企业微观范围。

2. 确定影响研究主题的方面

为了准确把握研究课题的热点和重点，本书对所选文献进行逐一分析：①从文献的标题、关键词、摘要等方面形成文本挖掘文档。删除无意义的词，如研究、影响、意义等。②绘制云图连接关键点，找出与研究主题相关的研究关键点的各个方面。

2.2.2 文献的总体描述

1. 文献的数量和类型

系统图谱法收集和筛选文献的过程如图 2-1 所示。通过电子期刊数据库、百度学术数据库和书目检索，共检索到 4 557 条记录，剔除了 516 条无关记录。通过标题和摘要删除其中 72.91%的文献。在全文检索阶段，排除了不合适的研究设计和未被引用的文献，初步筛选出 387 篇文献。在此基础上，经过进一步的全文筛选，共发现与研究主题相关的文献 136 篇。经过仔细阅读和比较，有 16 个不同版本的类似研究，最后选取 120 篇文献进行分析。

在 120 篇文献中，国际标准研究有 64 篇，森林认证研究有 56 篇。从文献的发表时间和数量(图 2-2)看，国际标准研究的数量比森林认证的研究数量多，且呈上升趋势。国际标准和贸易之间的关系的研究可以追溯到 20 世纪 80 年代，而森林认证和贸易的关系的研究始于 20 世纪 90 年代。因此，在研究森林认证和林产品贸易时，有必要参考国际标准和贸易的研究。现有文献类型以期刊文章为主，占 120 篇研究的 82%，其余 18%的研究类型为图书、学位论文和工作论文。

国际标准与森林认证文献的研究方法差异较大(图 2-3)，国际标准研究以实证性方法和理论概念性分析为主，分别有 41 篇和 14 篇，占 64%和 22%。在森林认证的研究中，以问卷分析和理论概念性分析为主，分别有 26 篇和 13 篇，占 46%和 23%。国际标准的研究包括一项问卷分析方法和两项数学建模(部分均衡)方法，而森林认证的文献没有通过数学建模的研究。

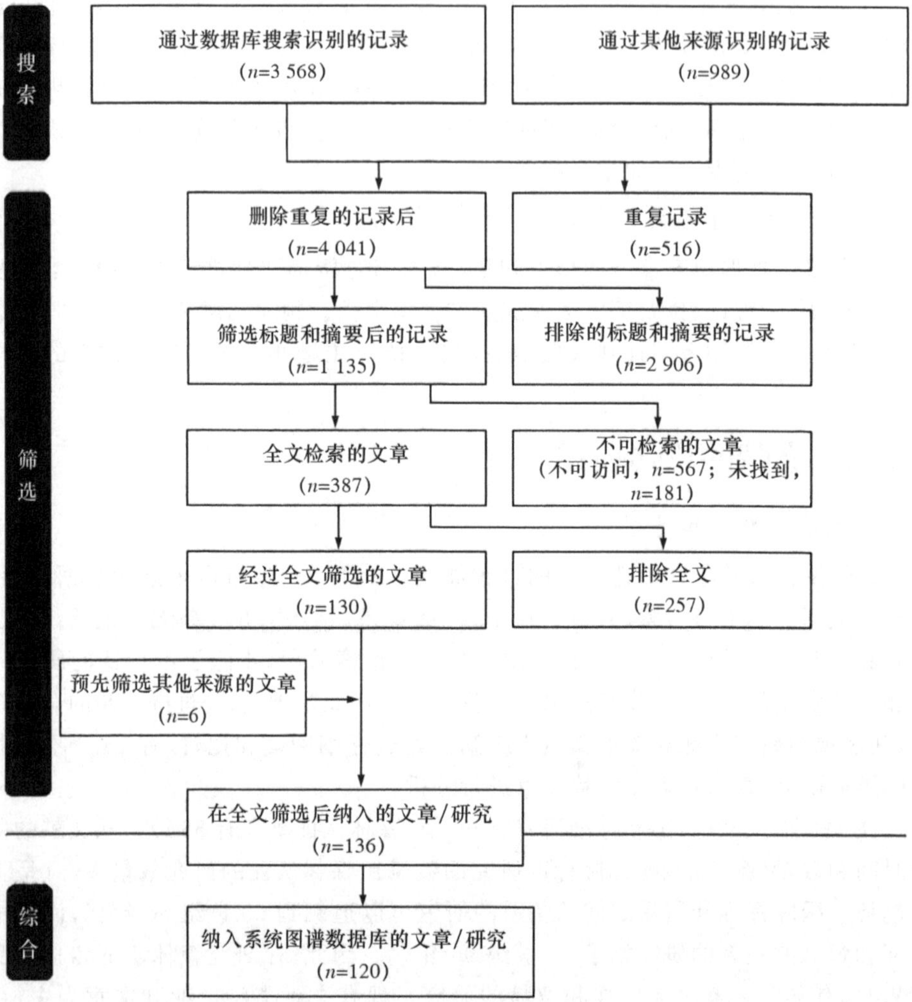

图 2-1　系统图谱的玫瑰流程图

（数据来源：Haddaway et al.，2017. ROSES Flow Version 1.0. 根据 ROSES Flow Diagram 翻译）

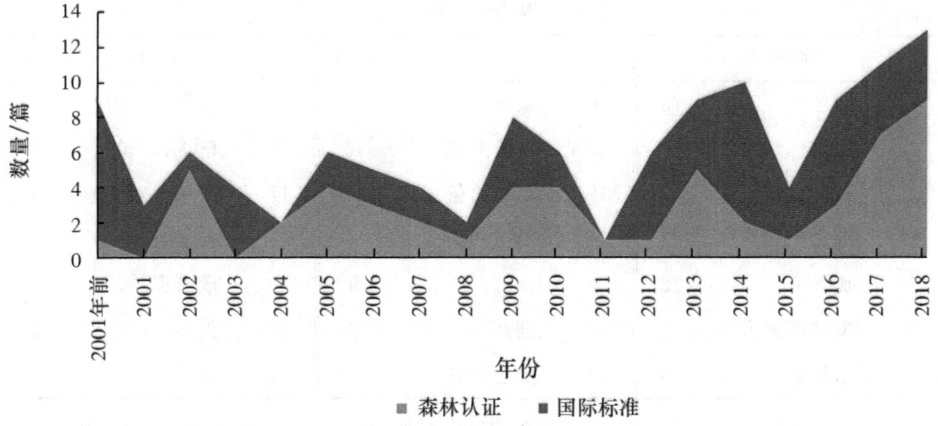

图 2-2　文献的发表时间和数量

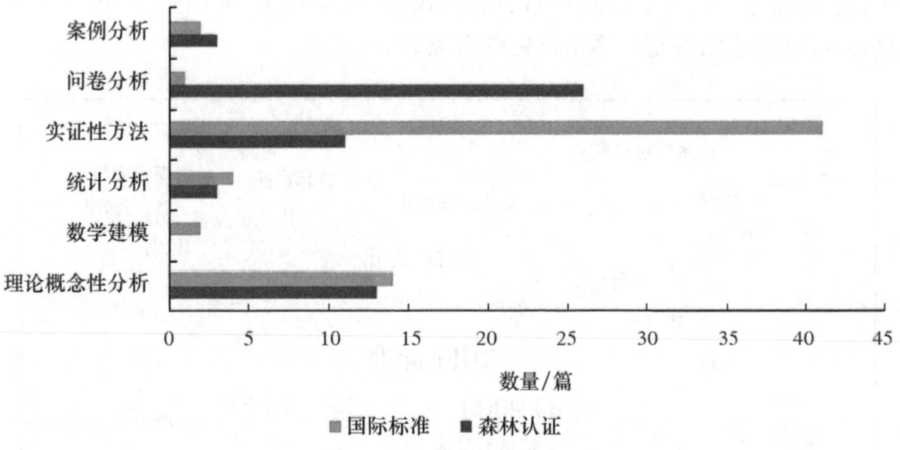

图 2-3　文献的研究方法

2. 考察主题

基于已有文献的标题、关键词和摘要组成了 120 个文本挖掘文档，共得到 253 个相关术语。从标准、贸易和森林认证作为主要研究术语开始，在筛选的过程中发现了更多相关术语。为了找到与研究主题相关的研究关键词，按照在三个以上不同文档中出现的频率超过 5 次的标准，统计了术语的词频(表 2-1)。除了主要研究术语标准、贸易和森林认证外，最常用的与研究主题相关的术语还有壁垒、成本、发展中国家和市场等。

表 2-1 词频

序号	术语	数量	序号	术语	数量	序号	术语	数量
1	标准	72	8	溢价	15	15	消费	6
2	贸易	56	9	企业形象	13	16	ISO 14000	6
3	森林认证	52	10	产品质量	12	17	信息不对称	6
4	壁垒	23	11	ISO 9000	10	18	技术进步	6
5	成本	22	12	监管	9	18	政府保护	5
6	发展中国家	17	13	创新	8	20	阻碍	5
7	市场	15	14	生态标签	6	21	信任	5

通过关键词云图(cloud map)可清晰地发现与研究主题相关的研究关键词，如图 2-4 所示。通过云图发现更多的相关术语聚焦于本书研究主题，如非关税壁垒、市场、政府、信息不对称、成本、质量、创新、溢价、企业形象、共同语言、信号和网络外部性等，这些术语决定了本书研究的重点。

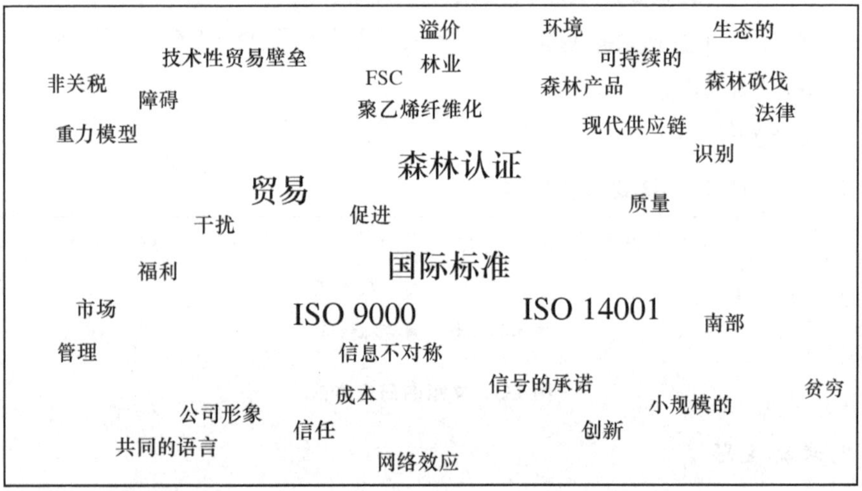

图 2-4 研究主题的关键词云图

2.2.3 文献分析的结果

2.2.3.1 国际标准对国际贸易的影响研究

表 2-2 总结了 64 篇国际标准对国际贸易的影响的文献的研究结果。从研究

表 2-2 国际标准对国际贸易影响的国内外研究

学者、出版年份	研究方法	标准	研究结果			经济发展水平		研究区域		
			促进	阻碍	促进或/和阻碍	发展中国家	发达国家	国家	区域	国际
Goedhuys 和 Sleuwaegen，2016；邓兴华和林洲钰，2016；王耀中和陈文娟，2009；杨丽娟，2013；张丽虹，2015	实证	ISC	√			√				√
Blind 和 Jungmittag，2007；Blind 和 Jungmittag，2005；Maertens 和 Swinnen，2009；Frenz 和 Lambert，2016；Swann 等，1996；陶爱萍和李丽霞，2013	调查/概念/实证	ISC	√				√	√		
Kaplinsky 等，2010；卞海丽，2014；蔡静静等，2017；卢福永和蒙双，2016；马凌远，2011	实证	ISC		√		√		√		
Marette 和 Beghin，2010；Swinnen，2016；王婉如，2018；韦焕贤和陈永清，2012	数学建模	ISC			√	√		√		
Auriol 和 Schilizzi，2015；鲍晓华和朱达明，2014；陈淑梅，2007；侯俊军，2009	实证	ISC		√		√				√
Brenton，2014；Hawkins 等，2017；葛京和宋宏磊，2012；王彦芳和陈淑梅，2017	实证/理论	ISC			√			√		

续表 2-2

学者、出版年份	研究方法	标准	研究结果			经济发展水平		研究区域		
			促进	阻碍	促进或/和阻碍	发展中国家	发达国家	国家	区域	国际
David 和 Han，2004；Gandal 和 Shy，2001；Marette，2016	概念/统计	ISC			√				√	
Blind，2001	实证	TBT	√			√	√			
Barrios，2018	概念	TBT		√				√		
Beghin 等，2012；秦臻和倪艳，2014；宋海英和 H. Helen，2014；王绍媛和李国鹏，2016	实证/概念	TBT，SPS			√					√
Chakraborty，2017；Clougherty 和 Grajek，2014；Le，2009；Terziovski 和 Guerrero，2014；宋明顺和张华，2012；孙莹，2012	实证	ISO 9000			√					√
Blind 等，2018；Terziovski 和 Guerrero，2014；孙莹和张旭昆，2011	实证/概念	ISO 9000	√			√				√
Clougherty 和 Grajek，2008；侯俊军和潘惜惜，2016；张莉，2018；朱卫平等，2012	实证	ISO 9000	√			√			√	
Czubala 等，2009；Potoski 和 Prakash，2009；刘洋和孟夏，2017	实证	ISO 9000		√		√				√

续表 2-2

学者、出版年份	研究方法	标准	研究结果			经济发展水平		研究区域		
			促进	阻碍	促进或/和阻碍	发展中国家	发达国家	国家	区域	国际
Santos 和 Aguiar，2019；张三峰和卜茂亮，2015	实证	ISO 14000			√					√
Montiel 等，2012；Prajogo 等，2012；耿建新和肖振东，2006	实证	ISO 14000		√		√		√		
Allen，2014；曹慧平，2011；唐锋等，2018；谢兰兰等，2017	实证/案例	其他		√		√		√		
Osiemo，2016	概念/案例	其他	√				√		√	
Moenius，2006	实证	其他			√					√

注：ISC 为国际标准认证 International Standards Certification；TBT 为技术贸易壁垒 Technical Barriers to Trade；SPS 为实施动植物卫生检疫措施协议 Agreement on the Application of Sanitary and Phytosanitary Measures。

范围来看,42 篇文献的研究范围为多个国家,占 66%;15 篇文献研究对象为单个国家,如英国、德国、美国、中国和其他欧盟国家,占 23%;7 篇文献是从企业微观角度展开研究,占 11%。

从文献看,国际标准对国际贸易影响的研究经历了一个漫长而逐渐科学的过程。国际标准对国际贸易的影响研究最开始集中在对质量标准 ISO 9000、环境标准 ISO 14000、知识产权、动植物卫生检疫措施协议(Agreement on the Application of Sanitary and Phytosanitary Measures,SPS)以及标准存量的研究。随着研究的深化,更具指导性的不同行业对贸易的影响逐渐展开。近年来,具体行业的国际标准被广泛研究,如食品行业、饮料和烟草行业(Osiemo,2016)、农业(Allen,2014;谢兰兰等,2017)、产品碳足迹标准(卞海丽,2014)、制造业(Montiel 等,2012;刘洋和孟夏,2017)、皮革和纺织行业(Chakraborty,2017;Czubala 等,2009)等。研究结果可以分为:①国际标准促进贸易;②国际标准阻碍贸易;③国际标准对国际贸易的影响不确定。

1. 国际标准促进贸易

国外对于国际标准的研究主要来自发达国家,研究普遍认为国际标准是促进贸易的。Swann 等(1996)分析了国际标准对英国贸易绩效的影响。结果表明,标准在东道国的扩散可能涉及两个抵消效应,信息效应和合规成本效应,英国在国际标准方面的优势改善了英国的贸易平衡,使英国市场更加开放。Le(2009)认为 ISO 9000 的采用将对大多数国家的贸易产生重大而积极的影响,而国际标准对发展中国家和最不发达国家的影响大于发达国家。Clougherty 和 Grajek(2008)利用 1995—2001 年经合组织国家报告的面板数据估计采用 ISO 对国家的经济影响,发现 ISO 采用对发达国家没有影响,但对发展中国家贸易具有积极的促进作用。Maertens 和 Swinnen(2009)利用塞内加尔蔬菜出口链企业的数据,量化了标准作用下的贸易收入和贫困效应,并整合了劳动力市场效应。研究发现,尽管标准提高了,但出口额仍大幅度增长,标准对农村收入和减贫做出了重要贡献。

我国学者也逐渐开展对国际标准的研究,耿建新和肖振东(2006)通过深沪两市 1997—2003 年取得认证的上市企业的数据发现,通过 ISO 14000 认证的企业的出口收入增长率呈显著的正向增长。王耀中和陈文娟(2009)发现 1985—2005 年的机械行业标准是进出口贸易增额的原因。韦焕贤和陈永清(2012)应用灰色综合关联理论比较和分析了 ISO 9000 和 ISO 14000 认证对我国出口贸易的影响,研究发现,无论是 ISO 9000 还是 ISO 14000 认证,都有较大的正向出口效应,且两种标准对不同产品的出口效应是不同的,ISO 9000 认证对工业制成品的出口效应影响明显,而 ISO 14000 认证对贸易总额和工业制成品的影响明显。朱卫平等(2012)认为 ISO 9000 与我国对外贸易间存在长期稳定的均衡关系。杨丽娟(2013)通过 33 个 ICS 标准分类组的数据发现,无论是强制性的国家标准还是自愿性的国际标准都将促进中国向美国的出口。张丽虹(2015)发现国际标准对国际贸易不同商品的进出口都具有显著的正向影响。邓兴华和林洲钰(2016)发现专利国际化通过广延边际的增长显著提高了双边贸易额,而对集约边际的影响则不确定。

2. 国际标准阻碍贸易

国际标准阻碍国际贸易的研究结果主要为发展中国家的研究。Czubala 等(2009)认为欧盟标准减少了非洲纺织品和服装出口。Kaplinsky 等(2010)指出在全球价值链中,标准强度将会导致最终市场从高收入经济体向低收入经济体转移。Auriol 和 Schilizzi(2015)研究了发展中国家消费品的信誉属性如何扭转其市场均衡。为了获得信誉而降低认证成本的做法,在形成寡头垄断市场的过程中发挥了关键作用,从而导致了高价格,这对发展中国家的消费构成了障碍。Swinnen(2016)通过经济学模型分析了标准在贸易中发挥的重要作用,但是难以区分社会可取的标准与政治寻租行为所产生的标准。马凌远(2011)认为 ISO 9000 标准对于我国出口贸易具有显著的抑制效应。宋海英和 H. Helen(2014)分析了欧盟的 SPS 措施,认为它显著阻碍了中国蜂蜜的出口。蔡静静等(2017)研究发现,标准会抑制中国高技术产品的出口,隐蔽的技术性贸易壁垒将使医药制造业受到抑制。

3. 国际标准对国际贸易的影响不确定

Beghin 等(2012)基于福利的方法分析在市场不完善的情况下国际标准对贸易和福利的影响。他认为,贸易、福利和国际标准的关系是复杂的,要避免泛泛而论。Clougherty 和 Grajek(2014)从全球各国 ISO 9000 的普及度来衡量一国的标准化水平,通过实证检验,发现 ISO 9000 数量多的国家从标准化中受益最大,而 ISO 9000 数量少的国家由于合规成本的问题,ISO 9000 反而成为该国的贸易壁垒。Moenius(2006)研究了 1980—1995 年 12 个国家 471 个行业标准对双边贸易的影响发现,有些标准会促进贸易,而有些标准会阻碍贸易。

在我国研究中,陶爱萍和李丽霞(2013)通过 12 个国家的面板数据发现,技术标准对于进出口贸易具有促进作用,但是技术标准和进出口贸易之间的关系总体上呈现倒“U”形的特征，即当技术标准存量达到某一临界值时，技术标准的增加会阻碍进出口贸易。王彦芳和陈淑梅(2017)将国际标准纳入D-S框架，发现国际标准对贸易的促进作用存在门槛效应，即当人均GDP高于11 000美元时，国际标准将促进贸易，而当人均GDP低于11 000美元时，国际标准将阻碍贸易。

2.2.3.2 国际标准对国际贸易产生影响的原因

国际标准对国际贸易产生影响的原因可以从三个方面来分析，即竞争优势视角、企业异质性视角以及贸易壁垒视角。

1. 竞争优势视角

(1)产品质量　Prajogo等(2012)通过澳大利亚企业采用ISO 14001标准的研究表明，标准的实施可通过外部动机和内部动机来影响贸易。外部动机有助于提高企业的社会和市场定位，而内部动机更有利于激发企业对环境效益的贡献。在实践中，企业必须先实现环境效益，才能期望从环境管理制度的采用中获得社会效益和市场效益，即环境管理标准的采用有助于培养企业的战略利益。张三峰和卜茂亮(2015)运用2004—2011年中国的面板数据分析嵌入全球价值链及非正式环境规制与ISO 14001认证的关系，结果表明，出口贸易与ISO 14001认证存在显著正向关系，通过全球价值链传递的国外非正式环境规制改善了中国企业的环保行为。Chakraborty(2017)通过企业层面的数据研究发现，由于德国对印度皮革和纺织工业的技术标准要求使用新技术和高质量进口原材料，显著增加了企业的出口收入。Blind等(2018)通过对1999—2012年的面板数据分析认为，企业使用标准作为一种工具来表明其在质量升级方面的投资，因此，ISO 9000标准带来了贸易促进效应，尤其是对发展中国家间的贸易尤为重要。

(2)共同语言　由于地理位置、文化差异和语言障碍等造成买卖双方信息不对称问题，产生了国际间的信息摩擦，影响了贸易过程中的成本，阻碍了国际贸易，尤其是对于发展中国家表现尤为明显(Allen, 2014)。技术法规和标准是政府用来解决市场失灵和实现公共政策目标的公共物品，包括纠正信息不对称问题，解决不完善的竞争结构和保护国内产业，因此，技术法规和标准具有巨大的经济意义。

国际标准的标签是产品传播过程中的“共同语言”，通过标签的信息为消费者提供了一种低成本的“质量信号显示机制”，简化了消费者的决策过程，有助于减少跨国交易中的信息不对称问题，从而提高效率(Akerlof, 1970; Potoski和Prakash, 2009)。国际标准的内生制度优势在于通过国际贸易过程产生了通用语言效应(Clougherty 和 Grajek，2014)，加强了对产品质量的保障(Blind 等，2013)，有助于降低贸易中搜寻成本和交易费用以及国际市场交易成本，提高了效率，极大地促进了贸易(Goedhuys 和 Sleuwaegen，2016；Moenius，2006)。

国际标准化组织 ISO 9000 标准可通过为获得认证的企业提供产品质量保证来减少信息不对称问题(Potoski 和 Prakash，2009)，ISO 14001 环境管理体系认证也被认为是理想的决策信号(Montiel 等，2012)。标准化通过网络性、传播性对中国对外贸易产生了积极效应(宋明顺和张华，2012)，ISO 9000 标准缓解了中国出口企业信息不对称的问题，其带来的经济效应大于成本，因此 ISO 9000 认证有利于促进出口增长(孙莹和张旭昆，2011)。

2. 企业异质性视角

(1)技术创新　国际标准通过技术和产品升级促进贸易发展，无论是发展中国家，还是发达国家的研究对这一观点基本已达成一致。国际标准通过管理影响企业的创新能力(Terziovski 和 Guerrero，2014)，不但可以提高科技研发效率，还能够减少科技研发成本。标准化与技术进步两者互利共生，是一对相互促进的发展动力，国际标准通过技术升级及产品升级促进贸易发展(侯俊军和潘惜惜，2016)。

很多国家的实证检验证实该国的技术创新能力与国际标准的采用具有密切的关系。标准成为瑞士国际竞争力的一个重要因素，在促进总体贸易方面具有积极作用(Blind，2001)，德国的贸易促进也被证实是由国际标准带来的创新能力的提升(Blind 和 Jungmittag，2005)。中国标准和美国标准的技术创新对贸易具有显著的影响(葛京和宋宏磊，2012)。

一般来说，标准对高技术行业的技术创新促进作用大于传统行业。欧盟标准化作为技术创新的信息源，还可减少由欧盟标准化带来的中欧贸易摩擦(陈淑梅，2007)。高要求的国际标准能够提升出口产品的技术含量，扩大国际贸易的范围(侯俊军，2009)。近 10 年来，中国汽车制造业的技术创新与标准化的协同耦合程度不断提升(薛晨，2016)。由于标准化的介入，山东省机电产品技术不断进步，推动出口贸易发展(张莉，2018)。

(2)企业形象　非市场利益，例如良好的企业形象是增加企业国际竞争力的方法之一，被视为企业战略市场无形的重要方面。国际标准的认证标志意味着企业达到外部的国际标准的要求，在国际市场的监控下得到了企业管理和产品质量方面的认可。国际标准的采用可以提高企业负责任的形象和在国际市场上的信誉，是企业品牌提升的重要途径之一，是达到企业异质性目的的重要方法。通过 ISO 9000 认证的企业改善了客户合作（Terziovski 和 Guerrero，2014），我国消费者对于达到动植物卫生检疫措施协议（SPS 协议）的进口产品更加青睐，因此各种国际标准的采用能增加贸易的广度和深度，扩大出口额（秦臻和倪艳，2014）。

3. 贸易壁垒视角

（1）成本　标准往往会增加企业的成本，降低企业的价格竞争优势，削弱企业的出口竞争力。标准会对生产和出口造成额外成本，其带来的成本一般包括固定成本和变动成本两方面（Fischer 等，2000），对于国别和行业的影响存在显著差异（鲍晓华和朱达明，2014）。国际标准在企业管理和升级方面的要求会导致生产者在达到标准方面产生相关费用，尤其对于小型生产者的影响更大（Kaplinsky 等，2010）。技术贸易壁垒导致的成本增加是标准对国际贸易的主要的负面影响（宋明顺和张华，2012）。由发达国家主导的国际标准会给技术水平相对较低的发展中国家带来更大的变动成本，从而不利于贸易的发展（唐锋等，2018）。

各国各行业普遍认为标准的实施导致了成本的增加。产品碳足迹国际标准大大增加了成本，对我国出口贸易产生负向影响（卞海丽，2014）。ISO 9000 认证在全球的普及会导致一些国家将其作为进入本国市场的最低质量标准，从而扰乱自由贸易秩序（孙莹，2012）。标准的技术壁垒导致了生产商生产成本的提高而被市场淘汰，从而降低了竞争力（王婉如，2018），非洲制造业出口受到了国际标准高成本的阻碍（Czubala 等，2009）。

（2）贸易保护　在存在市场缺陷的情况下，诸如标准或强制性标签的非关税措施被视为保护主义。部分均衡模型的分析认为，当外国生产商比国内生产商能更有效地解决外部性时，标准就是反保护主义（Marett 和 Beghin，2010）。从基于福利的研究方法看，当最大化国内福利的监管标准不同于最大化国际福利替代的监管标准时，就会出现保护主义，不同的监管标准体现了保护主义的复杂性。当标准影响可变成本和沉没成本时，该标准可能会产生贸易保护主义。从以福利为基础的角度来看，当最大化国内福利的工具与最大化包括外国利润在内的国际福利的替代工具不同时，就会出现保护主义（Marette，2016）。Gandal 和 Shy（2001）认为国际标准通常是由高收入国家主导的，由于发展中国家与发达国家发展水平的差异，国际标准对产品质量以及安全标准的加强对发展中国家来说就是新的贸易壁垒。

2.2.3.3 森林认证与林产品贸易

1. 关于森林认证的其他研究

(1)森林认证的生态效应　森林认证是森林可持续经营的重要方法，国外学者对于森林认证的生态效应已开展广泛的研究，多集中于对生物多样性和森林经营方面的效应研究。在国外，中欧国家经认证的森林的保护状况和生物多样性水平得到了有效改善(Savilaakso 等，2016)。芬兰、瑞典和挪威的实践证明森林认证提高了可持续管理水平，尤其是提高了环境保护水平(Paletto 等，2017)。加拿大的林业企业在森林管理委员会(FSC)制定的有关保护驯鹿栖息地的标准指导下，保护了林地的驯鹿(Kozak，2004)。森林认证保护和改善了意大利的基本生态系统服务功能，对恢复森林碳储量产生了有益影响，自 2004 年以来，森林中的碳储量增加了 20%以上，吸收了 65 万吨以上的二氧化碳(截至 2017 年)，碳储量自 2009 年以来增加了 18%以上，吸收的二氧化碳超过 300 万吨，相当于每年平均 184 000 辆汽车的排放量(Paletto，2017)。森林认证对巴西的生物多样性和碳固存也产生了积极影响，森林每年至少保持 35 万吨二氧化碳的存量。

森林认证还有助于水、土壤质量和森林固碳能力的提升，同时促进了环境教育、健康改善、能力建设、劳动力引进和生态旅游等相关方面的变化(May，2012)。森林认证要求的可持续森林管理还是减少森林火灾发生的有效方法。近 10 年的数据显示，在危地马拉玛雅生物圈保护区，FSC 认证的森林由于社区权益的明晰使森林遭受火灾破坏的面积稳步下降了 6.5%，而周围的未经认证的森林火灾破坏的面积则从 7%增加到 20%，森林认证保护了生态系统、社区和野生动植物，还减少了自然碳储备的消耗，这有助于缓解气候变化(Praveen，2017)。认证的原则和标准要求企业保护工人的权利和就业条件，其中包括实施健康和安全规范以及达到最低林业标准的工资(Tricallotis，2018)。

我国学者通过森林认证实践分析了森林认证在环境和生物多样性方面的成果。在我国，森林认证在生物多样性保护方面也有显著成果(王文霞等，2017；曹冰等，2018)。森林经营认证还促进了退耕还林工程的可持续发展，而退耕还林工程的实施促进了森林经营认证市场的开拓和森林认证在我国的进一步发展(刘燕等，2010)。森林认证还对改善气候变化(曹玉昆和王玥，2013) 和提升森林质量(李凌超等，2018)都产生了一定的积极作用，具有良好的生态效应(赵眉芳等，2016)。总之，森林认证促进了中国生态环境的改善(赵劼，2016) 和森林的可持续发展(那力和荆珍,2015)。

(2)森林认证的经济效应　与森林认证的生态效应和社会效应的研究相比,关于森林认证的经济效应以及其对林业国际贸易的影响的研究较少。现有经济文献表明,以森林为基础的工业实施自愿认证计划,对森林经营单位或林业企业的经济和组织效率具有较大的影响。Cashore 等(2004)通过非政府市场激励模型认为,能够影响企业是否在国内采用认证与该国在全球经济的位置、森林工业的结构和这一领域的公共政策有关。通过加拿大、美国、德国和瑞典的进一步实证表明,森林认证标准的推广与该国环境敏感型市场的特点有关。

Chen 等(2010)发现中国的家具、门和地板等木制品生产商采取森林认证的主要原因是市场机制,通过认证增加出口,增强竞争优势,以进入国外市场,从而获得更大的经济效益。消费者关于认证产品的支付意愿以及林业企业获得产品溢价是另一方面的经济激励(Paluš 等, 2017)。客户偏好和市场监管等外部力量也可以影响森林经营单位对认证的采用(Faggi 等, 2014)。

在中国现有的森林认证研究的经济文献中,主要关注森林认证的支付意愿(倪婧婕,2016;王璐曦,2017)、消费者认知(刘睿雅等,2016)、成本与溢价(李江鹏,2018)、认证动因(凌棱,2014)和市场渗透(刘晴,2018;徐斌等,2014)等方面的市场行为,这为研究森林认证对林产品贸易的影响奠定了间接基础。

2.森林认证对贸易的影响

表 2-3 为 56 篇森林认证对林产品贸易影响的文献。从研究范围来看,由于森林认证数据的局限性,只有 14 项的研究范围为多国,占总统计研究数量的 25%;32 项研究从单个国家的角度出发,占 57%。这些研究集中在中国、俄罗斯、加拿大、芬兰、美国、罗马尼亚、智利、斯洛伐克等森林资源丰富并且森林认证发展迅速的国家和地区;10 项调查从企业的微观角度展开,占 18%。

现有森林认证对林产品国际贸易影响的研究结论是分散和不清晰的,不同国家的研究存在对立的结论。研究大体呈现出促进发达国家的贸易,而阻碍发展中国家的贸易,且有可能成为贸易壁垒,例如,巴西(Giannichi 等, 2018)、中国(丛磊等,2013;戴明辉和沈文星,2010;邱亦维和杨刚,2007;宋维明和印中华,2010;徐秀英等,2008)。我国的研究普遍认为,森林认证导致出现成本增加、溢价不明显、认证程序烦琐等问题。如果没有森林认证,企业将被林产品贸易国际市场淘汰,森林认证阻碍了我国林产品出口。此外,从研究方法上看,基于理论概念性分析的研究结果倾向于促进贸易,而实证性研究结果倾向于阻碍贸易。

表 2-3 森林认证对林产品国际贸易的影响的国内外研究

学者、出版年份	研究方法	研究结果			经济发展水平		研究区域		
		促进	阻碍	促进或/和阻碍	发展中国家	发达国家	国家	区域	国际
Hou 和 Wen，2016；Muthoo 和 Lu，2017	概念	√			√		√		
Tian 等，2018	调查	√			√		√		
Cubbage 等，2009；Michal 和 Sujová，2016；Van Kooten 等，2005	实证			√					√
Brenton，2018；Cashore 等，2004；Chen 等，2010；Marette 和 Yokessa，2019；Palus 等，2014；彭晓英和岳上植，2013a；Poynton 等，2017；Rametsteiner，2002；Sedjo 和 Swallow，2002	概念/调查			√					√
Aguilar 和 Cai，2010；Galati 等，2017；Owari 等，2006；Paluš 等，2017a；Rametsteiner 等，1998；Vidal 等，2005	实证/调查	√				√		√	
Aguilar 和 Vlosky，2007；Gulbrandsen，2005；Halalisan 等，2018；Halalisan 等，2013；Kozak 等，2004；Maletz 和 Tysiachniouk，2009；Paletto 等，2017；Paluš，2009；Paluš 等，2017b；Rickenbach 和 Overdevest，2006；Sugiura 和 Yoshinao，2018；Yamamoto 等，2014	调查	√				√	√		
Acharya 等，2015；Carlsen 等，2012；Durst 等，2006；Ebeling 和 Yasue，2009；Giannichi 等，2018；May，2002；Paluš 等，2018；Savilaakso 等，2016；Tricallotis 等，2018；Zhao 等，2011；Zheng 和 Jiang，2002；陈雪等，2013；管志杰等，2010；米锋等，2008；邱亦维，2007	统计/案例/调查		√		√		√		
Butterfield 等，2005	统计		√						√
Blackman 等，2018；Guan 等，2019；Ma，2010；徐媛霞，2018	实证		√		√		√		

从有限的全球视角的研究看，Gan(2005)通过一般均衡模型分析认为，森林认证破坏了全球林产品贸易的平衡，严格的环境标准和规则会抑制贸易与市场竞争。从森林认证的成本角度出发，随着认证产生的林业生产成本增加 5%～25%，世界林业产量将下降 0.3%～5.1%，而世界林产品价格将上升 1.6%～34.6%。森林认证对全球木材、纸浆和造纸市场的影响较小，对贸易和价格的影响大于对产出的影响，森林认证不会在全球总水平上实质性地引起木材和非木材产品之间的替代。Guan 等(2019)考察了森林认证费用，使用局部均衡分析其贸易限制效应，并利用空间价格梯度场模型检验森林认证是否是一种替代关税壁垒。研究结果显示，森林认证增加了企业的成本，并限制了木制品的国际贸易，不同产品的森林认证水平和不同的成本阻碍了相关林产品认证的发展。

从森林认证的不同发展水平和成本考虑，森林认证会阻碍木材产品的贸易。从道德贸易(Brenton，2018)和政治因素(Cadman 等，2015)的角度出发，森林认证不利于发展中国家的贸易发展，很有可能成为贸易壁垒。森林认证是与贸易有关的工具，对于发展中国家而言，森林认证可能会影响其竞争力和市场准入性(Rametsteiner 和 Simula，2003)。随着世界范围内木制品关税的不断下调，森林认证对关税的替代效应越来越大(管志杰等，2010)。

从企业角度的研究大致认为，虽然森林认证给企业带来的直接经济收益并不明显，但是大部分企业将森林认证所带来的企业形象的提升作为重要的目的(Galati 等，2017；彭晓英和岳上植，2013b)，这对增强出口竞争力、扩大市场有积极的影响。

3. 研究方法

由于森林认证开展的时间尚短，森林认证数据收集存在较大的困难，这给森林认证对贸易的研究带来了影响。目前的研究方法有一定的局限性，主要为理论分析(彭晓英和岳上植，2013a)、引力模型分析(徐媛霞，2018)、案例分析(徐斌，2014)和局部均衡分析(Guan 等，2019；洪霄等，2011)。

森林认证发展初期对森林认证的研究主要为理论概念性的介绍，在自由贸易和森林认证的市场机制的假设框架下，得出森林认证将促进全球林产品贸易，同时实现森林可持续经营的结论。随着森林认证在全球的逐渐开展，一些开展认证早的发达国家通过案例和问卷相结合的方法，进行局部的森林认证经济效应研究。在森林认证发展积累到一定程度后，以一国的森林认证对贸易影响的实证研究陆续开展，主要研究方法为引力模型，但大多将森林认证作为影响林产品国际贸易的一个因素纳入模型，以分析其对贸易的影响。进而森林认证被纳入局部均衡模型，用来分析对林产品国际贸易的影响，以得出一般性的规律。有两篇文献从全球的角度通过理论分析了不同经济国家森林认证对贸易的影响，但缺乏全球森林认证面板数据的支撑。

2.2.4 研究评述

本书以新制度经济学理论作为研究视角的理论基础，以环境经济学理论作为研究背景的理论基础，以国际贸易学理论作为研究方法的理论基础。通过系统图谱研究方法进行文献梳理，在系统收集和筛选文献的基础上，对比国际标准和森林认证标准的国内外文献，科学地提出本书研究的问题。进一步评估国际标准和森林认证的经济学文献在研究方法、研究数量，尤其是结果上的异同，以论证森林认证对林产品国际贸易研究的必要性。对比和总结出以下几点文献研究评述并回答本书提出的问题。

(1)与国际标准的现有文献相比，森林认证的现有研究范围存在局限性，多为单个国家的研究。森林认证的研究需要从全球范围的视角，并细分不同经济体国家进行具体研究，才有助于理解森林认证在林产品国际贸易中的作用。森林认证的研究方法仍需进一步科学化和规范化。

(2)森林认证对市场和经济的影响研究缺乏理论支撑。在森林认证的经济效应研究中，大多将森林认证作为一个虚拟变量进行研究。森林认证是一个多方参与和两种机制作用下的复杂的过程，其对贸易影响的渠道或作用机制还未讨论。现阶段对于森林认证的经济研究过于简单和直接。

(3)国际标准的研究局限性在于标准产业细分的实现度。ISO 体系标准的研究多未建立在区分产品的基础上，而将标准存量作为影响全行业或某一行业的影响变量，这就减弱了对行业研究的科学性和指导性。而以往的森林认证研究由于森林认证面板数据的局限性导致了定量分析的缺乏。

(4)对于森林认证的研究，国内外学者主要致力于本国实践，研究领域多集中于生态效益和社会效益，对经济效益方面的研究比较少。现有文献并未有明确的研究成果，森林认证是否同其他国际标准一样，会成为林产品国际贸易中的非关税壁垒。现有研究关于森林认证对国际贸易的影响结果是不确定的，关于森林认证对国际贸易的经济影响的证据比较分散和不清晰，不同国家的研究存在对立的结论。此外，还未有从全球的角度研究森林认证对贸易影响的文献。

由于国内外研究的缺陷，它无法为本书的研究问题提供完整的、科学的解释，使相关政策的制定和实践的发展受到局限。本书为了弥补这些缺陷和不足从新的角度展开研究，分析全球范围内森林认证对林产品贸易的影响，并细化了不同林产品，便于森林认证标准的量化与区分，具有科学性，力求为相关实践提供更加科学的依据。

森林认证及全球林产品贸易现状 3

3.1 森林认证概况

3.1.1 森林认证背景

森林对地球的生态系统具有不可估量的价值，森林在调节地球的气候和减轻自然灾害方面起着至关重要的作用。根据气候变化的数据，森林破坏和森林退化导致每年超过50亿吨的二氧化碳被排放，占全球排放量的13%。根据世界自然基金会估计，约75%的森林大火是人为造成的，严重破坏了世界主要森林以及生态系统，消耗了森林的碳储量，加速了气候变化。受影响最大的国家是阿根廷、巴西、智利、厄瓜多尔、秘鲁、墨西哥等。

森林还与人类的生存息息相关，森林作为人类生产生活的重要资源可获得性强、经济效益高，尤其受到经济不发达国家的青睐。在全球范围内，由于森林资源禀赋的差异，随着人口的持续增长以及对不同功能木材需求的增加，全球林产品贸易越来越频繁。过度的城市化和工业化导致了森林的过度采伐和非法采伐，世界森林的面积持续减少，生物多样性严重下降，生态环境破坏持续加重(联合国粮农组织，2016)。

1992年，“环境与发展大会”推动了全球的可持续发展。在经济全球化的过程中，人们日益认识到森林在改善环境质量、可持续发展及经济发展过程中的重要性，因此，非政府组织不断推动森林可持续管理(sustainable forest management, SFM)。20世纪80年代末和90年代初期，由于热带地区的森林管理问题，民间社会利益集团的一些倡议开始将森林保护与木材贸易联系起来。

世界各国意识到森林作为全球重要的碳汇，在减少碳排放中起着至关重要的作用,森林的可持续性管理还被认为是显著减少森林火灾发生的有效方法。在世界范围内,各国不断推进森林认证的进程。2017 年 10 月,《温哥华宣言》承诺通过负责任的森林管理在减少碳排放方面做出贡献,以实现联合国提出的可持续发展目标。《温哥华宣言》还要求签署方做出公共承诺,致力于采购可持续发展的森林认证产品。

《波恩倡议》是继《温哥华宣言》后工业界的另一项联合倡议。该倡议旨在开发科学严谨的方法,量化认证森林,以缓解全球变暖和应对气候变化所带来的效益,例如森林认证所带来的碳储量。通过该方法,国际社会和相关国家政府可了解一国在碳储量增加方面的效果,进一步说明在实现《巴黎协定》框架内《联合国气候变化框架公约》方面取得的进展。

3.1.2 森林认证概念

森林认证旨在维持森林原有的生态价值以及森林相关利益者的经济利益和社会利益。森林认证的全称是森林可持续经营认证,森林认证是从环境、经济和社会的角度支持全球林业的可持续发展,如环境保护、社会公平及合法合规(王佳等,2011)。森林认证成为应对因森林过度采伐和非法采伐所导致的森林面积减少、生物多样性下降和环境退化的有效手段。森林认证体系的基本构成如图 3-1 所示。

森林认证的标准和内容分为法律法规、可持续生产、生态环境与保护和公众利益四个方面以及九个细化的指标,如图 3-2 所示。森林认证的标准旨在监测和评估森林经营单位的森林经营管理对环境和社会的影响,认证标准将森林生态系统与文化、社会和法律相关联。

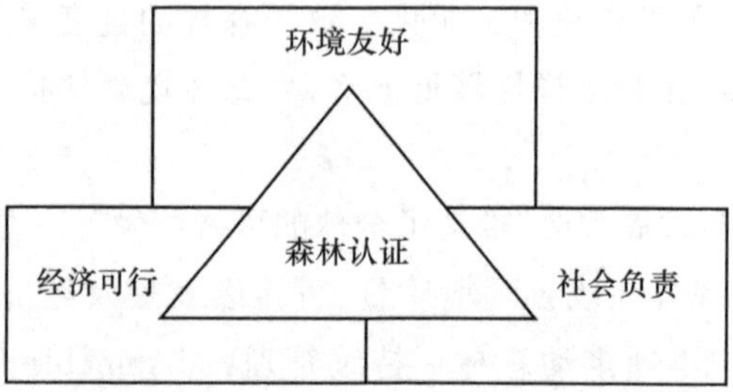

图 3-1 森林认证体系的基本构成

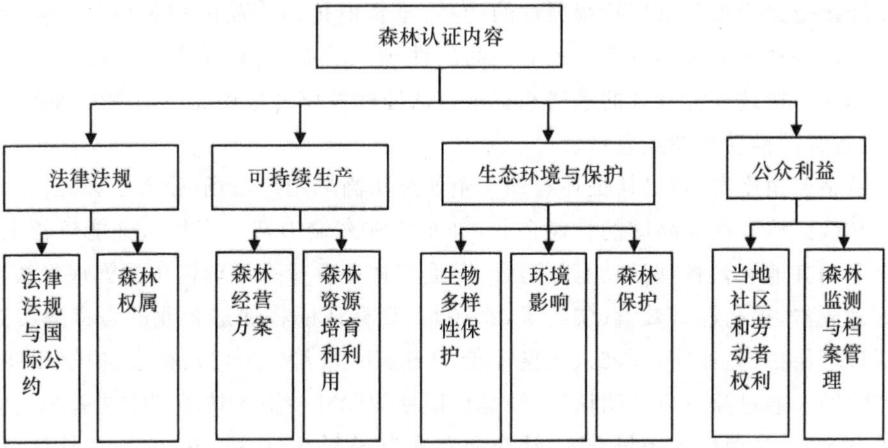

图 3-2 森林认证标准的内容

森林认证是森林可持续经营的重要实现途径，是实现一个或多个明确经营目标的森林经营和管理过程，旨在解决因森林砍伐而导致的生物多样性减少以及木材贸易来源地区森林质量下降的问题。森林经营者和企业管理者通过森林认证能够证明他们在使用以森林为基础的产品时的做法是可持续的，既满足了当代的需求，也满足了后代的需求。

通过认证标准的指导，可有效完善各国森林资源管理模式，提高森林可持续经营水平，促进林业管理，保护生物多样性，维持生态平衡(陈光，2017)。通过认证标准的要求，促使国家创新和发展现代林业制度，优化产业结构，解决木材合法性供给问题，并完善各国林业体制。森林认证的可追溯体系确保了全球木材流通过程中木材产品可持续性和合法性，以促进全球森林管理的逐步改善。

森林认证旨在协调森林利益相关者的不同利益诉求，要求在经济发展的过程中，同时满足生态效益和社会效益，以达到人类社会长久和全面的发展。根据世界银行的数据，在全球 90 多个国家中，约有 4.76 亿原住民，占全球人口总数的 6%以上。森林具有许多社会效益，包括当地人民的权利、可持续生计、农村发展和促进当地居民就业。可持续森林管理的一个重要方面是维护当地人民的权利、习俗和文化。森林认证的社会目标就是关注当地居民的贫困、平等、体面劳动等问题。

森林认证还要求企业社会责任与可持续发展相结合。企业正成为消费者和国际社会期望的解决环境和社会问题的主体。随着人们逐渐认识到可持续发展的重要性，选择负责任的和可持续性的产品趋势正在日益增长。森林认证为企业可持续发展战略提供了信誉保障，是企业风险管理和法律合规的有力工具。随着消费者逐渐接受并购买具有可持续属性的产品，零售商传达产品的相关信息变得越来越重要。森林认证标签具有强大的产品属性传递功能，可以帮助零售商为消费者传递其对可持续森林管理的承诺和贡献。认证标签作为零售商与消费者沟通的方式，两者共同推动可持续发展。

从企业角度看，森林认证还有助于企业开拓高端用户市场（张天宇，2017）。通过森林认证培养高端品牌的林业企业，进而实施高端消费。森林认证能够帮助林业企业的其他经营管理活动有效融合，以促使林业企业采用现代化的管理方法，降低管理成本，提高经济效益（侯浩等，2010）。森林认证将促进企业的可持续实践，包括环境保护（王亚明，2005）、价格溢价（Tricallotis 等，2018）、社会责任（田明华等，2016）。通过第三方透明认证，森林认证让国际社会更多地了解本国森林经营、政策及实践，从而促进市场准入，让企业获取市场利益（徐斌，2010）。森林认证运行的理论基础有供应链理论、消费者选择理论和企业社会责任理论等（丛之华等，2014）。

3.1.3 森林认证种类

森林认证最主要的认证种类包括森林经营认证（forest management，FM）和产销监管链认证（chain of custody，CoC）。森林认证的种类还在不断地丰富和完善，除了 FM 认证和 CoC 认证外，还包括其他森林认证的种类，涵盖更多以森林为经营主体的服务或产品，如非木质林产品（non-wood forest production，NWFP）认证、森林生态环境服务（forest eco-environment services，FES）认证、生产经营性珍稀濒危植物（artificial planted endangered species of plants certification）认证、竹林经营（bamboo forest management，BM）认证和野生动物饲养管理（wildlife husbandry management certification，WL）认证。为了解决小型、家庭和社区森林所有者存在的认证阻碍，森林认证体系还包括了团体认证或联合认证，从而提高了认证效率，降低了认证成本。本书主要介绍最广泛使用的森林经营认证（FM）和产销监管链认证（CoC）。

森林经营认证是证明经营单位的管理方式，既可以保护生态系统的可持续发展，又可以造福当地居民，确保其有维持生存的能力。森林认证过程一般由四个要素组成，即森林管理标准、认证过程、认证机构认可以及“追溯产品源头”的管控机制。

产销监管链认证是对林产品采购、加工、标签和销售产业链的认证，即从产品原产地的森林经营、生产加工、运输方式等整个过程进行认证。产销监管链认证确保木制品的可追溯性，确保它们来自经过认证的森林，按照一套特定的标准管理森林评估，验证从森林到最终消费者的整个生产过程。

产销监管链认证为具有对环境和社会负责任的产品进入市场提供了有力的证明。产销监管链认证从整个供应链中将已被验证的木材与未被验证的木材分开（韩丽晶，2015）。森林认证不可接受的木材来源包括非法采伐的木材、违反传统和人权采伐的木材、经营活动威胁高保护价值森林的木材以及转基因木材。木材识别技术是森林经营认证的重要基础，世界各地木材样品的数据库是验证木材种类和来源的重要保障。确定木材来源的方法包括同位素、DNA 和质谱等技术。交易数据样本是产销监管链认证的基础，所有的证书持有者都需要进行交易验证，为认证企业识别潜在风险。

最终标记为认证的产品既需要森林管理认证，又需要产销监管链认证。相较于木材合法性认定，产销监管链认证不仅能保证木材来源的合法性，还能保证木材来源的可持续性，兼具木材合法和可持续双重属性（白清玉，2014）。

3.1.4 森林认证体系

自森林认证发展的 20 年来，世界形成了两种国际森林认证体系和多种国家森林认证体系，世界范围的认证数量和认证面积也在不断增加。随着森林认证体系的不断发展，森林认证深刻地影响着林产品国际贸易的进程，成为林产品国际贸易不可忽略的影响因素之一。

3.1.4.1 国际体系

森林认证体系分为国际体系和国家体系，本书主要分析应用最广泛的两大国际体系，即（国际）森林管理委员会（Forest Stewardship Council，FSC）和森林认证认可计划体系（program for the endorsement of forest certification schemes，PEFC）。尽管 FSC 和 PEFC 在范围、内容和程序等方面存在许多差异，但所有现行的森林认证计划都要求遵守现有的法律和法规。

FSC 是于 1993 年在加拿大建立的致力于改善世界森林状况的组织。截至 2021 年 1 月，FSC 共认证 22 400 万公顷，已在 130 个国家或地区开展 CoC 认证，在 78 个国家或地区开展 FM 认证。FSC 利益相关者群体众多，目前成员包括各种商业组织、环保组织和社会人文组织，汇集了私营企业、非政府组织、国际组织、当地居民团体和教育机构等。

PEFC 是于 1999 年由 11 个国家的机构发起并成立的全球非营利性联盟。

PEFC 是由欧洲的一些小型或私有林场主创立的。其成立的初衷是通过一个独立的第三方组织对其产品进行认证，以获得全球政府和私人采购政策的认可和推荐。PEFC 主要负责制定国际森林可持续性标准，评估和认可国家森林认证体系，促进可持续林业发展及民众生计，促进市场准入和市场认可。截至 2020 年年底，全球已有超过 3 亿公顷的森林获得 PEFC 认证，PEFC 已为 2 万多家获得监管链认证的企业提供可持续性的木材和非木材森林产品。通过 PEFC 认证还表明认证单位的生产经营活动符合《欧盟木材法规》(European Union Timber Regulation，EU-TR)、《雷斯法案》和《非法木材采伐禁止法案》等法律要求，成为英国、德国和日本等公共木材采购政策的首选标准。

与 FSC 不同，PEFC 创新了全球互认机制。PEFC 意识到全球不同国家或地区的森林种类繁多，各国在管理、立法和执法以及当地传统、文化和习俗等方面具有巨大差异。PEFC 实行与国家森林认证体系互认的机制，极大地促进了森林认证在全球的推广。基于 PEFC 国际标准的基准，通过推进多方利益相关者的进程和依据当地优势与条件授权国家森林认证体系，目前已有全球六大洲约 55 个国家或地区森林认证组织与 PEFC 实现互认。

两种森林认证的国际标准均由非政府组织推广，通过自愿认证系统和第三方独立认证机构评估，以促进对森林的可持续经营管理。全球所有认证中有 3/4 为 PEFC 认证，超过 2 万家企业和组织取得 PEFC 的产销监管链认证，占全球产销监管链认证的 1/3。PEFC 和 FSC 联合研究表明，截至 2019 年，全球森林认证的总面积为 4.3 亿公顷，双重认证的森林面积为 9 300 万公顷，占认证总面积的 18%，有 33 个国家或地区存在双重认证。

3.1.4.2 国家体系

随着 FSC 体系和 PEFC 体系在全球的不断开展，各国政府也陆续建立本国的森林认证体系。中国于 20 世纪 90 年代开展森林认证相关工作，建立了中国森林认证委员会(China Forest Certification Council，CFCC)。2001 年，中国森林认证体系(China Forest Certification Scheme，CFCS)建立，2014 年，CFCC 与 PEFC 实现互认。在中国森林认证体系中，非木质林产品认证标准和运行机制处于国际领先地位，得到了美国、英国、法国等 39 个国家的认可。CFCC-CoC 标准充分参考了 EUTR 尽职调查系统的要求，为没有打算进行 CoC 认证的企业单独设立了 DDS 认证，减轻了中国企业负担，是中国森林认证体系中的一大亮点。截至 2021 年 1 月，根据中国森林认证网站数据，我国森林经营面积达 1 010 万公顷，有 386 家森林经营单位通过 CoC 认证，森林认证机构的数量达到 13 家。

其余各国也相继开展了国家层面的森林认证体系，表 3-1 为各洲拥有独立森林认证体系的国家及体系名称。通过一国是否拥有独立的森林认证体系并力求与国际认证体系互认，可以看出森林认证在该国的接受度和消化程度。世界范围内拥有独立的森林认证体系的国家共有 23 个。欧洲和亚洲是拥有独立的国家森林认证体系最多的地区，欧洲有 7 个国家拥有独立的国家森林认证体系，亚洲有 6 个国家拥有独立的国家森林认证体系，分别占亚洲和欧洲国家总数的8.33%和9.1%。南美洲有 3 个国家拥有独立的森林认证体系，占南美洲国家总数的 25%。北美洲和大洋洲各有 2 个国家拥有独立的森林认证体系，分别占北美洲和大洋洲国家总数的 8.7%和 8%。而非洲只有少数国家拥有独立的森林认证体系。可见，拥有独立的森林认证体系的国家数量较少，森林认证还处于初级发展阶段。森林认证在亚洲、欧洲和南美洲发展势头较好，在非洲发展较弱。

表 3-1 拥有独立森林认证体系的国家及体系名称

地区	国家	森林认证体系
欧洲	罗马尼亚	欧盟木材监管(EUTR)
	爱沙尼亚	爱沙尼亚森林认证委员会(Estonian Forest Certification Council)
	保加利亚	保加利亚可持续森林管理和认证理事会(Council for Sustainable Forest Management and Certification in Bulgaria)
	斯洛文尼亚	森林认证研究所(Institute for Forest Certification)
	斯洛伐克	斯洛伐克森林认证协会(Slovak Forest Certification Association)
	匈牙利	匈牙利森林认证非营利性有限公司(Hungarian Forest Certification Non-profit Ltd.)
	马其顿	马其顿共和国可持续森林管理委员会(Council for Sustainable Forest Management in the Republic of Macedonia)
亚洲	中国	中国森林认证委员会(China Forest Certification Council, CFCC)
	马来西亚	马来西亚木材认证委员会(Malaysian Timber Certification Council, MTCC)
	韩国	韩国林业促进研究所(Korea Forestry Promotion Institute) 韩国森林认证委员会(Korea Forest Certification Council, KFCC)
	日本	可持续绿色生态系统委员会(Sustainable Green Ecosystem Council, SGEC)

续表 3-1

地区	国家	森林认证体系
亚洲	印度尼西亚	印度尼西亚生态标签研究所(Indonesian Ecolabelling Institute System, LEI) 印度尼西亚林业认证合作(Indonesian Forestry Certification Cooperation, IFCC)
	泰国	泰国工业联合会(The Federation of Thai Industries, FTI)
非洲	喀麦隆	喀麦隆泛非林业认证协会(Cameroonian Association of the Pan African Forestry Certification)
	南非	南非林业保障计划(South African Forestry Assurance Scheme, SAFAS)
	加纳	加纳森林认证工作组(Working Group on Forest Certification)
北美洲	美国	可持续林业倡议体系(Sustainable Forestry Initiative, SFI) 美国林场体系(American Tree Farm System, ATFS)
	加拿大	加拿大可持续林业倡议(Canada Sustainable Forestry Initiative, SFI) 加拿大标准化协会(Canadian Standardization Association, CSA)
南美洲	智利	智利森林认证体系(Chile Forest Certification Corporation, CERTFOR)
	阿根廷	阿根廷森林认证体系(Argentine Forest Certification System, CERFOAR)
	巴西	巴西森林认证体系(Brazilian Forest Certification Programme, CERFLOR)
大洋洲	新西兰	新西兰森林认证协会(New Zealand Forest Certification Association, NZFCA)
	澳大利亚	澳大利亚林业标准体系(Australian Forestry Standard, AFS)

注:该表中的森林认证体系截至 2019 年 12 月。

3.2 森林认证现状

3.2.1 森林认证面积

FSC 认证始于 1993 年,而 PEFC 于 2000 年开展认证。从森林认证面积来看(图 3-3),2000 年,PEFC 认证面积为 35.45×10^6 公顷。2000—2004 年,每年 PEFC 的认证面积较少,维持在年认证面积为 50×10^6 公顷左右,年均增幅为 15%

左右。2005 年,PEFC 的认证面积迅速增加,认证面积为 180.55×10^6 公顷,增加幅度达 208.90%。2006—2019 年,PEFC 的认证面积平稳增加,每年的增幅在 10%以内。FSC 的认证面积呈线性稳步增长的趋势。2003 年 FSC 的认证面积为 43.19×10^6 公顷,2018 年 FSC 的认证面积为 197.89×10^6 公顷,年均增长幅度为 23.87%。从两种认证体系认证面积对比来看,PEFC 的认证面积一直多于 FSC 的认证面积。2018 年 FSC 和 PEFC 认证面积相差最大,为 197.89×10^6 公顷。

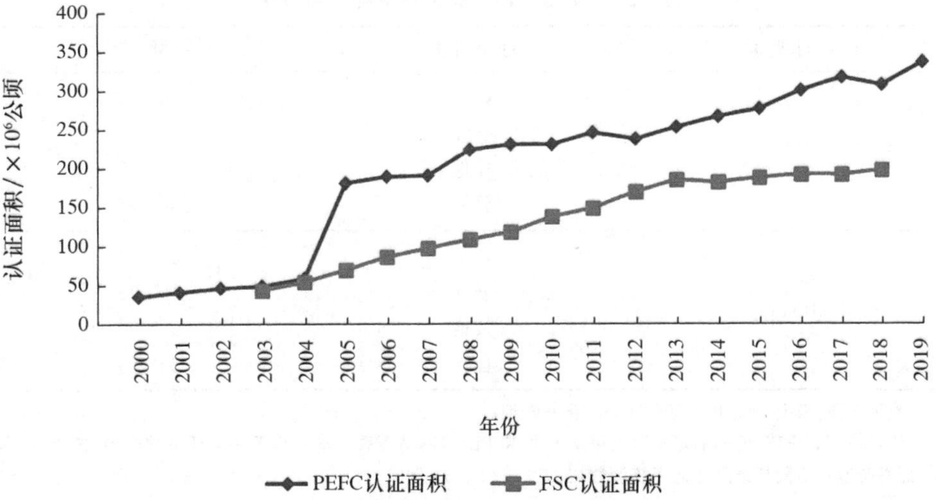

图 3-3 森林认证面积

(数据来源:根据 FSC 和 PEFC 官网整理)

从 FSC 认证总面积来看,FSC 认证总面积最大的国家为俄罗斯,认证面积为 5 692 万公顷,占 FSC 认证总面积的 25.57%,其次为加拿大,FSC 认证面积为 4 842 万公顷,占 FSC 认证总面积的 21.75%,可见,俄罗斯和加拿大两国的 FSC 认证面积占认证总面积的近 50%。FSC 认证面积排列第三的为瑞士,认证面积为 1 897 万公顷,占 FSC 认证总面积的 8.52%。美国的 FSC 认证面积为 1 423 万公顷,排列第四,占 FSC 认证总面积的 6.39%,其余国家的 FSC 认证面积均小于 1 000 万公顷。中国的 FSC 认证总面积为 119 万公顷,仅占 0.53%。

从 PEFC 认证总面积来看,加拿大是 PEFC 认证面积最大的国家,认证面积为 13 527 万公顷,占 PEFC 认证总面积的 41.67%。其次为美国,认证面积为 3 469 万公顷,占 PEFC 认证总面积的 10.69%。认证面积排列第三的为俄罗斯,认证面积为 3 087 万公顷,占 PEFC 认证总面积的 9.51%。中国 PEFC 的认证面积为 128 万公顷,仅占 PEFC 认证总面积的 0.40%。

3.2.2 森林认证数量

截至 2019 年 11 月，本书在 FSC 和 PEFC 网站上共收集到 270 847 条认证的记录，如表 3-2 所示。其中，FSC 的总认证证书数量为 236 677 个，PEFC 的总认证证书数量为 34 170 个，FSC 认证证书数量多于 PEFC 认证。FSC 的 CoC 的认证记录为 226 602 条，而 FSC 的 FM 的认证记录仅为 10 023 条。

表 3-2　FSC 和 PEFC 认证证书种类和数量

认证类别	证书种类	数量/个
FSC	CoC	226 602
	FM	10 023
	其他	52
	总量	236 677
PEFC	CoC	24 675
	FM	9 396
	其他	99
	合计	34 170

数据来源：根据 FSC 和 PEFC 网站收集并整理。

注：FSC 和 PEFC 证书的基本数据可从 FSC 和 PEFC 网站下载。本书基于认证证书的内容，按年份、国家、证书类型和不同林产品获得了统计数据。

从历年森林认证证书数量的统计数据的趋势看（图 3-4），FSC 和 PEFC 的认证数量不断上升。FSC 认证的时间起于 1993 年，而 PEFC 认证的时间起于 2005 年。从认证总量看，FSC 的认证数量远高于 PEFC 的认证数量，2018 年，FSC 的认证数量为 37 378 个，而 PEFC 的认证数量仅为 2 284 个。从增长幅度看，1997 年森林认证数量增幅达 116.22%，2013 年森林认证数量增幅达 207.77%，2017 年森林认证数量最高，为 40 204 个。

从 FSC 和 PEFC 的森林经营认证（FM 认证）和产销监管链认证（CoC 认证）的数量可以看出（图 3-5），无论是 FSC，还是 PEFC 体系，CoC 的认证数量远高于 FM 的认证数量。近年来，CoC 认证在认证总数中的比例不断上升，而 FM 认证的比例不断下降。2001 年，FM 认证数量占总认证数量的 13.44%，截至 2007 年，下降到 4.47%，2018 年，占比仅达 1.49%。森林认证的重点为与产品相关的产销监管链认证，而比较少涉及森林经营认证，这说明了森林认证与贸易的关联性越来越大。

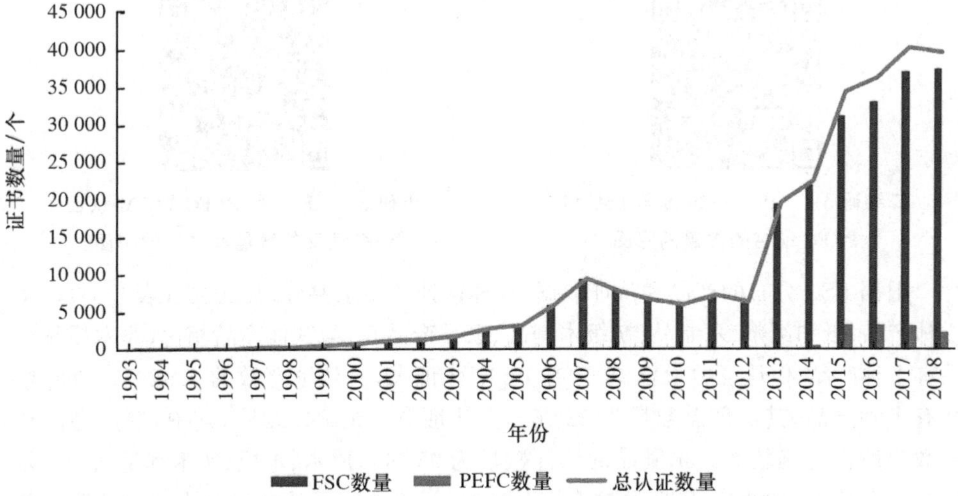

图 3-4 1993—2018 年 FSC 和 PEFC 证书的数量(彩图见二维码 3-1)

(数据来源:根据 FSC、PEFC 官网数据整理并绘制)

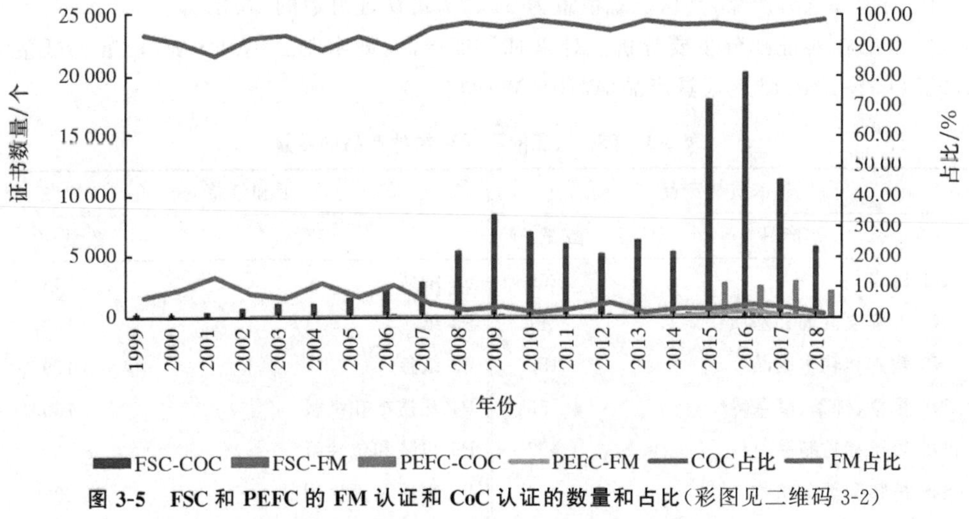

图 3-5 FSC 和 PEFC 的 FM 认证和 CoC 认证的数量和占比(彩图见二维码 3-2)

(数据来源:根据 FSC、PEFC 官网数据整理并绘制)

二维码 3-1　1993—2018 年 FSC 和 PEFC 证书的数量的彩图

二维码 3-2　FSC 和 PEFC 的 FM 认证和 CoC 认证的数量和占比的彩图

根据 FSC 公布的产品和认证数据，森林认证产品主要分为三大类(表 3-3)：非木质林产品、纸和纸浆、木制品(初级木制品、家具产品)。与其他产品相比，非木质林产品有十种产品，但认证数量较少，只有 1 367 张证书，占认证总数的 0.92%。纸和纸浆有十种产品，其认证总数量为 52 062，占认证总数的 34.92%，其中，纸产品的认证数量所占比例较大。木制品的认证数量为 95 649，原木、木板、实木都是认证数量较多的产品。这里进一步将木制品分为两类：一类是以劳动密集型为主的低附加值林产品，在 FSC 中为 W1～W9 的九种初级木制品，其认证总数量为 41 526，占认证总数的 27.86%。另一类是技术和资本密集型的高附加值林产品，在 FSC 中为 W10～W19 的十种家具产品，其认证总数量为 54 123，占认证总数的 36.31%。

本书在实证部分主要分析三种森林认证产品，即木制品(W1～W9)、纸和纸浆产品(P1～P10)以及家具产品(W10～W19)。

表 3-3　FSC 认证的不同种类林产品的数量

非木质林产品		纸和纸浆	
产品	数量/个	产品	数量/个
N1 树皮	206	P1 纸浆	2 648
N2 土壤改良剂和基质	17	P2 纸	6 133
N3 软木和软木制品	156	P3 纸板	3 179
N4 稻草、柳条、藤条等	56	P4 瓦楞纸和纸板	1 769
N5 竹子和竹制品	497	P5 包装和包装纸	8 057
N6 植物和部分植物	49	P6 家居及卫生用品	2 032
N7 天然树胶、油脂及衍生物	197	P7 文具纸	11 826
N8 化学药品、药品和化妆品	20	P8 印刷材料	14 762
N9 食品	68	P9 线轴、卷和类似的产品	152
N10 其他非木质林产品	101	P10 其他纸和纸浆产品	1 504
总计	1 367	总计	52 062

续表 3-3

初级木制品		家具产品	
产品	数量/个	产品	数量/个
W1 原木	8 272	W10 木质包装及类似材料	24 149
W2 木炭	354	W11 木建筑	8 389
W3 木片或木屑	5 619	W12 室内家具	11 283
W4 浸渍/处理木材	863	W13 户外家具及园艺	4 687
W5 实木(锯、削、剥皮)	11 709	W14 乐器	83
W6 制造业木制品	3 435	W15 娱乐设备	674
W7 单板	1 990	W16 家居用品	2 087
W8 木板	5 559	W17 文具	397
W9 实木产品	3 725	W18 其他木制品	1 651
		W19 其他	723
总计	41 526	总计	54 123

数据来源:根据 FSC 官网数据整理。

PEFC 和 FSC 对于产品认证具有不同的划分标准,与 FSC 的认证产品划分相比,PEFC 的认证产品划分比较简单,共有 10 种产品。从 PEFC 认证的不同种类林产品的数量(表 3-4)可以看出,PEFC 认证数量最多的为原木,认证数量为 3 025,占总认证数量的 18.97%;其次为加工木材,认证数量为 2 627,占总认证数量的 16.48%。锯木的认证数量为 2 385,占总认证数量的 14.96%。原木、加工板材、锯木、纸和纸板、家具产品等是 PEFC 证书里认证数量较多的,而软木及软木制品、纸浆是 PEFC 证书里认证数量较少的。

表 3-4 PEFC 认证的不同种类林产品的数量

代码	产品	数量/个
01000	原木	3 025
02000	薪材和木炭	1 357
03000	锯木	2 385
04000	实木产品	1 376
05000	板材	1 632
06000	纸浆	201
07000	纸和纸板	2 367
08000	加工木材	2 627
09000	家具产品	840
11 000	软木及软木制品	135

数据来源:根据 PEFC 官网数据整理。

3.2.3 森林认证分布

截至 2019 年 11 月,从 FSC 和 PEFC 认证数量排名前 10 的国家(表 3-5)可以看出,PEFC 认证国家较 FSC 认证集中。在 PEFC 认证数量排名前 10 的国家中,认证总数达 13 590,占总 PEFC 认证数量的 83.53%。在 FSC 认证数量排名前 10 的国家中,认证总数达 56 823,占 44.31%。中国是 FSC 认证数量最多的国家,认证数量为 10 505,占 8.19%,其次为美国,认证数量为 7 065,占 5.51%。法国是 PEFC 认证数量最多的国家,认证数量为 2 873,占 17.66%。在 FSC 认证数量超过 100 的 78 个国家中,34 个是发达国家,5 个是转型经济体国家,39 个是发展中国家。在 PEFC 认证数量超过 100 的 19 个国家中,仅有中国和马来西亚两个发展中国家,其余 17 个国家均为发达国家。

表 3-5 FSC 和 PEFC 排名前 10 的国家的认证数量及占比

FSC				PEFC			
排名	国家	认证数量/个	占比/%	排名	国家	认证数量/个	占比/%
1	中国	10 505	8.19	1	法国	2 873	17.66
2	美国	7 065	5.51	2	德国	2 440	15.00
3	意大利	6 716	5.24	3	意大利	1 950	11.99
4	巴西	5 712	4.45	4	荷兰	1 467	9.02
5	波兰	5 451	4.25	5	波兰	1 220	7.50
6	德国	5 285	4.12	6	葡萄牙	1 052	6.47
7	罗马尼亚	4 631	3.61	7	马来西亚	725	4.46
8	印度	3 983	3.11	8	奥地利	660	4.06
9	印度尼西亚	3 857	3.01	9	丹麦	650	4.00
10	俄罗斯	3 618	2.82	10	日本	553	3.40
	合计	56 823	44.31		合计	13 590	83.53

FSC 的认证面积主要集中在欧洲和北美洲(图 3-6)。欧洲的认证面积最多,为 11 902 万公顷,占 53.50%,参与认证的国家有 32 个。其次为北美洲,认证面积为 6 452 万公顷,占 29.00%,参与认证的国家仅有 5 个。南美洲和加勒比海地区以及亚洲地区认证面积分别占 6.67%和 5.72%,参与认证的国家分别为 13 个和 14 个。非洲和大洋洲分别有 9 个和 4 个国家参与认证,分别占 3.94%和 1.17%。PEFC 认证也主要集中在欧洲和北美洲。北美洲仅有 2 个国家参与认证,认证面

积最多，为 16 996 万公顷，占 52.25%。其次为欧洲，认证面积为 11 952 万公顷，占 36.74%，参与认证的国家有 24 个。亚洲地区认证面积为 1 387 万公顷，占 4.26%，仅有 6 个国家参与认证。南美洲和加勒比海地区、非洲以及大洋洲地区认证面积和参与国家较少。

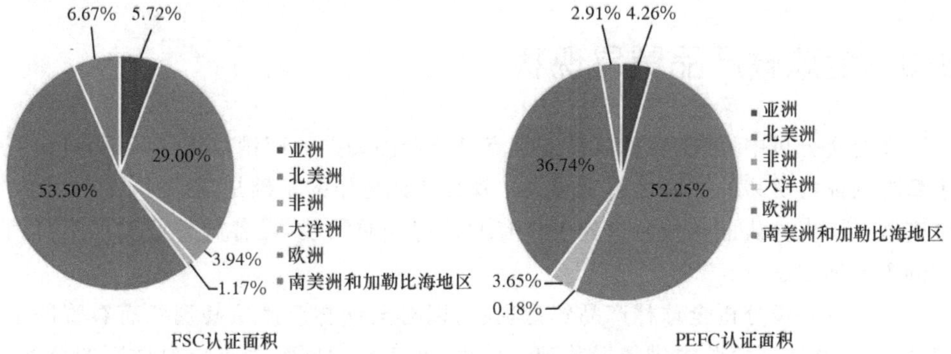

图 3-6 各洲 FSC 和 PEFC 认证面积(彩图见二维码 3-3)

从各洲认证数量来看(图 3-7)，FSC 认证数量主要集中在欧洲和亚洲。欧洲的认证数量达 68 414，占 53.37%，认证国家有 38 个。其次为亚洲，认证数量达 33 017，占 25.76%，认证国家有 29 个。而北美洲的认证数量并不多，仅为 12 396，占 9.67%。PEFC 认证数量也比较集中，主要在欧洲国家，认证数量 13 928，占 85.61%，有 32 个国家参与认证。其次为亚洲，认证数量达 1 817，占 11.17%，认证国家有 17 个，其他洲的认证面积较少。

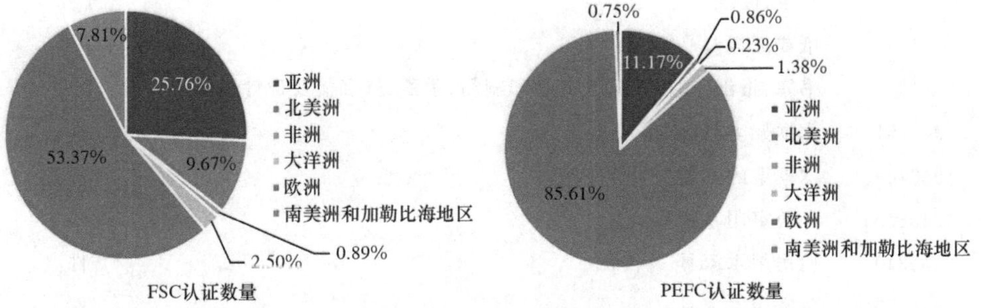

图 3-7 各洲 FSC 和 PEFC 认证数量(彩图见二维码 3-3)

二维码 3-3　各洲 FSC 和 PEFC 认证面积、认证数量的彩图

3.3　全球林产品贸易现状

在上文分析中发现，森林认证的重点是与产品相关的产销监管链认证，这说明了森林认证与贸易的关联性越来越大。森林认证运作的基础是全球林产品贸易的紧密联系。森林认证在贸易过程中具有的独特介质属性，是各国林业发展不可回避的重要环节。

本节进一步分析全球林产品贸易现状，以对全球林产品贸易现状有客观的了解，并为后文实证检验提供数据基础。根据 2017 年中国海关进出口税则的分类，重点分析以下林产品，如表 3-6 所示。

表 3-6　2017 年中国海关进出口税则的林产品种类

编码	种类	单位
06	活植物；茎、根；插花、簇叶	千克
44	木及木制品、木炭	千克
45	软木及软木制品	千克
46	稻草、秸秆、针茅或其他编结材料制品、篮筐及柳条编结品	千克
47	木浆、废纸	千克
48	纸或纸板制品	千克
49	书籍、报纸、印刷图画及其他印刷品、手稿、打字稿及设计图纸	千克
940161	木框架坐具(软垫)	件
940169	木框架的其他坐具	件
940330	办公室用木家具	件
940340	厨房用木家具	件
940350	卧室用木家具	件
940360	其他木家具	件

结合林产品贸易种类和森林认证的认证产品和数量，本书将进一步细分三种林产品，以进行实证检验，分别为木制品（HS 44：木及木制品、木炭）、纸和纸浆产

品(HS 47:木浆、废纸;HS 48:纸或纸板制品;HS 49:书籍、报纸、印刷图画及其他印刷品、手稿、打字稿及设计图纸)以及家具产品(HS 940169:木框架的其他坐具;HS 940330:办公室用木家具;HS 940340:厨房用木家具;HS 940350:卧室用木家具;HS 940360:其他木家具)。

3.3.1 贸易规模

过去20年,全球林产品贸易总额呈现增长趋势(图3-8)。2001年,全球林产品贸易总额为5 001.74亿美元,2018年,全球林产品贸易总额增长至10 355.25亿美元,增长率为107.03%。2001年、2009年、2012年、2015年和2019年,全球林产品贸易总额呈现负增长。受全球金融危机的影响,2009年贸易总额减少最多,较2008年减少18.37%。2019年,受中美贸易摩擦的影响,全球林产品贸易额较2018年减少7.53%。其余年份均呈现正增长,其中增加最多的为2004年,增幅达15.95%,其次为2010年,增幅为14.10%。

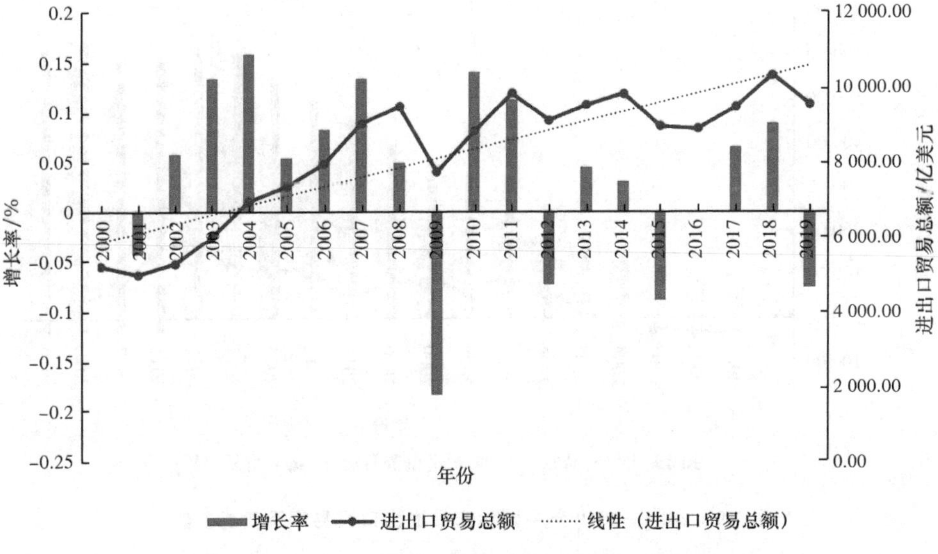

图3-8 2000—2019年全球林产品国际贸易总额和增长率

(数据来源:UN Comtrade整理并绘制)

近20年来,中国林产品的进出口贸易额总体呈现上升趋势(图3-9)。2000年,中国林产品出口额为62.32亿美元,2018年出口总额最高,为633.38亿美元,增长率达916.34%,年均增加率达45.82%。2004年,中国林产品出口总额增幅最大,为34.67%,2003年次之,为30.03%。2009年和2016年,中国林产品出口贸易额减少,增幅分别为-4.63%和-4.59%。2019年,受中美贸易摩擦的影响,出口贸易额增幅为 -2.78%。2001年,中国林产品进口贸易额为103.00亿美元,2018年,进口贸易额达到最高,为588.23亿美元,进口贸易额增长幅度为471.10%,年均增长率达23.55%。2010年,中国林产品进口贸易额增幅最大,为36.95%,其次为2011年,进口贸易额增幅为31.81%。2007年和2017年进口贸易额增幅超过20%。2019年,中国林产品进口贸易额的减少幅度最大,为14.60%,可见中国贸易摩擦对中国林产品进口影响较大。2009年,受金融危机的影响,中国林产品进口贸易额减少幅度为10.27%。

近20年来,中国林产品出口贸易额的增长率及年均增长率逐渐高于进口贸易额,中国林产品贸易呈现高速发展趋势。从贸易差额看,2005年,中国林产品呈现从贸易逆差至贸易顺差的转变态势,贸易顺差不断增加。2015年,中国林产品贸易顺差达到最大,为181.79亿美元。

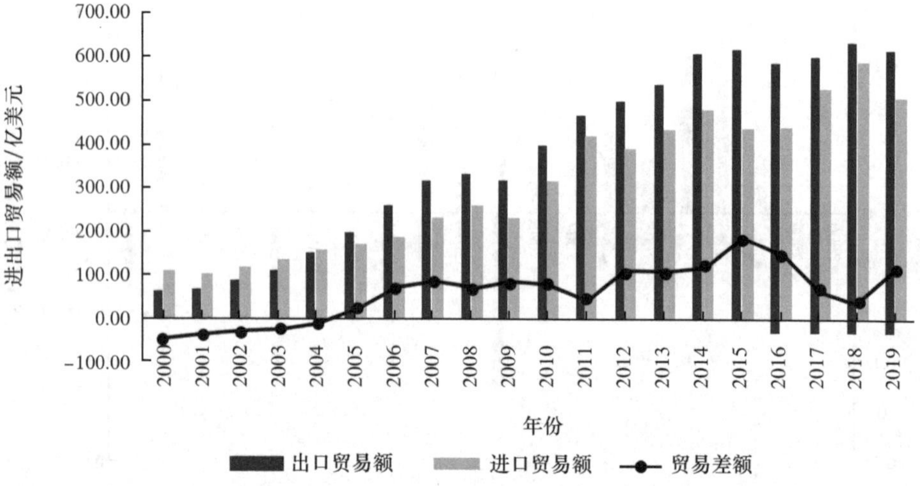

图3-9 2000—2019年中国林产品进出口贸易额及贸易差额

通过图3-10可以看出,中国林产品的进出口贸易额占世界林产品进出口贸易额的比重呈现不断上升的趋势,中国林产品贸易在世界林产品贸易中逐渐占据重要地位。2000年,中国林产品出口贸易额占世界林产品出口贸易额的比重仅为2.43%。2015年,占13.84%。2000年,中国林产品进口贸易额占世界林产品进口贸易额的比重仅为4.05%。2018年,该占比为11.25%。

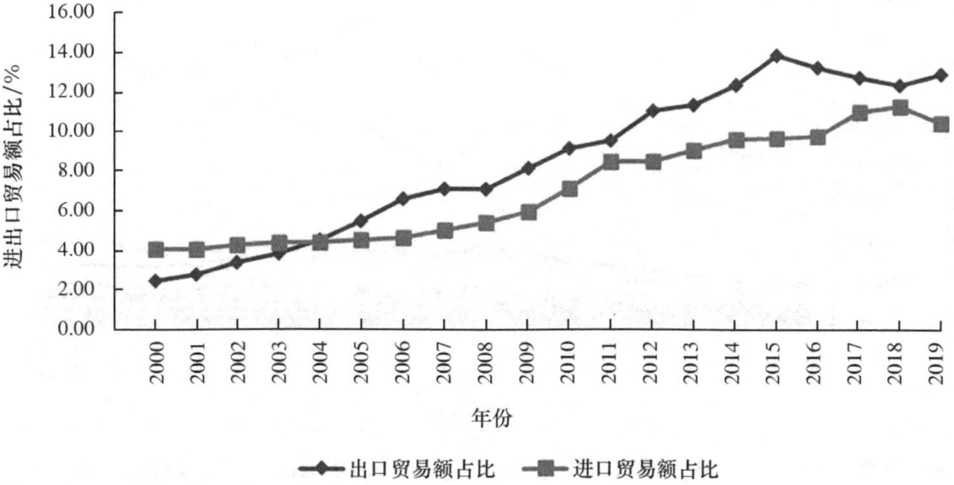

图 3-10 中国林产品进出口贸易额占世界林产品进出口贸易额比重

3.3.2 商品结构

从 2000—2019 年各种林产品的进出口贸易总额(图 3-11)可以看出，各种林产品的贸易趋势与总林产品贸易趋势基本一致。其中，贸易额最大的为纸浆、纸或纸板制品，其次为木及木制品、木炭，2019 年，其贸易额分别为 3 310.25 亿美元和 2 683.92 亿美元。2010 年，木浆、废纸及纸板的贸易额开始高于印刷品的贸易额，之后两者的贸易差额不断增加。软木制品、编结材料制品以及家具相关的几种产品的贸易额较低，2019 年，其贸易额仅为 39.30 亿美元。

近 20 年来，各类家具产品的贸易额增幅较大，其中，木框架坐具由 2000 年的 33.54 亿美元，增至 2019 年的 359.32 亿美元，增幅为 265.26%。木浆、废纸及纸板由 2000 年的 514.78 亿美元，增至 2019 年的 990.27 亿美元，增幅为 128.24%，木及木制品、木炭由 2000 年的 1 406.26 亿美元，增至 2019 年的 2 683.92 亿美元，增幅为 112.35%。软木及软木制品的增幅较低，为 46.40%。

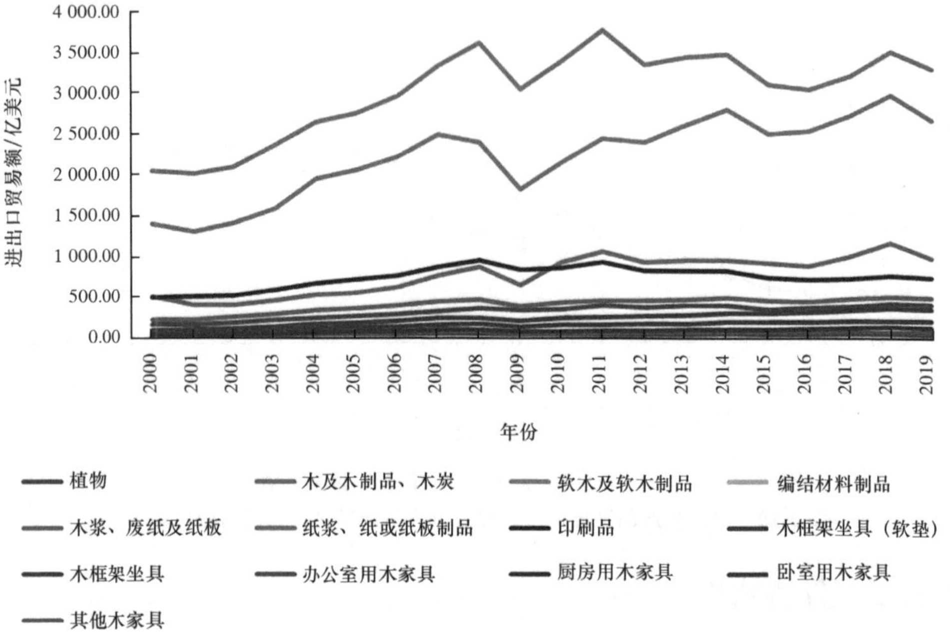

图 3-11　2000—2019 年全球林产品的进出口贸易额(彩图见二维码 3-4)

二维码 3-4　2000—2019 年全球林产品的进出口贸易额的彩图

从 2018 年全球林产品贸易额(图 3-12)可以看出，纸浆、纸或纸板制品所占份额最大，贸易额为 3 522.70 亿美元，占 34.02%，其次为木及木制品、木炭，贸易额为 2 986.16 亿美元，占 28.84%，排名第三的为木浆、废纸及纸板，贸易额为 1 174.95 亿美元，占 11.35%。其余产品所占贸易额的比重均小于 10%。

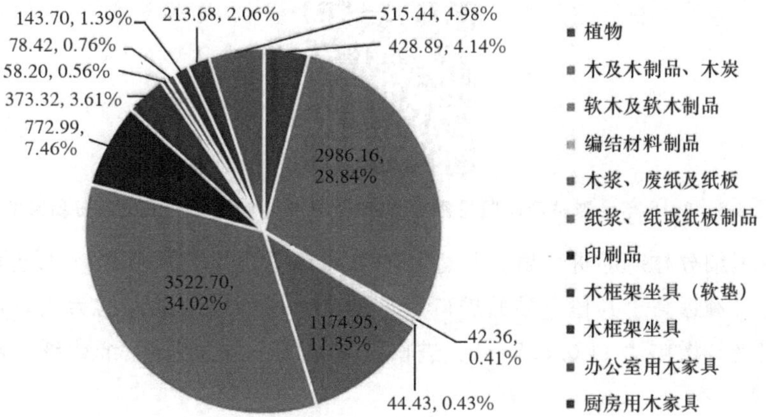

图 3-12　2018 年全球林产品贸易额(彩图见二维码 3-5)

从中国细分林产品出口贸易额(图 3-13)可以看出，近 20 年，各类家具产品的出口增幅最大，其中木框架坐具增幅达 3 610. 20%，2000 年出口额为 2. 08 亿美元，2019 年出口额为 77. 18 亿美元；其次为纸浆、纸或纸板制品，出口增幅为 1 465. 63%，木浆、废纸及纸板的出口增幅为 1 167. 50%。2009 年，纸浆、纸或纸板制品的出口额开始大于木及木制品、木炭的出口额，且呈现不断上升的趋势。而软木及软木制品，编结材料制品的出口增幅较小，分别为 242. 65%和 191. 29%。

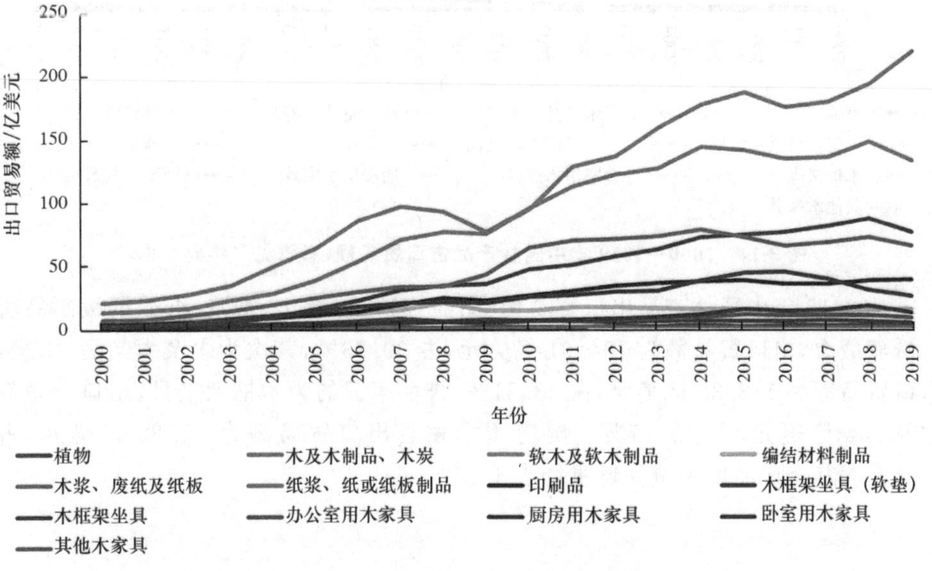

图 3-13　2000—2019 年中国林产品出口贸易额(彩图见二维码 3-5)

二维码 3-5　2018 年全球林产品贸易额与 2000—2019 年中国林产品出口贸易额的彩图

从中国细分林产品进口贸易额(图 3-14)可以看出,木浆、废纸和木及木制品、木炭的进口额远高于其他产品的进口额。进口额增加幅度最大的为家具产品,其中木框架坐具增幅达 11 025.84%。进口额增幅最小的为纸浆、纸或纸板制品,增幅仅为 32.87%。

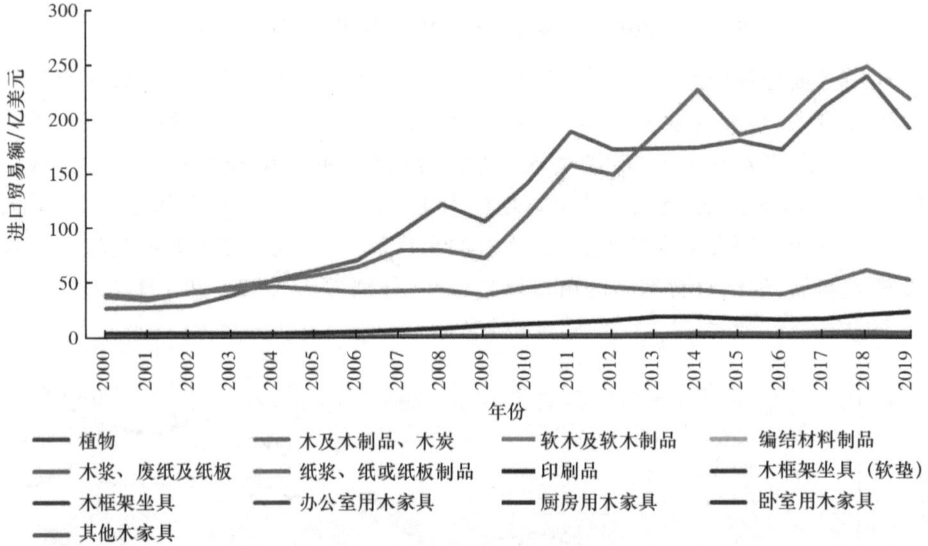

图 3-14　2000—2019 年中国林产品进口贸易额(彩图见二维码 3-6)

从 2018 年中国林产品出口贸易额(图 3-15)可以看出,纸浆、纸或纸板制品所占份额最大,出口贸易额为 194.61 亿美元,占 30.73%,其次为木及木制品、木炭,出口贸易额为 148.88 亿美元,占 23.51%,排名第三的为木框架坐具,出口贸易额为 87.84 亿美元,占 13.87%。厨房用木家具出口贸易额为 72.83 亿美元,占 11.50%,其余产品所占贸易比重均小于 10%。

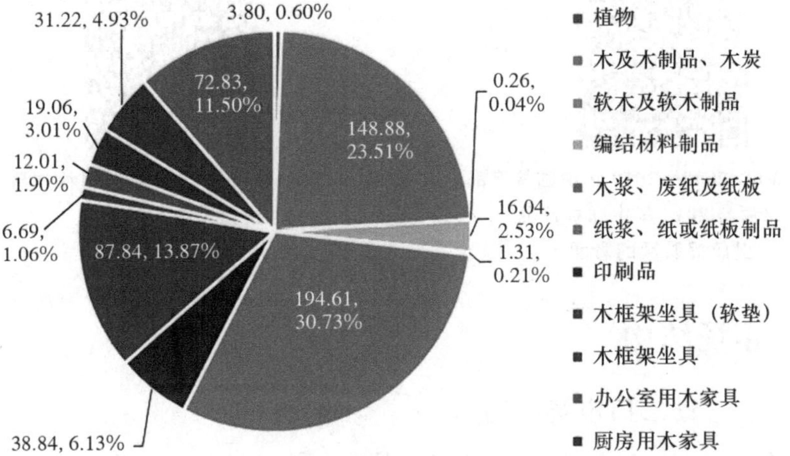

图 3-15　2018 年中国林产品出口贸易额(彩图见二维码 3-6)

中国林产品的进口规模和出口规模有较大的差距。从 2018 年中国林产品进口贸易额(图 3-16)可以看出，木及木制品、木炭的进口贸易额最大，为 249.14 亿美元，占总进口额的 42.35%，其次为木浆、废纸及纸板，进口贸易额为 240.11 亿美元，占 40.82%，纸浆、纸或纸板制品的进口贸易额为 62.01 亿美元，占 10.54%。

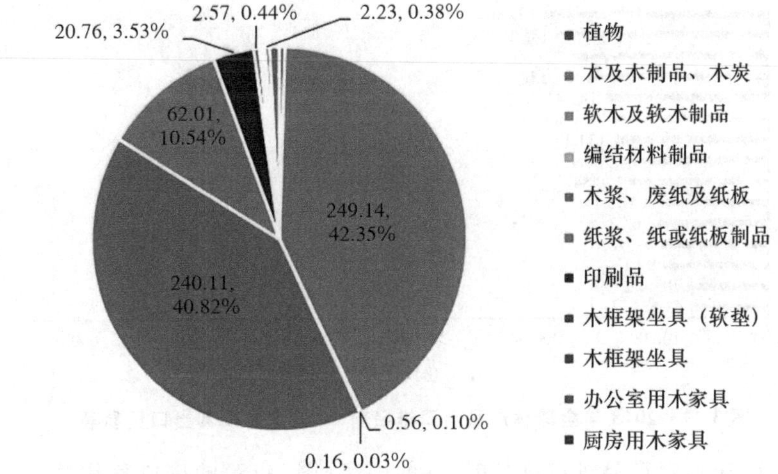

图 3-16　2018 年中国林产品进口贸易额(彩图见二维码 3-7)

二维码 3-6 2000—2019 年中国林产品进口额与 2018 年中国林产品出口贸易额的彩图

二维码 3-7 2018 年中国林产品进口贸易额的彩图

3.3.3 市场结构

3.3.3.1 进出口市场结构

2018 年,全球林产品出口排名前 20 的国家(图 3-17)的贸易总额占全球林产品出口贸易总额的 77.78%,林产品出口市场较为集中。中国是林产品出口贸易额最大的国家,出口额为 633.38 亿美元,占全球总出口贸易额的 12.43%。其次为德国、美国和加拿大,分别占 8.85%、8.28%和 6.41%。

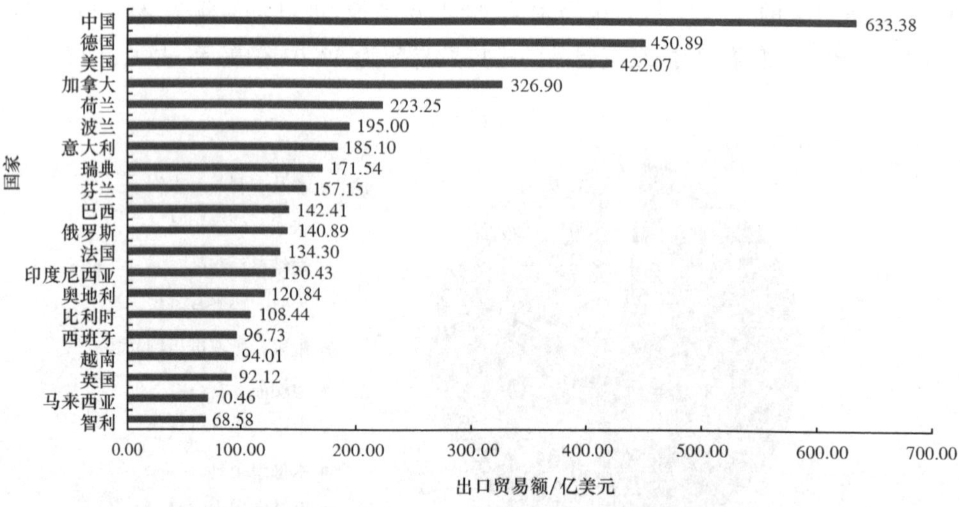

图 3-17 2018 年全球林产品出口排名前 20 的国家及其出口贸易额

2018 年,全球林产品进口排名前 20 的国家(图 3-18)的进口贸易总额占全球林产品进口贸易总额的 74.39%,林产品进口市场也较为集中。美国是林产品进口贸易额最大的国家,进口贸易额为 747.85 亿美元,占全球总进口贸易额的

14.44%。中国进口贸易额排名第二,德国、英国和法国等欧洲国家进口贸易额排列其后。在全球林产品进口排名前20的国家中,有3个北美洲国家,5个亚洲国家,11个欧洲国家,其中有15个发达国家,5个发展中国家。而在出口排名前20的国家中,有2个北美洲国家,4个亚洲国家,12个欧洲国家,2个南美洲国家,其中发达国家有14个,发展中国家有6个。

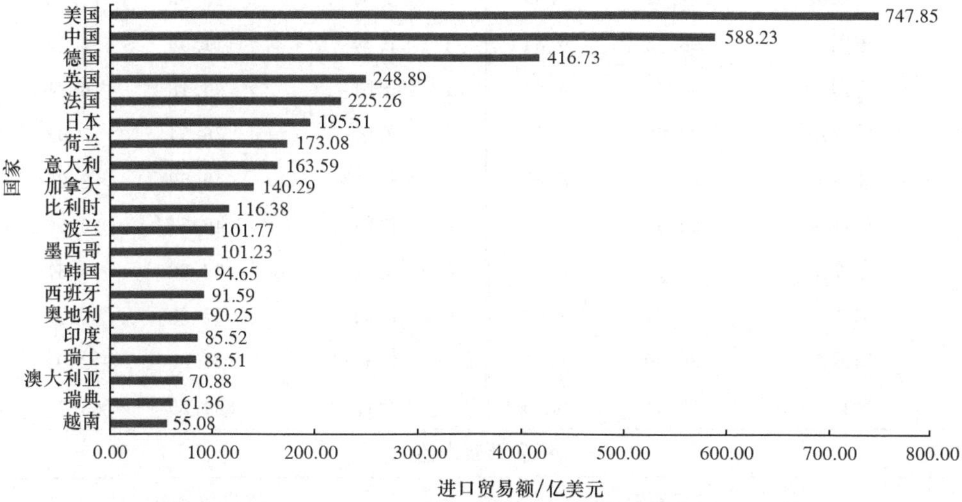

图3-18 2018年全球林产品进口排名前20的国家及其进口贸易额

从2018年三种林产品贸易额排列前10的国家(表3-7)看,纸和纸浆产品贸易额排列前10的国家的进出口贸易额大于木制品和家具产品。家具产品贸易额排列前10的国家的贸易额所占比例最高,说明家具产品的贸易市场比其他两种产品集中。中国是木制品进出口贸易额最大的国家,出口贸易额和进口贸易额均为148.88亿美元,占比分别为10.32%和16.35%。中国是纸和纸浆产品进口贸易额最大的国家,进口贸易额为322.89亿美元,占11.79%。中国在家具产品出口市场占有较大的比重,出口贸易额为229.64亿美元,占32.34%。木制品和家具产品贸易额比较大的国家主要有中国以及部分北美洲国家和欧洲国家,家具产品的出口贸易额较大的国家主要集中在亚洲、欧洲和北美洲国家,进口市场主要为北美洲国家和欧洲国家。

表 3-7　2018 年三种林产品贸易额排名前 10 的国家

木制品							
排名	国家	出口贸易额/亿美元	占比/%	排名	国家	进口贸易额/亿美元	占比/%
1	中国	148.88	10.32	1	中国	148.88	16.35
2	加拿大	142.81	9.89	2	美国	226.06	14.83
3	德国	98.75	6.84	3	日本	111.56	7.32
4	美国	98.68	6.84	4	德国	96.18	6.31
5	俄罗斯	90.06	6.24	5	英国	76.54	5.02
6	波兰	55.61	3.85	6	意大利	49.52	3.25
7	奥地利	52.53	3.64	7	法国	46.67	3.06
8	印度尼西亚	44.35	3.07	8	荷兰	39.82	2.61
9	瑞典	42.27	2.93	9	韩国	37.88	2.49
10	新西兰	36.30	2.51	10	比利时	31.84	2.09
	合计	810.24	56.13		合计	864.95	63.33

纸和纸浆产品							
排名	国家	出口贸易额/亿美元	占比/%	排名	国家	进口贸易额/亿美元	占比/%
1	美国	301.43	11.25	1	中国	322.89	11.79
2	德国	289.28	10.80	2	美国	268.18	9.79
3	中国	234.75	8.76	3	德国	232.97	8.50
4	加拿大	162.95	6.08	4	法国	124.24	4.54
5	芬兰	122.27	4.56	5	英国	113.66	4.15
6	瑞典	120.66	4.50	6	意大利	96.98	3.54
7	巴西	104.95	3.92	7	荷兰	84.05	3.07
8	意大利	94.80	3.54	8	加拿大	83.38	3.04
9	法国	91.78	3.43	9	墨西哥	78.85	2.88
10	荷兰	87.88	3.28	10	波兰	71.13	2.60
	合计	1 610.75	60.12		合计	1 476.33	53.90

续表 3-7

家具产品							
排名	国家	出口贸易额/亿美元	占比/%	排名	国家	进口贸易额/亿美元	占比/%
1	中国	229.64	32.34	1	美国	219.90	32.99
2	波兰	60.70	8.55	2	德国	51.34	7.70
3	意大利	56.83	8.00	3	英国	40.15	6.02
4	德国	50.72	7.14	4	法国	37.05	5.56
5	越南	49.10	6.91	5	荷兰	23.33	3.50
6	马来西亚	19.29	2.72	6	日本	22.31	3.35
7	美国	16.92	2.38	7	加拿大	21.26	3.19
8	加拿大	16.51	2.33	8	瑞士	18.81	2.82
9	印度尼西亚	13.41	1.89	9	澳大利亚	16.88	2.53
10	土耳其	13.24	1.86	10	中国	12.56	1.88
	合计	526.36	74.12		合计	463.59	69.54

数据来源：根据 UN Comtrade 整理并绘制。

3.3.3.2 双边贸易流向

近年来，林产品双边贸易流向没有明显变化。从 2018 年木制品排名前 20 的国家双边贸易流量可以看出，加拿大向美国出口的木制品最多，出口额为 108.55 亿美元，其次为中国向美国出口 38.94 亿美元，排名第三的是俄罗斯向中国出口 35.23 亿美元。北美洲的美国和加拿大的木制品贸易额较大。波兰、奥地利、德国和捷克等欧洲国家之间的贸易较为频繁，中国、泰国、印度尼西亚和日本是亚洲木制品出口量较大的国家，巴西和智利是南美洲木制品出口量较大的国家。

从 2018 年纸和纸浆产品排名前 20 的国家双边贸易流量可以看出，加拿大向美国出口的纸和纸浆产品最多，出口额为 93.08 亿美元，其次为美国向加拿大的出口额，为 73.33 亿美元，排名第三的是美国向墨西哥的出口，出口额为 54.91 亿美元。可见，纸和纸浆产品的贸易主要集中在北美洲国家、中国和欧洲国家。各洲国家内的纸和纸浆产品贸易格局比较集中，主要体现在北美自贸区和欧盟国家内的贸易额较大。而中国与北美洲国家（美国和加拿大）、欧洲国家（德国）、南美洲国家（巴西和智利）的贸易都较为频繁。

家具产品与木制品和纸和纸浆产品的贸易流向有所不同。从 2018 年家具产品排名前 20 的双边贸易流量可以看出，中国向美国出口的家具产品最多，出口额为 71.49 亿美元，其次为波兰向德国的出口，出口额为 14.34 亿美元，与排列第一的贸易额有较大的差距。排名第三的是加拿大向美国的出口，出口额为 12.38 亿美元。其余国家之间的出口额均小于 10 亿美元。中国的家具产品主要出口到亚洲(日本和韩国)、欧洲(英国、法国、奥地利和瑞士)、大洋洲(澳大利亚)、北美洲(美国和加拿大)等地，但出口额较小。综上所述，本章可得出如下结论。

(1)森林认证是应对因森林过度采伐和非法采伐而导致的森林面积减少、生物多样性破坏和环境退化的有效手段。森林认证确保了森林的可持续经营，并能有效提高生态效应。同时，森林认证还实现了森林经营管理同企业之间的有机结合，以获取良好的经济效益。在森林认证实践过程中，森林经营认证和产销监管链认证的目标是相互联系并相互作用的。

(2)从现有的数据来看，PEFC 的认证面积多于 FSC 的认证面积，且两者认证面积差距不断增加。森林认证面积集中在欧洲和北美洲，FSC 认证主要集中在俄罗斯和加拿大，PEFC 认证主要集中在加拿大和美国。中国的 FSC 认证和 PEFC 认证总面积占全球认证总面积不到 1%。

(3)现阶段森林认证的重点是与产品相关的产销监管链认证，而较少涉及森林经营认证，这说明了森林认证与贸易的关联性越来越大。FSC 的总认证数量高于 PEFC，PEFC 认证国家较 FSC 认证集中，FSC 认证数量主要集中在欧洲和亚洲，PEFC 认证数量主要在欧洲国家。中国是 FSC 认证数量最多的国家，法国是 PEFC 认证数量最多的国家。发达国家的认证数量明显高于发展中国家的认证数量。从认证产品的认证总数量来看，认证数量大小依次为家具产品、纸和纸浆产品、木制品。

(4)过去 20 年，全球林产品贸易总额呈现增长趋势，中国林产品出口贸易额的增长率及年均增长率逐渐高于进口贸易额，中国林产品贸易呈现高速发展，贸易顺差不断增加，中国林产品贸易在世界林产品贸易中逐渐占据重要的地位。

(5)从产品来看，全球林产品贸易额最大的为纸浆、纸或纸板制品，其次为木及木制品、木炭。而各类家具产品的贸易额较小，但其增幅较大。中国林产品出口产品以纸和纸浆产品、木制品以及家具为主，中国的各类家具产品的出口贸易额增幅最大。中国林产品的进口产品以木制品、木浆、废纸及纸板为主。

(6)木制品和家具产品贸易额较大的国家主要为中国以及部分北美洲和欧洲国家,家具产品的出口贸易额较大的国家主要集中在亚洲、欧洲和北美洲国家,进口贸易额较大的国家主要为北美洲和欧洲国家。从中国的森林认证和林产品贸易的表现看,中国在全球林产品供应链中处于加工国的地位。

(7)木制品、纸和纸浆产品双边贸易比较集中,主要为北美自贸区和欧盟国家间的双边贸易。中国与北美洲国家(美国和加拿大)、欧洲国家(主要为德国)、南美洲国家(主要为巴西和智利)的贸易较为频繁。

森林认证对贸易影响的理论机制 4

本书通过理论分析回答森林认证对贸易的影响机制这一科学问题，为森林认证对林产品贸易的影响研究提供一个规范的理论框架。本书重点介绍了森林认证的政府机制与市场机制，在此基础上构建森林认证的国际贸易理论分析框架，进而将其纳入经济学模型，通过理论分析解释森林认证对林产品国际贸易的作用机制。

4.1 森林认证的运作机制

林业行业以监管标准和自愿标准作为工具，以协助林产品、生态系统服务和生物能源产品等进行自由和公平的国际贸易。森林认证在很大程度上是一项自愿倡议。其本质是国际公共产品（Franklin 等，2018），是具有跨国界外部性的物品、服务、规则和政策体系（田萃 等，2018）。森林认证建立了一种从全球到地方的全球森林管理的新制度机制（Overdevest 和 Rickenbach，2006）。森林认证变革了传统的消费和生产模式，通过消费者对认证产品的需求改变，增加通过认证的林产品的产量，以改善世界森林资源的管理。森林认证发展经历了从政府推动到非政府环保组织推动再到市场推动的阶段。森林认证逐渐得到欧洲和北美洲许多发达国家以及亚洲和非洲一些发展中国家政府的支持，政府通过税收、补贴和政府采购等政策参与森林认证的发展。

治理主体的多元化是当前全球治理的特点，这种治理模式也导致了全球治理与国内政治相互妥协的一种局势（任洪生，2017）。森林认证作为全球森林治理的重要方式，其运作主体也呈现多元化发展的趋势。森林认证是市场机制发挥主导作用的全球森林治理手段，政府机制在其中起着推动作用。森林认证的经济主体是消费者、生产者和政府。因此，森林认证是一个多重利益相关的市场机制和政府机制相结合的林业国际标准。

随着森林认证的发展,其理论也在不断地扩展和完善。Overdevest 和 Rickenbach(2006)认为森林认证可描述为三种机制:①通过消费者发挥作用的基于市场的机制;②作为一种知识转移的学习机制;③作为一种难以观察的保证机制或信号机制。随着森林认证的发展,Faggi 等(2014)的观点则认为,森林认证具有五种激励机制:①市场收益和激励机制(经济机制);②新的森林管理实践和技术转让机制(学习机制);③对森林实践和管理的认可机制(信号机制);④法律机制;⑤道德机制。为了简化分析并为后文理论分析提供基础,本章主要分析森林认证的市场机制和政府机制(图 4-1)。

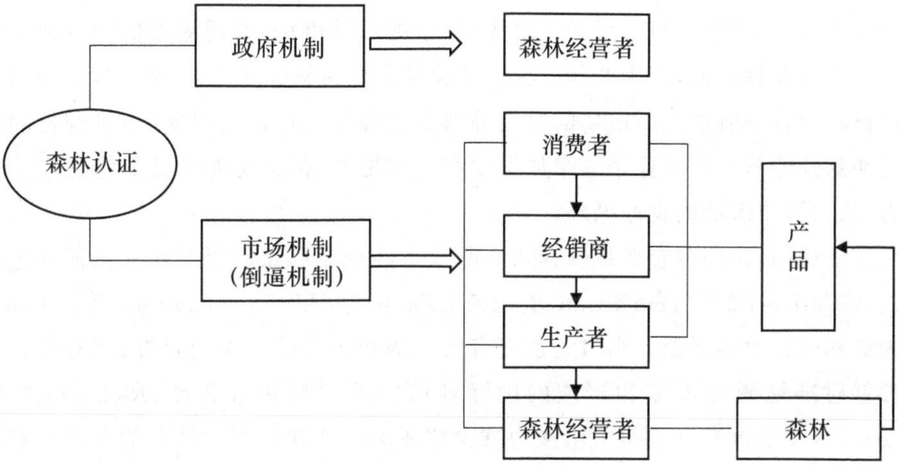

图 4-1 森林认证的两种机制

4.1.1 市场机制

森林认证被称为非政府的市场机制(Cashore 等,2007;张成林等,2017),作为自愿的软治理手段或"软法律"(Korhonen 等,2015),是一个国家软科学发展的体现。森林认证的市场机制,即倒逼机制,是指消费者购买经过认证的林产品,一般经过认证的产品价格高于未经过认证的产品价格,即消费者为环境友好的产品支付溢价。这将激励销售商购买价格高的经过认证的林产品,以更高的价格卖给环境意识强并愿意多支付溢价的消费者。其进一步激励林产品生产企业,购买价格高的经过认证的原木或原材料,生产经过认证的林产品,从而以更高的价格卖给销售商。激励森林经营单位,开展森林认证,从而将经过认证的木材以比没有经过认证的木材更高的价格卖给生产企业。森林经营单位开展森林认证，意味着其必须按照可持续经营的标准去经营森林，从而达到森林的可持续发展要求。

森林认证被认为主要是市场主导的活动(Durst 等, 2006)，是一种向消费者介绍生产木材和相关林产品的可持续性属性的途径，是将消费者与林产品的可持续来源联系起来的工具。森林认证是通过消费者改善世界森林资源的方式，将消费模式转向来自认证的林产品。从理论上讲，增加对认证的森林产品的需求将导致经认证的森林地区的增加即可持续管理的森林地区的增加，将促进全球森林管理的逐步改善(Savilaakso 等, 2016)。

森林认证市场机制的核心是激励措施。森林认证是一种基于市场机制来提供市场优势，通过价格内部化使其成为环境外部性的国际标准或规则。市场机制的激励表现在企业增加出口、增强竞争优势、拓展国外市场、获得更大的经济回报等方面。通过森林认证，产生产品差异化来满足客户的偏好和需求，从而通过提高产品价格溢价和创造进入新市场的机会等来发挥经济效应。反过来，市场利益的获得促使森林经营者和林业企业增加了生产成本更高，但对生态有益的绿色产品的动力，从而形成市场的良性循环。

实践证明，大部分企业将森林认证所带来的企业形象的提升作为认证的重要目的(Galati 等, 2017; Halalisan 等, 2013; Paluš 等, 2017a; Tricallotis 等, 2018)，认为森林认证对增强企业出口竞争力有很大的积极影响。参与森林认证，使企业能够针对环境敏感国家和严峻的国际环境问题保持积极态度(Rickenbach 和 Overdevest, 2006)，从而最大限度地减少被环保团体和监管者针对的可能。森林认证通过将获得认证的林产品渗透到一些对环境敏感的市场，从而维持和提高企业的公众形象以获取更大的市场(Chen 等, 2010; Paluš 等, 2017a)。这些由森林认证带来的无形的品牌方面的影响与市场收益直接相关，会影响企业的长期盈利能力。发展中国家越来越多地使用森林认证来克服声誉问题，从而参与国际贸易活动(Montiel 等, 2012)。捷克和斯洛伐克共和国(Paluš 等, 2017a)、芬兰(Owari 等, 2006)、意大利(Galati 等, 2017)、智利(Tricallotis 等, 2018)和罗马尼亚(Halalisan 等, 2013)等国家及美洲一些国家(Cubbage 等,2009)的森林认证实践都表明，溢价并不是他们所要达到的目的，提高企业的形象，进入国际市场才是进行认证的重要原因。

4.1.2 政府机制

森林问题的国际谈判一般富有政治色彩，各国在森林生态、经济和社会方面的较量导致统一的国际标准的实施。森林认证属于国际法律规范，但不具有法律约束力(荆珍，2015)。发达国家和发展中国家的政府通常不直接参与环境监管，一系列非政府组织旨在通过设定社会和环境标准，并将认证标志应用于符合这些标准的产品，从而发挥监管作用，购买标有标签产品的行为是有效地保护环境的手段，特别是在发展中国家(Brenton, 2018)。

从政府立法层面看，所有拥有森林的国家或地区都对森林所有权、经营权和贸易制定了规则，但是这些规则的执行水平在全球范围内各不相同。森林的可持续经营问题受到了国际社会和各国政府的高度关注。在该背景下，世界木材出口大国开始对非法的或不利于可持续经营的森林砍伐进行监管。为了应对林业的非法采伐，各国相继颁布了相关法案，如 2003 年《欧盟木材法规》(Europe Union Timber Regulation，EUTR)和 2010 年美国《〈雷斯法案〉修正案》(Lacey Act Amendments)。自 2008 年以来，一些国家的政府通过了"木材合法性立法"，2012 年通过的《非法木材采伐禁止法案》(Illegal Logging Prohibition Bill, ILP)禁止买卖非法采伐的木材。为了防止买卖与非法采伐有关的木材产品，欧盟提出了尽职调查体系(due diligence system，DDS)。森林认证标准完全支持木材合法性立法，但是大多数立法都没有将自愿认证视为自动遵守法规的证据，只能将其视为降低风险的工具。森林认证标准已确保森林管理、产销监管链和受控木材标准符合这些法律的要求。因此，认证可以使合法合规性成为一个简单的过程。森林认证有助于满足不同需求的环境法规，如 EUTR 和美国《雷斯法案》等。

从政府角度看，森林认证作为一种非政府的市场推动的管理机制，在政府的作用下，不仅提高了现有林产品的环境保护标准，更重要的是创造了一个新的森林认证产品市场和监管体制(张成林 等，2017)。森林认证本质上是国际公共产品(Franklin 等, 2018)，国家作为全球经济治理的主要行为体将对森林认证的发展起关键作用。既然标准属于公共产品，则标准化管理属于公共管理范畴。李克强总理指出，"凡适合市场、社会组织承担的，都可以通过委托、承包、采购等方式交给市场和社会组织承担"(刘三江和刘辉，2015)。

近年来，《巴黎气候变化协定》承诺对制止毁林和森林退化在内的问题采取行动，协定允许政府采取不同的方式来帮助实现这一目标，包括通过政府采购政策，越来越多的政府开始接受可持续公共采购的概念。根据联合国发布的数据，在许多国家，公共支出占国内生产总值的 15%～30%，政府行为是改善森林砍伐、森林退化和气候变化的重要力量。因此，森林认证虽然是市场机制主导，但政府机制起到了推动作用。现实中，很多发达国家的政府机构采取了普遍的政府采购政策（李小勇等，2012；李小勇等，2015）推动森林认证的发展，对认证林产品的需求产生了明显影响（Cashore 等，2007）。政府采购具有明显的政策导向，是国家宏观调控的重要手段之一（贾宁，2012）。森林认证产品政府采购主要利用了政府环境管理职能和政府采购市场驱动职能，能够从国家层面有效抵制非法采伐，并促进森林可持续经营管理（李小勇，2008）。政府的宏观引导也是应对绿色贸易壁垒最具成效的因素（宋阳，2015），政府部门的推动也是我国森林认证开展的最主要驱动力（田茂佳，2012）。

政府采购已在很多国家开展。英国政府和法国政府要求所有中央政府部门、行政机关及非政府公共机构都必须强制执行木材采购政策。而拉脱维亚、澳大利亚、芬兰和瑞典等国的林产品采购政策是自愿执行（曹熔琨，2016）。绿色采购产品包括纸产品、家具产品和木材或木质纤维（回收原料除外）等。绿色采购政策也对企业环境绩效、运营绩效及市场绩效具有正向影响，其中影响最大的为环境绩效（张砚，2017）。

4.2 森林认证贸易效应的理论模型分析

竞争优势理论、企业异质性理论和贸易壁垒理论可以为森林认证对贸易的影响研究提供一个改进的理论基础，也为后文的实证检验提供理论基础。国际贸易理论经历了古典贸易理论、新贸易理论以及新新贸易理论的发展。在“后工业”或“后消费”时代，“绿色”产品的需求有所增加，竞争优势理论可用于解释这种差异性产品产生的原因。企业异质性理论是新新贸易理论的核心，是从微观角度解释企业国际贸易行为和企业认证绩效的重要理论依据。贸易壁垒理论有助于解释非关税贸易壁垒问题。

为了提高国际贸易理论对森林认证的解释力，本书从三个方面的国际贸易理论出发，深入解释森林认证的市场机制和政府机制对林产品国际贸易的影响。第一，竞争优势理论解释了森林认证的绿色质量水平增强了生产者的优势，认证标签的信息传递刺激了消费者的需求。第二，企业异质性理论解释了技术创新和企业形象在认证企业和非认证企业之间产生的战略差异，从而潜在地增加了认证企业的市场份额。第三，政府通过政府采购、补贴和降低税率等政策来干预市场，贸易壁垒理论解释了当价格溢价普遍削弱生产者的出口竞争优势时，一些生产者仍然接受并采用高成本的森林认证的原因(图 4-2)。

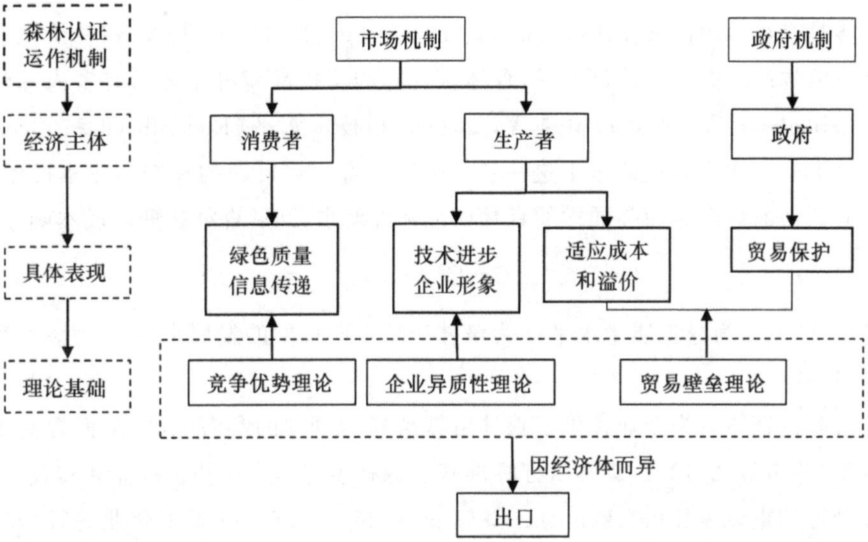

图 4-2 理论分析框架

4.2.1 基本模型的设定

森林经营认证标准直接指导森林的可持续经营,而产销监管链认证则是通过前文所述的倒逼机制间接作用于森林可持续经营。

假设在国际市场上的消费者(进口国)具有相同的偏好,可消费多个单位的产品。消费者的效用采用 Dixit-Spence-Bowley 函数描述:

$$U(x_1,x_2)=(\alpha+s_1)x_1+(\alpha+s_2)x_2-\frac{x_1+x_2+2\gamma x_1x_2}{2}+m \qquad (4\text{-}1)$$

公式(4-1)中,x_i 为进口国对 i 产品的购买数量;m 为组合产品的数量;s_i 为商品 i 的绿色质量水平参数。

假设不同发展程度的国家的绿色质量水平是不同的,产品一来自发达国家,产品二来自发展中国家,一般发达国家的绿色质量水平大于发展中国家的绿色质量水平(Rametsteiner 和 Simula, 2003),即 $s_1>s_2$。γ 代表两种产品的替代程度,分布于[0,1]。当 $\gamma=0$ 时,两种产品完全不可替代,$\gamma=1$ 时则完全可替代。α 是简化假设的参数,决定了需求函数仅依赖于它们在垂直截距时的质量水平。

国际标准的采用通常会影响企业管理和创新能力(Terziovski 和 Guerrero, 2014),通过管理的改进,可以提高企业的科技研发效率,减少科技研发成本,对技术进步具有显著的促进作用(Blind 和 Jungmittag, 2007)。一般地,森林认证的标准将影响林产品的绿色质量水平,森林认证标准将提高森林土地所有者内部管理水平(Halalisan 等, 2018;Paluš 等, 2017b)和技术水平(Rickenbach 和 Overdevest, 2006)。本书在此基础上进一步构建生产者(出口国)的林产品成本模型,假设所有认证的林产品面临同样的森林认证标准要求,开展森林认证的成本函数为:

$$C=C(s,t,q) \tag{4-2}$$

公式(4-2)中,s 为绿色质量水平;t 为该林产品生产技术的发展水平;q 为该产品的生产量。

森林认证体系为企业提供了森林可持续经营管理的参考标准,从而提高了技术水平(陈雪等,2013)。森林认证标准基于森林生态学专业知识技能和实践,成为企业学习的重要途径(Rickenbach 和 Overdevest, 2006),提高了企业的管理实践水平(Halalisan 等, 2018),增加了建立新业务关系的能力,从而增加了销售额(Galati 等, 2017)。

此外,一项标准的实施通常会增加出口国企业的成本(Blind, 2001),降低企业的价格竞争优势。森林认证的成本由直接成本和间接成本构成。直接成本包括与认证过程相关的费用,例如支付给第三方认证公司进行初步评估和后续审核以及举行利益相关者咨询和准备报告等费用。企业在获取和维护认证过程中还将产生更大的间接成本,如管理资料、人员培训、新设备采购等费用(Butterfield 等, 2005)。从间接成本看,由于森林认证标准难以完全适应当地国家的国情和林情,因此,森林认证所产生的间接成本都是较高的。为了提高林产品的绿色质量水平,森林认证会增加林业企业和森林经营单位的成本,包括直接认证成本和间接改善成本(赵眉芳,2016)。同时,成本将随着技术发展水平的增加而减少,随着产量的增加而增加。因此,森林认证的成本与林产品的绿色质量水平、林业技术发展水平以及产量的关系如下:

$$C'(s)<0,C'(t)<0,C'(q)>0 \tag{4-3}$$

公式(4-3)表明,森林认证的成本与该产品的绿色质量水平呈负相关,与该产品的技术水平呈负相关,而与林产品的产量成正相关,即在同等条件下,该产品绿色质量水平越高，所要达到森林认证标准的成本越小。一般地，发达国家的绿色质量水平大于发展中国家产品的绿色质量水平（Durst 等，2006），即 $s_1 > s_2$。即使是发展相对落后的发展中国家的检验结果依然认为标准促进创新，但是技术创新对高度发达的工业化国家比发展中国家具有显著贸易优势（Blind 和 Jungmittag，2005；Hawkins 等，2017）。发达国家的林业技术水平一般大于发展中国家的林业技术水平（Rametsteiner 和 Simula，2003），即 $t_1 > t_2$。假定发达国家和发展中国家生产的产量 q 都相等，那么

$$C_1(s_1, t_1, q) < C_2(s_2, t_2, q) \tag{4-4}$$

本书参考 Garella 等（2008）对绿色质量产品成本的假设，分析了在由两个国家构成的统一的国际市场上，每个国家各有一个企业只生产某一种产品，两种产品之间有垂直差异，也有水平差异，企业之间同时进行产品绿色质量和价格竞争。假设企业变动成本与产品绿色质量无关，森林认证提高了企业的固定成本，则企业的成本函数为：

$$C_i(q_i, s_i) = cq_i + s_i^2 \tag{4-5}$$

公式（4-5）表明，生产一种产品的成本由两方面构成：第一，单位成本 c 和企业产量 q_i 的乘积，这对于任何一个国家来说都是一样的；第二，企业生产该产品的绿色质量成本 s_t。

4.2.2 森林认证前后的模型

针对上述森林认证效应的基本模型和假设，本书旨在解决消费者最大化的问题，即

$$\text{Max}U(x_1, x_2)\, s.t.\, I - p_1x_1 - p_2x_2 \geqslant 0 \tag{4-6}$$

首先，构建拉格朗日函数：

$$L(x_1, x_2, \tau) = U(x_1, x_2) + \tau(I - p_1x_1 - p_2x_2) \tag{4-7}$$

分别对 x_1，x_2 和 τ 求导：

$$\frac{\mathrm{d}L(x_1, x_2, \tau)}{\mathrm{d}x_1} = \frac{\mathrm{d}U(x_1, x_2)}{\mathrm{d}x_1} - \tau p_1 = 0 \tag{4-8}$$

$$\frac{\mathrm{d}L(x_1, x_2, \tau)}{\mathrm{d}x_2} = \frac{\mathrm{d}U(x_1, x_2)}{\mathrm{d}x_2} - \tau p_2 = 0 \tag{4-9}$$

$$\frac{dL(x_1,x_2,\tau)}{d\tau} = I - p_1x_1 - p_2x_2 = 0 \tag{4-10}$$

将$U(x_1,x_2)$分别代入公式(4-8)、公式(4-9)和公式(4-10),通过求解效用最大化可以得到两种产品的逆需求函数:

$$\alpha + s_i - x_i - \gamma x_j = p_i \qquad i,j = 1,2 \tag{4-11}$$

其次,得到需求曲线方程:

$$x_i(p_i,p_j,s_i,s_j) = \frac{\alpha(1-\gamma) + (s_i - \gamma s_j) - p_i + \gamma p_j}{1-\gamma_2} \tag{4-12}$$

进一步对$x_i(p_i,p_j,s_i,s_j)$求导:

$$\frac{d(x_i)}{ds_i} = \frac{1}{1-\gamma^2} > 0,\quad \frac{d(x_i)}{ds_j} = \frac{-\gamma}{1-\gamma^2} < 0 \tag{4-13}$$

显然,通过公式(4-13),说明了一国林产品的绿色质量发展水平越高,该国认证林产品的需求越大。而他国林产品的绿色质量发展水平越高,本国认证林产品的需求越小,因此,得到第一个假说。

假说一:森林认证发展水平高的国家,对认证产品的需求高。

在生态服务系统中,缺乏产品信息往往成为市场发展的障碍之一(Page 和 Bellotti, 2015;Yeboah 等, 2015)。森林认证是一种向消费者介绍林产品,具有可持续发展属性的标签。作为生态标签(Marette 和 Yokessa, 2019),森林认证向外部利益相关者发出关于产品的环境属性的信号。森林认证的标签提供了林产品材料来源的信息,即产品的绿色质量水平程度(Chakraborty, 2017)。这是森林认证的一个重要的传递产品绿色质量水平的标签属性,有利于消费者进行绿色质量的判断,也影响着消费者对于认证产品的需求量(彭晓英和岳上植,2013b)。这种信号传递将有效降低国际市场的交易成本。

进一步参考 Garella 等(2008)的方法,将消费者不完全信息条件引入上述模型。假设在没有森林认证的标签时,即在非完全信息的条件下,每个消费者拥有各自关于每种产品的信息。消费者获得产品 i 的绿色质量水平信息为σ_i,消费者中拥有关于产品绿色质量水平准确信息 $\sigma_i = s_i$ 的概率为 ρ，而消费者中拥有产品绿色质量水平错误信息 $\sigma_i = s_w$ 的概率为 $1-\rho$。由于产品信息的缺乏，消费者可能认为产品的绿色质量水平偏高，或者认为产品的绿色质量水平偏低。

因此，消费者获得产品一和产品二两种商品的相关信息都正确的概率为 $P(s_1, s_2) = \rho^2$，消费者获得产品一和产品二两种商品信息都是错误的概率为 $P(s_w, s_w) = (1-\rho)^2$，消费者获得产品一的信息是正确的而获得产品二的信息是错误的概率为 $P(s_1, s_w) = \rho(1-\rho)$，消费者获得产品一的信息是错误的而获得产品二的信息是正确的概率为 $P(s_w, s_2) = \rho(1-\rho)$。在该情况下，可得出消费者对产品一的需求函数的表达式：

$$\begin{aligned} q_1 = {} & P(s_1, s_2) x_1(p, s_1, s_2) + P(s_1, s_w) x_1(p, s_1, s_w) + P(s_w, s_2) x_1(p, s_w, s_2) + \\ & P(s_w, s_w) x_1(p, s_w, s_w) = \rho^2 x_1(p, s_1, s_2) + \rho(1-\rho) x_1(p, s_1, s_w) + \\ & \rho(1-\rho) x_1(p, s_w, s_2) + (1-\rho)^2 x_1(p, s_w, s_w) \end{aligned} \tag{4-14}$$

将 $x_1(p, s_1, s_2)$、$x_1(p, s_1, s_w)$、$x_1(p, s_w, s_2)$ 和 $x_1(p, s_w, s_w)$ 代入公式(4-14)，得出在没有森林认证标签的时候，对产品 i 的总需求的一般表达式：

$$q'_i(p_i, p_j, s_i, s_j) = \frac{(1-\gamma)[\alpha + s_w(1-\rho)] + \rho(s_i - \gamma s_j) - p_i + \gamma p_j}{1-\gamma^2} \tag{4-15}$$

由公式(4-15)可知，商品 i 的需求量是一个线性需求函数，它取决于两种商品 i 和商品 j 的绿色质量水平 s_i 和 s_j、信息的准确与否、获得真实信息的概率 ρ 以及产品的替代程度 γ。

在森林认证标签的获取下，对于产品的需求量为：

$$q_i(p_i, p_j, s_i, s_j) = \frac{\alpha(1-\gamma) + (s_i - \gamma s_j) - p_i + \gamma p_j}{1-\gamma^2} \tag{4-16}$$

为了判断引入森林认证标签，消费者对于产品需求的变化，进行差分：

$$q_i(p_i, p_j, s_i, s_j) - q'_i(p_i, p_j, s_i, s_j) = \frac{(1-\rho) + [s_w(\gamma-1) + (s_i - \gamma s_j)]}{1-\gamma^2} \tag{4-17}$$

缺乏对森林认证的认知会导致对产品信息的判断不准确，从而低估产品的绿色质量水平。因此，对产品信息错误判断的产品绿色质量水平低于对产品信息准确判断的产品绿色质量水平。即 $s_i > s_w$，$s_j > s_w$，$0 < \rho < 1$，$0 < \gamma < 1$，所以 $q_i(p_i, p_j,$

$s_i, s_j) - q_i'(p_i, p_j, s_i, s_j) > 0$。因此得到以下两个假说。

假说二:森林认证提高了产品的绿色质量水平。

假说三:森林认证的信息传递增加对认证产品的需求。

进一步对获得信息程度 ρ 求导:

$$\frac{\partial q_i'(p_i, p_j, s_i, s_j)}{\partial \rho} = (s_w + s_j)(\gamma - 1) < 0 \tag{4-18}$$

不同国家消费者对产品绿色质量准确信息 ρ 的掌握程度是不一样的,一般地,发达国家比发展中国家具备更完备的信息市场(Blind 等, 2018)。对公式(4-15)中的 ρ 进一步求导,ρ 越小,对产品的需求越大,即越是信息不完备的市场,认证的贸易影响效果越明显。其原因是认证制度在发展中国家的发展可以弥补和缓解发展中国家信息不对称的问题,从而降低交易成本。这种影响效应将在发展中国家体现得更加明显。因此提出第四个假说。

假说四:发展中国家的森林认证信号传递效果优于发达国家。

显然,当模型扩展至多个国家市场以及多种产品时,森林标准认证的影响效果和简化模型的情况类似。随着产品 i、产品 j 增加至 n,第 n 个国家对产品的需求为 $x_n(p_n, p_n, s_n, s_n)$,以及没有森林认证的标签影响下的产品需求 $q_n'(p_n, p_n, s_n, s_n)$ 和有森林认证标签下的产品 $q_n(p_n, p_n, s_n, s_n)$ 的表达式类似,且随着国家和产品的增多,$\frac{\partial q_n(p_n, p_n, s_n, s_n)}{\partial \rho}$ 将进一步降低,这说明了当越来越多的国家和林产品参与森林认证时,森林认证的信号传递效果越显著,对认证产品的需求将更多。

4.2.3 模型均衡

在国际市场中,两个企业的差异化产品同时进行产品绿色质量和价格竞争,竞争的过程可以通过两阶段的子博弈完美均衡进行刻画。本节先求解价格竞争阶段的均衡,再求解绿色质量竞争阶段的均衡。企业在既定绿色质量 s_i 下对产品 i 进行定价,以实现利润最大化:

$$\mathrm{Max}\pi_i = p_i q_i - C_i = p_i q_i - (c q_i + s_i^2) \quad i, j = 1, 2 \tag{4-19}$$

第一阶段是价格竞争,对 p_i 求导,则:

$$\frac{\mathrm{d}\pi_i}{\mathrm{d}p_i} = q_i + p_i \frac{\mathrm{d}q_i}{\mathrm{d}p_i} - c\frac{\mathrm{d}q_i}{\mathrm{d}p_i} = q_i - (p_i - c)\left(\frac{1}{1-\gamma^2}\right) \tag{4-20}$$

分别求出均衡价格和均衡产量:

$$q_i^* = (p_i^* - c)\left(\frac{1}{1-\gamma^2}\right), p_i^* = \frac{\alpha + s_i + c + c\gamma}{2-\gamma^2+\gamma} \tag{4-21}$$

$$\mathrm{Max}\pi_i^* = q_i^*(p_i^* - c) - s_i^2 = \left(\frac{1}{1-\lambda^2}\right)(p_i^* - c)^2 - s_i{}^2 \tag{4-22}$$

第二阶段是绿色质量竞争，以实现利润最大化，对 s_i 求导，则：

$$\frac{\mathrm{d}\pi_i{}^*}{\mathrm{d}s_i} = \left(\frac{2}{1-\gamma^2}\right)p_i^* \frac{\mathrm{d}p_i^*}{\mathrm{d}s_i} - 2s_i = 0 \tag{4-23}$$

则均衡绿色质量为：

$$s_i^* = \frac{\alpha + c\gamma + c}{(1-\gamma^2)(2-\gamma^2+\gamma)-1} \tag{4-24}$$

进一步对两种产品的替换程度 γ 求导，则：

$$\frac{\partial s_i^*}{\partial \gamma} < 0, \frac{\partial^2 s_i^*}{\partial \gamma^2} < 0 \tag{4-25}$$

产品的均衡绿色质量随着产品的替代程度 γ 的升高而降低，即产品的替代程度 γ 越高，其绿色质量水平越低。林业产业可划分为制造业部门和初级产品部门。从商品定义和商品用途的广泛性两个角度可以看出，林业产业的制造业部门的产品替代率高于初级产品部门的产品替代率，两者产品的绿色质量水平和出口增长效应将产生明显差异。因此，提出以下两个假说。

假说五：产品的绿色质量水平随着产品替代率上升而下降。

假说六：森林认证对初级产品的贸易效应高于制造业产品。

森林认证是市场机制发挥主导作用的全球森林治理手段，政府机制在其中起到了推动作用。从国际贸易理论出发，本书通过经济模型解释了森林认证对林产品国际贸易的作用机制，展开理论分析，解释了森林认证的市场机制和政府机制对林产品国际贸易的影响，为森林认证的经济学研究提供了理论基础。进而从生产者、消费者和政府多个主体分析森林认证的市场传导机理，将消费者不完全信息条件引入模型，并考虑了对不同替代程度的产品和对不同国家生产过程的影响。本书提出六个森林认证对林产品国际贸易影响的假说，为实证分析奠定了理论基础。

首先，从理论方面，竞争优势理论、企业异质性理论和贸易壁垒理论解释了森林认证作用于林产品国际贸易的基础。从经济模型来分析，森林认证标准对企业管理和技术创新起到指导作用，基于森林认证的绿色质量标准属性，得出森林认证的发展和需求的关系。

其次，由于不同经济体国家森林认证的成本和对产品信息掌握程度的差异，进一步将消费者不完全信息条件纳入模型，得出森林认证的信号传递在国际市场上的重要作用。

最后，考虑到林业产业产品的差异性，不同替代程度的产品对绿色质量水平和出口增长效应将产生明显差异。

基于本书的理论分析，本书将依次开展实证分析，验证本书提出的六个假说，以得出森林认证对林产品贸易的影响结果。

5 森林认证对林产品国际贸易格局的空间动态影响

前面分析森林认证对林产品国际贸易的影响机制，并得出了六个关于森林认证的经济学假说。从本章开始，将依次开展三个实证检验，层层递进，验证提出的假说，从全球角度深入分析森林认证对贸易的影响所导致的结果。

本书通过社会网络分析将一般林产品贸易网络与引入森林认证节点属性的贸易网络的网络拓扑性质进行对比和分析，以得出森林认证对全球林产品贸易网络的影响结果。具体来说，通过对比和分析三种林产品的贸易网络以及森林认证作用下的林产品贸易网络，考察森林认证对林产品国际贸易格局的空间动态影响，研究森林认证对林产品贸易在全球范围内流动的影响。通过对现实中森林认证与林产品贸易两者的关系进行宏观观测，为后文验证森林认证对林产品国际贸易的影响效应的实证检验提供研究基础。

具体来讲，本书基于复杂网络理论，通过 R 语言软件的 igraph 数据包以及 Ucinet 6 软件，选取 2009—2018 年全球 231 个国家木制品、纸和纸浆产品以及家具产品三种林产品的国际贸易以及森林认证的数据，构建了以节点为国家的两个网络：一是林产品国际贸易网络，二是森林认证作用下的林产品国际贸易网络。该网络将森林认证作为节点属性引入三种林产品国际贸易网络，构建了以森林认证为节点属性的社会网络加权矩阵。

首先，本书对比分析了三种林产品国际贸易网络（以下简称贸易网络）以及以森林认证为节点属性的林产品国际贸易网络（以下简称森林认证贸易网络）的多种特征指标，以考察森林认证对林产品国际贸易网络的影响。其次，通过社团分析，动态考察森林认证对林产品国际贸易格局的空间动态影响。最后，分析现有网络的演化规律，模拟预测了 2025 年森林认证对林产品贸易网络格局的影响。

5.1 研究方法

社会网络分析法(Social Network Analysis,SNA)是根据主体关系探索自然界和社会内部结构的有效方法之一(Chen 等, 2016)。社会网络分析法成为分析贸易流量的有力工具。它不仅可以描述国际双边贸易的结构关系和不同贸易伙伴所扮演的角色,还可以用来描述和推断其总体结构和发展情况。在国际贸易研究中,国家是分析的主要单位。社会网络分析法的优势是假设观察的独立性不成立,从而能够更透彻地了解国际贸易网络的结构(Lovrié 等, 2018)。De Benedictis 和 Tajoli(2011)指出社会网络分析是国际贸易研究中引力模型的补充。

近年来,社会网络分析法开始在国内外的林产品贸易研究领域逐渐运用。De Andrade 和 Rêgo(2018)指出社会网络分析可被广泛用于分析林产品国际贸易的相关问题,尤其是林业政策的影响。Lovrié 等(2018)在研究化学木浆、松露和林产品国际贸易网络时指出,社会网络分析是开展国际木质和非木质林产品贸易研究的工具,还可用于不同林业政策对于林产品国际贸易的影响分析。Paletto 等(2015)在研究参与性森林规划问题中利用社会网络分析法进行利益相关者分析,并将其运用于某一区域的森林使用分析。Van Kooten 和 Johnston(2014)使用社会网络分析法来分析全球原木和木材市场对贸易的影响。我国学者以复杂网络理论为基础,研究了原木进出口贸易网络(田刚和姜晴晴,2016)和国际木质林产品贸易结构(龙婷 等,2016)。

林产品贸易的网络结构会决定贸易网络的传输效率。由于世界经济环境、政治影响和供需结构等的影响,林产品贸易的网络结构会呈现动态的特征。因此,本书选择复杂网络法,对三种林产品的国际贸易网络以及森林认证作用下的林产品国际贸易网络进行分析。

5.2 模型构建与数据来源

贸易网络有 n 个节点,每个节点代表一个国家,得到矩阵(5-1)。

$$\boldsymbol{W}=(\boldsymbol{W}_{ijt})_{n\times n}=\begin{pmatrix}\boldsymbol{W}_{11} & \cdots & \boldsymbol{W}_{1n}\\ \vdots & \ddots & \vdots\\ \boldsymbol{W}_{n1} & \cdots & \boldsymbol{W}_{nn}\end{pmatrix} \tag{5-1}$$

公式(5-1)中，$\boldsymbol{W}_{ijt}$ 为 t 年 i 国向 j 国的出口贸易额；$\boldsymbol{W}$ 为出口贸易额矩阵。本节首先构建了林产品国际贸易矩阵。

为了分析森林认证对林产品国际贸易网络的影响，运用 De Andrade 和 Rêgo (2018)开发的应用于国际贸易网络中的方法，将森林认证作为节点属性纳入一般的林产品贸易网络，从而修改了在森林认证作用下的林产品国际贸易网络拓扑结构公式(5-2)。

$$\boldsymbol{Z}(v_{it},v_{jt})=\boldsymbol{W}(v_{it},v_{jt})\frac{s(v_{it})+s(v_{jt})}{2} \tag{5-2}$$

公式(5-2)中，$\boldsymbol{Z}(v_{it},v_{jt})$为具有网络节点属性的出口贸易额矩阵；$\boldsymbol{W}(v_{it},v_{jt})$为林产品贸易网络矩阵；$v_{it}$和 v_{jt}为 t 年 i 国和 j 国两个节点属性，节点的属性是连接两个节点的可测量特征，节点的属性为正实数；$s(v_{it})$和 $s(v_{jt})$为 t 年 i 国和 j 国森林认证的数量。通过将节点的属性纳入网络，构建了第二个矩阵 $\boldsymbol{Z}(v_{it},v_{jt})$，即修正的森林认证的林产品国际贸易网络矩阵。

本书林产品国际贸易的数据来源于联合国商品贸易数据库(UN Comtrade)。森林认证的数据来源于 FSC 和 PEFC 网站公布的证书，按年份、国家、证书类型和不同林产品获得了统计数据。森林认证的节点属性的数据为 FSC 和 PEFC 森林认证的数量，构建了三种林产品国际贸易网络，以及在森林认证作用下的林产品贸易网络。考虑到数据的可得性以及森林认证成立时间，本书选用 2009—2018 年全球 231 个国家森林认证及林产品国际贸易的数据作为初始数据，并矩阵化为 231×231 的贸易流向矩阵加权网络以及无权网络。为了可视化的效果，在可视化呈现过程中删除了数值过小的数据，即可视化呈现的数据大于 250 的国家节点。

5.3　两种网络拓扑性质对比分析

5.3.1　节点的度与网络稀疏性

本节构建了林产品贸易网络和森林认证贸易网络的有向矩阵和无权矩阵。在两种网络的有向矩阵中，节点可分为入度以及出度，出度 k_{it}^{out} 为 t 年国家节点 i，指向网络中其他国家节点的边的数目，入度 k_{it}^{in} 为 t 年其他节点，指向节点 i 的边的数目。对于本节的森林认证贸易网络矩阵 $\boldsymbol{Z}(v_{it},v_{jt})$而言，其计算分别如公式(5-3)至公式(5-5)所示。因此，本节的度值为在森林认证作用下，与该节点的国家建立林产品贸易关系的节点国家的数量，反映了该年国家对外贸易的开放程度。林产品贸易网络矩阵 $\boldsymbol{W}(v_{it}, v_{jt})$ 也是如此。平均度值即为度总数/节点数量。

$$k_{it} = \sum_{j=1}^{N} \boldsymbol{Z}(v_{it}, v_{jt}) \tag{5-3}$$

$$k_{it}^{out} = \sum_{j=1}^{N} \boldsymbol{Z}(v_{it}, v_{jt}) \tag{5-4}$$

$$k_{it}^{in} = \sum_{j=1}^{N} \boldsymbol{Z}(v_{jt}, v_{it}) \tag{5-5}$$

对于加权网络而言，贸易网络的强度等于该节点国家的林产品出口总量，该指标反映了该国家林产品对外贸易的繁荣程度。针对有向的林产品加权网络矩阵 $\boldsymbol{Z}(v_{it}, v_{jt})$，此时网络的强度计算如公式(5-6)至公式(5-8)所示。林产品贸易网络矩阵 $\boldsymbol{W}(v_{it}, v_{jt})$ 也是如此。

$$s_{it} = \sum_{j=1}^{N} \boldsymbol{Z}(v_{it}, v_{jt}) \tag{5-6}$$

$$s_{it}^{out} = \sum_{j=1}^{N} \boldsymbol{Z}(v_{it}, v_{jt}) \tag{5-7}$$

$$s_{it}^{in} = \sum_{j=1}^{N} \boldsymbol{Z}(v_{jt}, v_{it}) \tag{5-8}$$

网络密度可用来反映林产品贸易网络和森林认证贸易网络的稀疏性，计算如公式(5-9)所示。N 为网络中的节点数量，M 为网络中连边的数量。该指标可用来描述两种网络中各个国家关联的紧密程度，网络密度越高，则说明网络中各国之间的联系越紧密，各国交流的通道越顺畅。

$$\rho = \frac{2M}{N(N-1)} \tag{5-9}$$

本书通过网络图可视化了三种林产品的森林认证贸易网络分布动态变化情况，附录 C 分别为 2019 年和 2015 年的木制品、纸和纸浆产品、家具产品森林认证贸易网络图，呈现了 M 大于 250 的国家节点。三种林产品的网络分布的国家数量和大小依次为纸和纸浆产品、木制品、家具产品。从纸和纸浆产品 2009 年和 2015 年的森林认证作用下的贸易网络图可以看出，2009 年的网络较为稀疏，2015 年的网络聚集度较大，参与国最多。

在可视化基础上，本章进一步通过网络拓扑性质的相关指标分析网络变化。2009—2018 年三种林产品贸易网络平均度值分布(图 5-1)可以看出，三种林产品每年平均度值在时间的分布趋势上基本相同，2009 年开始呈现上升趋势，2017 年达到最高值。网络平均度值大小依次为纸和纸浆产品、木制品、家具产品，且三种产品的网络平均度值差异较大。2017 年纸和纸浆产品的平均度值为 54，木制品的平均度值为 41，家具产品的平均度值为 26。这说明 2017 年平均每个国家和 54 个国家进行纸和纸浆产品贸易往来，平均每个国家和 41 个国家进行木制品贸易往来，平均每个国家和 26 个国家进行家具产品贸易往来。

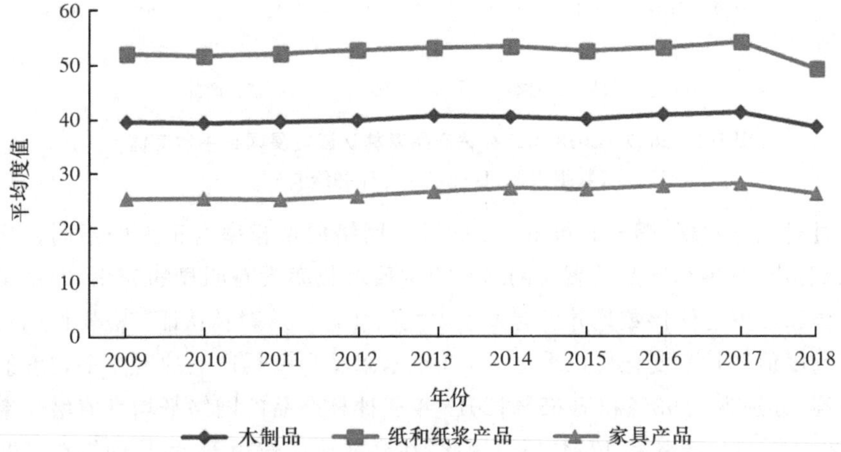

图 5-1 2009—2018 年三种林产品贸易网络平均度值

(数据来源：Ucinet 6 统计并绘制)

为了将贸易网络与森林认证作用下的林产品贸易网络对比，进一步分析森林认证节点属性的三种林产品贸易网络平均度值(图 5-2)。具体来说，2017 年纸和纸浆产品的平均度值为 24，木制品的平均度值为 30，家具产品的平均度值为 16。这说明了 2017 年平均每个国家和 24 个国家进行纸和纸浆产品贸易往来，平均每个国家和 30 个国家进行木制品贸易往来，平均每个国家和 16 个国家进行家具产品贸易往来。对比图 5-1 的林产品贸易网络，2017 年纸和纸浆产品、木制品、家具产品的森林认证贸易网络平均度值分别是贸易网络的 57.41%、56.14% 和 53.31%。因此，在森林认证作用下的贸易网络平均度值比没有森林认证作用的贸易网络平均度值小。这就说明了森林认证导致了国际贸易网络的缩小，即一些国家未参与森林认证的林产品国际贸易。

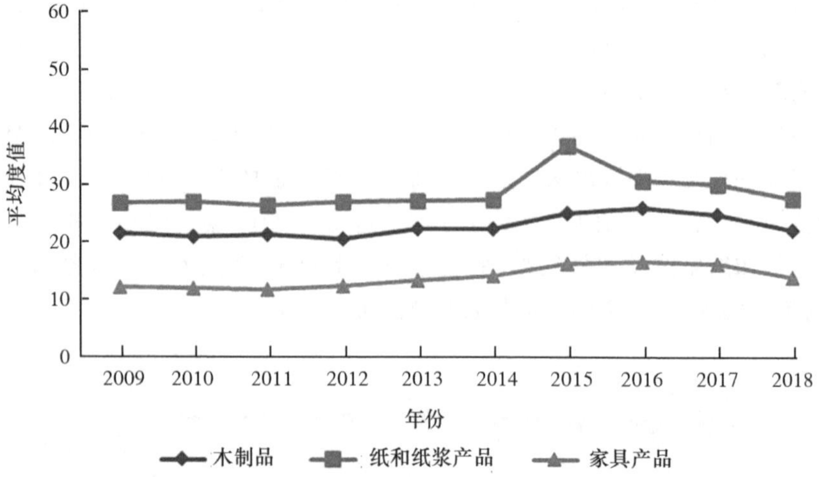

图 5-2　2009—2018 年三种林产品森林认证贸易网络平均度值

（数据来源：Ucinet 6 统计并绘制）

通过对比可发现，图 5-1 和图 5-2 的贸易网络的增长率有很大的不同。从表 5-1 可以看出，三种林产品的贸易网络平均度值增长率没有明显的变化，即每年平均每个国家的贸易伙伴数量并没有发生太大的变化。从森林认证节点属性的贸易网络平均度值增长率变化可以看出，2013 年木制品和家具产品的网络平均度值增长率较高，分别为 7.93％和 7.62％；2015 年三种林产品的网络平均度值增长率分别为 12.33％、34.35％和 14.43％。因此，在森林认证作用下，贸易网络在不断扩大，每年平均每个国家和越来越多的国家进行林产品国际贸易往来，平均贸易往来的国家数量大小依次为纸和纸浆产品、木制品、家具产品。

表 5-1　2009—2018 年两种贸易网络平均度值增长率　　％

贸易网络				森林认证节点属性的贸易网络			
年份	木制品	纸和纸浆产品	家具产品	年份	木制品	纸和纸浆产品	家具产品
2010	－0.33	－1.01	0.09	2010	－3.17	0.73	－2.25
2011	0.33	1.02	－0.60	2011	2.36	－2.22	－0.77
2012	0.69	1.00	2.38	2012	－3.58	2.23	5.44
2013	1.95	0.96	3.36	2013	7.93	0.85	7.62
2014	－0.16	0.17	1.95	2014	0.49	0.96	5.82
2015	－1.04	－1.34	－0.35	2015	12.33	34.35	14.43

续表 5-1 %

贸易网络				森林认证节点属性的贸易网络			
年份	木制品	纸和纸浆产品	家具产品	年份	木制品	纸和纸浆产品	家具产品
2016	1.85	1.14	2.14	2016	3.77	−16.76	2.75
2017	1.12	1.70	1.53	2017	−4.40	−1.90	−2.34
2018	−6.75	−8.80	−6.43	2018	−11.36	−8.05	−13.90

2009—2018 年两种贸易网络密度值(表 5-2)与度值的分布情况及趋势基本一致。三种林产品贸易网络在 2017 年的网络密度值达到最高值,分别为 0.179、0.235 和 0.122。森林认证贸易网络在 2016 年的网络密度值最大,分别为 0.113、0.134 和 0.072,家具产品的总体密度值较小,说明家具产品的网络比较稀疏。可见,与贸易网络相比,森林认证贸易网络的密度有所下降,即森林认证会导致国际贸易网络的缩小。

表 5-2 2009—2018 年两种贸易网络密度值

贸易网络				森林认证节点属性的贸易网络			
年份	木制品	纸和纸浆产品	家具产品	年份	木制品	纸和纸浆产品	家具产品
2009	0.172	0.227	0.110	2009	0.094	0.116	0.053
2010	0.171	0.225	0.110	2010	0.091	0.117	0.052
2011	0.172	0.227	0.109	2011	0.093	0.115	0.051
2012	0.173	0.229	0.112	2012	0.090	0.117	0.054
2013	0.176	0.231	0.116	2013	0.097	0.118	0.058
2014	0.176	0.232	0.118	2014	0.097	0.119	0.062
2015	0.174	0.229	0.118	2015	0.109	0.160	0.070
2016	0.177	0.231	0.120	2016	0.113	0.134	0.072
2017	0.179	0.235	0.122	2017	0.108	0.131	0.071
2018	0.167	0.215	0.114	2018	0.096	0.120	0.061

通过 2017 年三种林产品贸易网络度数统计(图 5-3)和森林认证贸易网络统计(图 5-4)可以看出,三种林产品的网络的出度和入度有很大的差别。出度比较集中,而入度比较分散,出度集中在大于 110 和 0 的区间,而入度分散在其他区间,这两个区间的国家分布比较少。

从出度来看,纸和纸浆产品的出度大于 110 的最多,为 50,木制品的出度大于 110 的为 30,家具产品的出度大于 110 的为 20,即有 50 个国家与超过 110 个国家进行纸和纸浆产品的出口贸易，占 21.65%，有 30 个国家与超过 110 个国家进行木制品的出口贸易，占 12.99%，有 20 个国家与超过 110 个国家进行家具产品的出口贸易，占 8.66%。木制品、纸和纸浆产品以及家具产品的出度为 0 的分别为 85、84 和 90，即全球有 85 个国家未进行木制品出口，占 36.80%，有 84 个国家未进行纸和纸浆产品出口，占 36.36%，有 90 个国家未进行家具产品出口，占 38.96%。

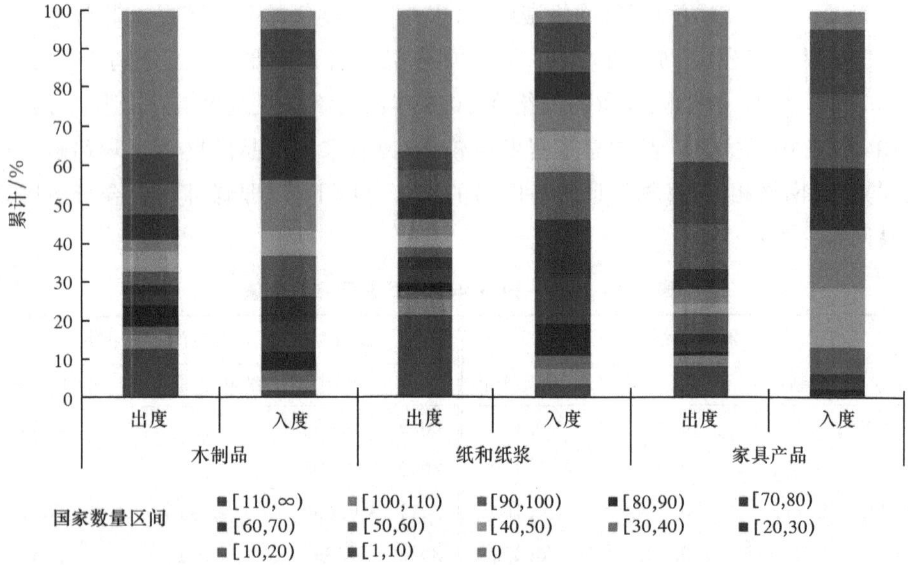

图 5-3　2017 年三种林产品贸易网络度数统计(彩图见二维码 5-1)

(数据来源：Ucinet 6 计算并绘制)

二维码 5-1　2017 年三种林产品贸易网络度数统计的彩图

从 2017 年三种林产品森林认证贸易网络度数统计(图 5-4)可以看出，纸和纸浆产品的出度大于 110 的最多，为 27，木制品的出度大于 110 的为 16，家具产品的出度大于 110 的为 10，即有 27 个国家与超过 110 个国家进行纸和纸浆产品的出口贸易，占 11.69%，有 16 个国家与超过 110 个国家进行木制品的出口贸易，占

6.93%，有 10 个国家与超过 110 个国家进行家具产品的出口贸易，占 4.33%。木制品、纸和纸浆产品以及家具产品的出度为 0 的分别为 101、93 和 131，即全球有 101 个国家未进行木制品出口，占 43.72%，有 93 个国家未进行纸和纸浆产品出口，占 40.26%，有 131 个国家未进行家具产品出口，占 56.71%。通过对三种林产品贸易网络和森林认证贸易网络的网络拓扑性质对比得出，当森林认证参与林产品贸易网络后，越来越多的国家与更少的国家进行贸易，贸易网络缩小。

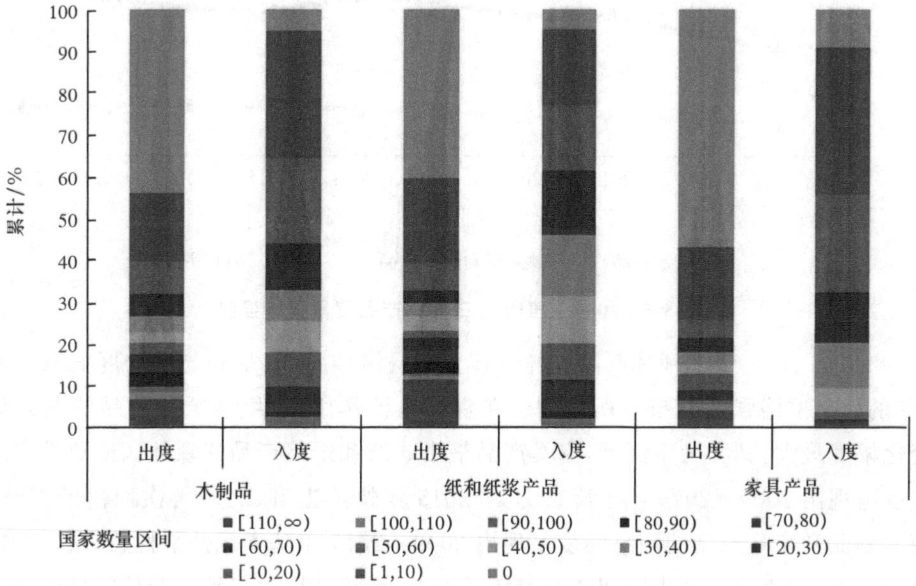

图 5-4　2017 年三种林产品森林认证贸易网络度数统计（彩图见二维码 5-2）

（数据来源：Ucinet 6 计算并绘制）

二维码 5-2　2017 年三种林产品森林认证贸易网络度数统计的彩图

网络强度在一定程度上反映了该国林产品对外贸易的繁荣程度。从贸易网络强度（图 5-5）可以看出，纸和纸浆产品贸易网络强度最大，其次为木制品，家具产品的贸易网络强度最小。三种林产品在 2010 年、2011 年和 2017 年的网络强度有较明显的增长，纸和纸浆产品贸易网络强度在 2011 年达到最高，木制品和家具产品贸易网络强度的趋势波动上升。

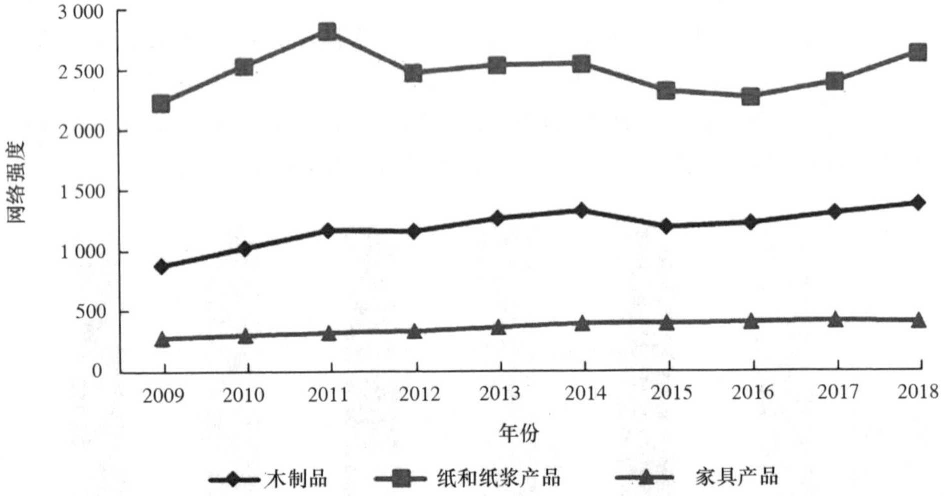

图 5-5 2009—2018 年三种林产品贸易网络强度

2009—2018 年三种林产品森林认证贸易网络强度(图 5-6)与平均度值以及图 5-5 的贸易网络强度分布有所差别。在森林认证作用下,纸和纸浆产品的贸易量变化幅度最大,其次为木制品,家具产品最小。纸和纸浆产品的森林认证贸易网络强度呈现出 2009—2014 年下降、2014—2015 年快速上升、之后再次回落的态势。而木制品和家具产品的网络强度呈现出 2009—2014 年基本保持平稳、2014—2016 年快速上升、之后同样再次回落的态势。可见,森林认证对三种林产品贸易格局的影响效果完全不一样。结合森林认证的发展趋势,森林认证对贸易网络的影响目前大致可总结为三个阶段:第一阶段为贸易麻痹阶段,即森林认证对贸易影响不显著;第二阶段为贸易刺激阶段;第三阶段为贸易减弱阶段。

具体来看,2009—2014 年森林认证对木制品和家具产品的贸易影响并未显现,处于贸易麻痹阶段。2014—2016 年,木制品和家具产品的森林认证对两种产品产生了刺激作用,处于贸易刺激阶段。在 2016 年以后,森林认证导致一些企业退出国际贸易市场,两种产品的贸易强度开始下降,处于贸易减弱阶段。而森林认证对纸和纸浆产品的影响完全不一样。由于纸和纸浆产品认证较早,2009—2014 年对应的是森林认证对贸易影响的第三阶段,由此可预计,木制品和家具产品在未来将经历纸和纸浆产品的发展过程,即森林认证对木制品和家具产品贸易产生促进的作用。

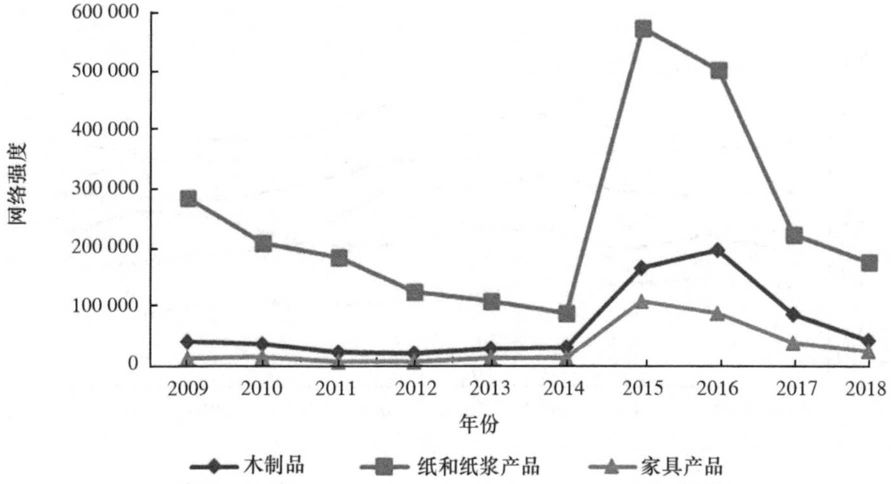

图 5-6 2009—2018 年三种林产品森林认证贸易网络强度

5.3.2 平均路径长度

网络的平均路径长度 L(average path length)的计算如公式(5-10)所示,即网络中任意两个节点之间距离的平均值,其中 N 为网络节点数量,d_{ij} 为两个节点的最短路径边的数量。针对本书林产品国际贸易网络,节点最短路径是指任意两个国家间的连接需要途经的国家的数量,反映了国家间贸易的便捷程度。当所有节点的国家间都建立了贸易往来时,此时网络平均最短路径等于 1,贸易最为便捷。

$$L = \frac{2}{N(N-1)}\sum_{i \geqslant j} d_{ij} \tag{5-10}$$

图 5-7 为两种贸易网络在 2009—2018 年贸易网络平均最短路径的变化情况,即该国能够连接到每一个其他国家的难易程度。网络平均最短路径分布与度值分布基本相反,因此,所显示的结论基本一致。纸和纸浆产品的两种网络的平均最短路径最短,该网络最为便捷,纸和纸浆产品的平均度值最大,也得出了同样的结论。木制品网络便利程度位列其次,家具产品网络最不便捷。三种商品贸易网络的平均最短路径都呈现了逐年下降趋势,这反映了各个国家之间的贸易更加便利。三种林产品在森林认证作用下的贸易网络平均路径比贸易网络平均路径都长,说明了森林认证不利于贸易网络趋于便利化。

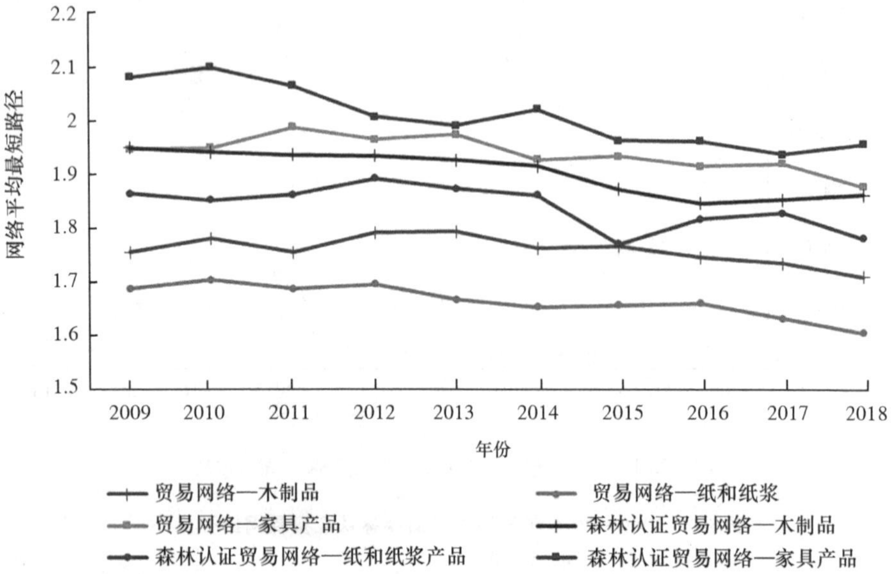

图 5-7　2009—2018 年三种林产品贸易网络平均最短路径（彩图见二维码 5-3）

二维码 5-3　2009—2018 年三种林产品贸易网络平均最短路径的彩图

5.3.3　聚类系数

针对本书所研究的贸易网络，聚类系数反映了国际贸易的繁荣程度，即有多大比例的国家之间建立直接的贸易关系。其计算方法如公式(5-11)所示：

$$C_i = \frac{2E_i}{k_i(-1)} \tag{5-11}$$

公式(5-11)中，C_i 为 i 国的聚类系数；k_i 为 i 国的度值；E_i 为 i 国的 k_i 个相邻节点之间实际存在的互相连接的边数。C_i 值越大则表明该网络贸易越繁荣。

2009—2018 年两种贸易网络聚类系数分布情况（表 5-3）可知，纸和纸浆产品以及木制品的聚类系数基本处于同一水平，家具产品的聚类系数低于前两者水平，即纸和纸浆产品以及木制品的贸易更繁荣。对比两种贸易网络可以看出，三种产品的森林认证贸易网络的聚类系数低于贸易网络，这进一步验证了贸易密度指标所得出的结论。

表 5-3 2009—2018 年两种贸易网络聚类系数

贸易网络				森林认证贸易网络			
年份	木制品	纸和纸浆产品	家具产品	年份	木制品	纸和纸浆产品	家具产品
2009	0.460	0.485	0.369	2009	0.390	0.351	0.284
2010	0.457	0.490	0.366	2010	0.390	0.362	0.288
2011	0.451	0.488	0.362	2011	0.406	0.361	0.299
2012	0.452	0.484	0.363	2012	0.403	0.377	0.290
2013	0.460	0.487	0.366	2013	0.415	0.380	0.293
2014	0.451	0.484	0.366	2014	0.404	0.378	0.282
2015	0.450	0.483	0.369	2015	0.393	0.402	0.295
2016	0.460	0.484	0.374	2016	0.401	0.388	0.299
2017	0.460	0.488	0.372	2017	0.406	0.393	0.310
2018	0.441	0.458	0.358	2018	0.394	0.380	0.283

对比 2009 年和 2015 年木制品贸易网络和森林认证贸易网络国家的聚类系数(表 5-4)可以看出，中国是木制品两种贸易网络聚类系数最高的国家。从其他国家来看，森林认证贸易网络聚类系数均明显小于贸易网络。2009 年德国的贸易网络聚类系数为 0.31，而同年的森林认证贸易网络聚类系数仅为 0.20，2015 年美国的贸易网络聚类系数为 0.30，而同年的森林认证贸易网络聚类系数仅为 0.14。可以说，森林认证导致国家的贸易网络缩小，这种状况对中国的影响较小，而对其他国家的影响较大。

由于篇幅限制，纸和纸浆产品以及家具产品贸易网络聚类系数排名见附件 D。从纸和纸浆产品看，德国是两种贸易网络 2009 年聚类系数最高的国家，法国是 2015 年两种贸易网络聚类系数最高的国家。从其他国家来看，2009 年，德国的森林认证贸易网络的聚类系数小于贸易网络，2015 年法国的两种贸易网络基本持平。从家具产品看，中国是家具产品两种贸易网络聚类系数最高的国家。森林认证在一定程度上导致了中国家具产品贸易网络的缩小，2009 年家具产品的贸易网络聚类系数为 0.42，森林认证贸易网络聚类系数仅为 0.31，2015 年家具产品的贸易网络聚类系数为 0.38，森林认证贸易网络聚类系数仅为 0.33。各国的纸和纸浆产品贸易网络受森林认证的影响比较小，对各国木制品和家具产品的贸易网络影响比较大。

表 5-4　2009 年和 2015 年木制品网络聚类系数排名前 20 的国家

贸易网络					森林认证贸易网络				
排名	2009 年		2015 年		排名	2009 年		2015 年	
	国家	系数	国家	系数		国家	系数	国家	系数
1	中国	0.35	中国	0.36	1	中国	0.32	中国	0.36
2	德国	0.31	美国	0.30	2	加拿大	0.19	德国	0.24
3	美国	0.30	荷兰	0.30	3	法国	0.20	意大利	0.23
4	法国	0.25	德国	0.29	4	德国	0.20	法国	0.20
5	加拿大	0.24	法国	0.29	5	意大利	0.18	西班牙	0.20
6	意大利	0.24	印度	0.29	6	英国	0.16	英国	0.19
7	印度尼西亚	0.23	泰国	0.25	7	印度尼西亚	0.15	阿拉伯	0.17
8	泰国	0.23	印度尼西亚	0.25	8	巴西	0.14	印度尼西亚	0.17
9	西班牙	0.24	加拿大	0.25	9	西班牙	0.15	比利时	0.18
10	英国	0.23	比利时	0.25	10	比利时	0.14	巴西	0.17
11	巴西	0.22	意大利	0.25	11	奥地利	0.13	加拿大	0.17
12	瑞士	0.22	瑞士	0.24	12	马来西亚	0.11	荷兰	0.17
13	比利时	0.22	英国	0.23	13	波兰	0.12	泰国	0.14
14	印度	0.22	奥地利	0.24	14	新西兰	0.06	马来西亚	0.14
15	马来西亚	0.18	波兰	0.23	15	阿拉伯	0.10	波兰	0.15
16	阿拉伯联合酋长国	0.17	西班牙	0.23	16	泰国	0.10	奥地利	0.15
17	奥地利	0.19	阿拉伯	0.20	17	瑞典	0.11	土耳其	0.14
18	莱索托	0.00	巴西	0.19	18	荷兰	0.11	美国	0.14
19	南非	0.16	土耳其	0.20	19	南非	0.07	印度	0.14
20	澳大利亚	0.15	葡萄牙	0.18	20	澳大利亚	0.07	葡萄牙	0.11

5.4　基于 Walktrap 算法的森林认证贸易网络社团结构分析

作为社会网络中的一种，贸易网络也具有社团结构。贸易网络是跨国家或跨区域的，以往研究的同一国家，甚至同一地区的微观贸易网络的研究方法已然不再适用。社团划分算法可对森林认证作用下的林产品贸易网络的社团结构进行划分，以了解相关产品贸易网络中国家节点间的关系。

前文对比和分析了林产品贸易网络和森林认证贸易网络的网络拓扑性质，得出了森林认证对贸易网络的影响。本节将主要研究森林认证贸易网络，分析三种林产品的森林认证贸易网络的结构特点，结合其统计特性和拓扑性质进行分析，对有向有权的森林认证贸易网络的识别选择 Walktrap 算法，以对森林认证贸易网络进行社团划分。

本节参考 Pons 和 Latapy(2010)的 Walktrap 算法。该算法是基于随机游走的社团划分算法，即通过距离来判断贸易网络中两个国家节点的相似性并完成聚类，其计算公式为：

$$P_{ij}^{t} = D_{ij}^{-1} A_{ij} \tag{5-12}$$

公式(5-12)中，A_{ij} 为森林认证贸易网络的邻接矩阵，D_{ij} 为网络度矩阵。P_{ij}^{t} 为概率转移矩阵，即国家节点 i 经过 t 次随机游走后到达国家节点 j 的概率，P_{ij}^{t} 越大则说明国家节点 i 和国家节点 j 在同一个社团的概率越大。通过第三个国家节点 k 来描述两节点间距离 r_{ij}，计算公式如下：

$$r_{ij} = \sqrt{\sum_{k=1}^{n} \frac{(p_{ik}^{t} - p_{jk}^{t})^2}{d(k)}} \tag{5-13}$$

通过第三个国家节点 k，可以得出社团 c_1，c_2 的距离公式：

$$r_{c_1 c_2} = \sqrt{\sum_{k=1}^{n} \frac{(p_{c_1 k}^{t} - p_{c_2 k}^{t})^2}{d(k)}} \tag{5-14}$$

为了得到最优的网络社团结构，需要将社团 c_1，c_2 合并为社团 c_3，满足以下公式将进行合并：

$$\Delta\sigma(c_1, c_2) = \frac{1}{n}\Big(\sum_{i \in c_3} r_{ic_3}^2 - \sum_{i \in c_2} r_{ic_2}^2 - \sum_{i \in c_1} r_{ic_1}^2\Big) \tag{5-15}$$

基于该算法，分别对 2009—2018 年三种林产品森林认证贸易网络社团进行划分，社团数量为 10～22 个，社团数量整体呈现下降的趋势，即贸易格局由多个分散的小团体向聚集的小团体演化，在一定程度上反映了林产品全球贸易一体化的进程。森林认证贸易网络社团数量的分布基本与网络强度的分布趋势相反，即在贸易网络越强的阶段，其网络社团数量越少。社团数量最多的是家具产品，其次是木制品，纸和纸浆产品最少，这与三种林产品贸易网络强度的表现相反。

尽管很多国家参与了三种林产品国际贸易，但绝大多数市场集中在少数几个国家。图 5-8 分别代表了 2018 年木制品、纸和纸浆产品以及家具产品森林认证作用下出口贸易量排在前 20 位的国家的社团划分结果，节点的颜色代表了社团的划分，节点间连线的粗细代表了贸易量的大小。木制品与纸和纸浆产品贸易量排在前 20 位的国家主要分为 2 个社团，比较集中。而家具产品排在前 20 位的国家分为 7 个社团，比较分散。

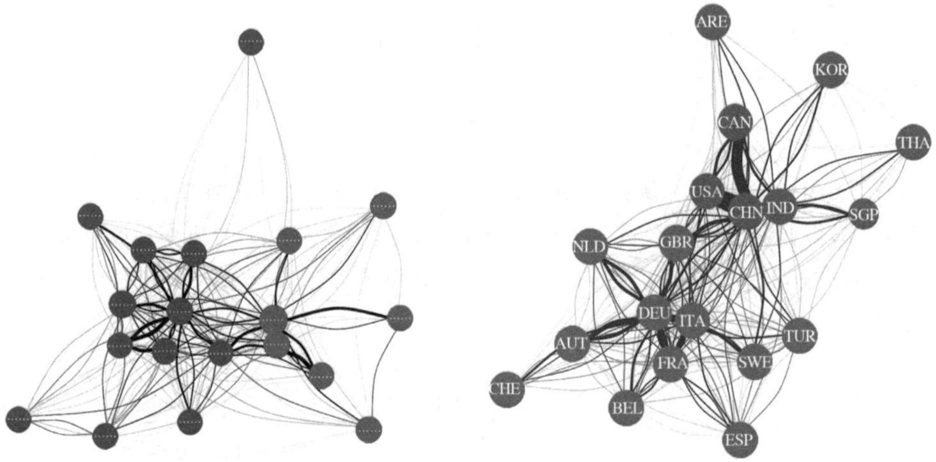

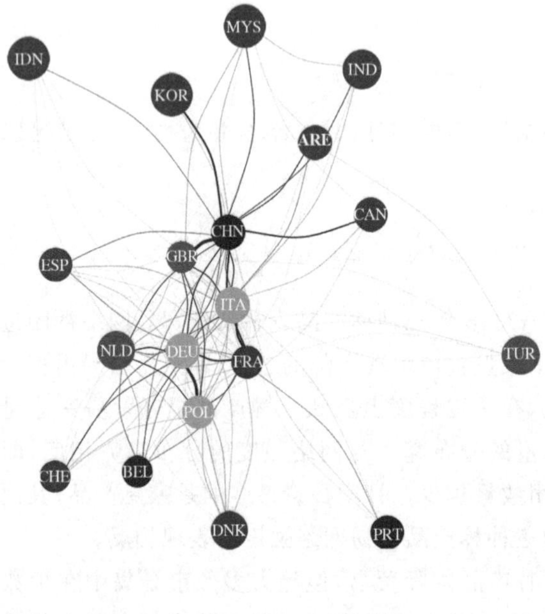

二维码 5-4　2018 年三种林产品贸易量排在前 20 的国家社团分布的彩图

图 5-8　2018 年三种林产品贸易量排在前 20 位的国家社团分布（彩图见二维码 5-4）

从2018年木制品森林认证贸易网络全球的社团分布情况看，该网络的社团数量为16个，其中有4个社团聚集的国家数量较多，聚集国家分别为117个、39个、32个和14个。第一个社团为中国、日本和马来西亚等在内的16个东南亚国家；美国、加拿大和墨西哥在内的北美洲国家；巴西、阿根廷和智利等在内的15个南美洲国家以及非洲国家。第二个社团基本为西欧国家。第三个社团基本为东中欧和南亚国家。第四个社团基本为西亚国家和东非国家。2009年木制品的核心国家为西欧国家（德国、意大利、法国等）、北欧国家（瑞典、丹麦、挪威等）、东南亚国家（中国、日本、泰国等）、大洋洲国家（新西兰、澳大利亚）和北美洲国家（加拿大、美国）。2018年，贸易网络扩大。

从2018年纸和纸浆产品森林认证贸易网络全球的社团分布情况看，纸和纸浆产品的社团数量为18个，其中有5个社团聚集的国家数量较多，聚集国家分别为98个、50个、24个、19个和17个。纸和纸浆产品森林认证贸易网络社团分布与木制品有所差别。第一个社团为西亚国家，第二个社团为南美洲国家，第三个社团为包括中国、美国和加拿大在内的北美洲国家以及其他亚洲国家（阿拉伯联合酋长国、韩国、泰国、印度和新加坡），第四个社团较为分散，第五个社团主要为欧洲国家（英国、荷兰、德国、意大利、奥地利、瑞士、比利时、法国、瑞典、土耳其和西班牙）以及北美洲北部国家。2009年，意大利、德国、西班牙、奥地利和巴西是纸和纸浆产品出口的核心国家。2018年，印度、中国、意大利、土耳其和巴西是纸和纸浆产品出口的核心国家。

从2018年家具产品森林认证贸易网络全球的社团分布情况看，家具产品的社团数量为21个，其中有4个社团聚集的国家数量较多，聚集国家分别为121个、42个、24个和8个。家具产品森林认证贸易网络与木制品的网络较为相似，第一个社团主要为东南亚、东北亚（印度尼西亚、韩国、马来西亚）、北美国家和南美国家。第二个社团为欧亚国家。第三个社团为欧洲国家和非洲国家（南非、塞拉利昂）。第四个社团较为分散。

5.5 森林认证贸易网络演化规律分析

本节旨在通过典型的网络模型，分析森林认证贸易网络的网络规律，以模拟未来一段时间森林认证贸易网络。

WS小世界网络和BA无标度网络是典型网络模型。Watts和Strogatz（1998）开发的WS小世界模型可以更好地进行网络的模拟，构造算法如下：

$$L = \frac{N}{K} f(NKp) \tag{5-16}$$

公式(5-16)中，$f(NKp)$ 为 WS 小世界网络模型；N 为网络规模，以每个节点与其相邻的 $K/2$ 个节点相连的最近邻耦合网络（规则网络）为基础，构建基础网络结构；以概率 p 重新连接网络中原有的边，即以概率 p 决定是否对现有边进行重连，且网络中不允许出现重边与自环。大量研究表明，平均路径长度满足公式(5-16)所示关系，即平均路径长度随着 N 的增长，呈现指数级增长；随着 p 值的增大，网络的度分布将趋于平坦。

WS 小世界网络的弊端在于对现实世界中网络的度的幂律分布无法很好地表示。Barabási 和 Albert(1990)提出 BA 无标度网络模型，以解决网络无明显的特征长度的难题。在 BA 无标度网络的构造算法中，新加入节点对已存在节点的连接行为存在模仿性，即存在边越多的节点以更大概率与新节点存在连接，即网络中存在“马太效应(Matthew effect)”或“富人效应(rich get richer)”。由于每次新加入的节点均与 m 个现有节点相连，因此当 t 次演变之后，网络将存在 $N=m_0+t$ 个节点，存在 $E=mt$ 条边，BA 无标度网络将成为幂指数不变的状态，即节点度值服从 $y=cx^{-3}$ 的幂律分布。

通过网络的度值分布和平均最短路径两项指标可以判断网络的类型，基于不同的网络类型确定网络的基本特征。为了确定网络模型，以下将从度值分布和网络平均最短路径两个角度对三种林产品贸易网络进行分析。网络节点的度值分布 $p(k)$ 是指网络中随机均匀选择的节点具有度数为 k 的概率或者说网络中度数等于 k 的所有节点所占网络节点总数的比例。

图 5-9 至图 5-11 分别为 2018 年三种林产品（木制品、纸和纸浆产品、家具产品）森林认证贸易网络度值分布及双对数坐标下度值的分布，双对数坐标下网络的度值分布接近直线形态，即网络的度值分布服从幂律分布，网络呈现出“无标度”的特性。为进一步确定度值分布所服从的幂律分布的指数 γ，采用最小二乘法对公式(5-17)进行拟合，以获取幂律分布的指数与拟合的置信度(p-value)。拟合结果显示，三种商品贸易网络的 γ 均等于 1，即三种林产品森林认证贸易网络的度值分布服从指数为 1 的幂律分布。

$$\ln p(k) = \ln C - \gamma \ln k \tag{5-17}$$

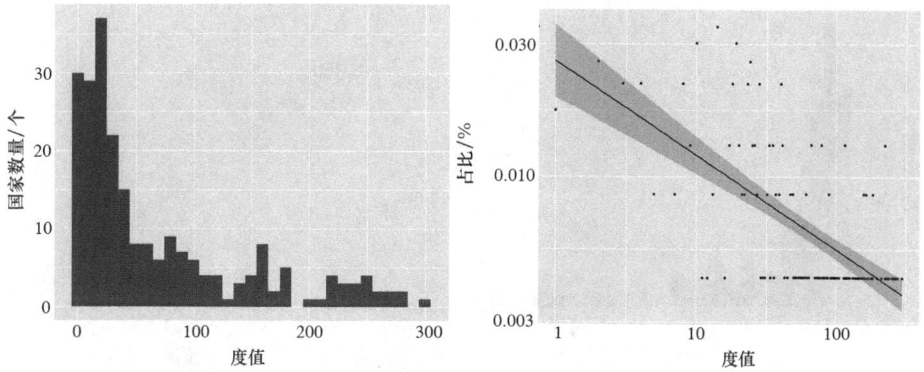

图 5-9　2018 年木制品森林认证贸易网络度值分布及双对数坐标下度值分布(彩图见二维码 5-5)
(数据来源:R 语言绘制)

二维码 5-5　2018 年木制品森林认证贸易网络度值分布及双对数坐标下度值分布的彩图

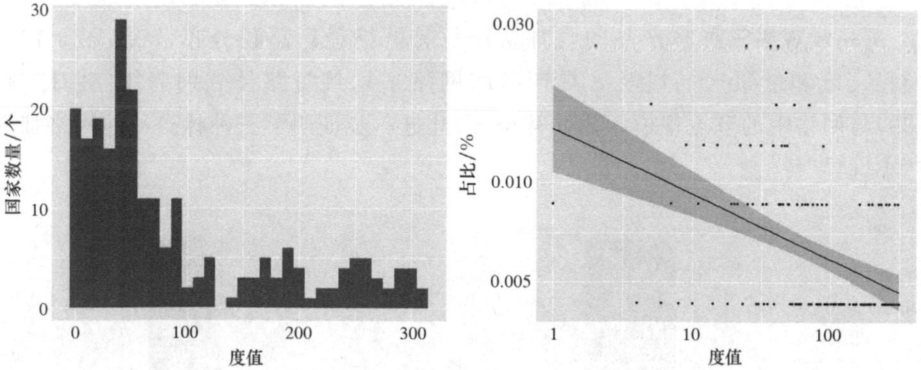

图 5-10　2018 年纸和纸浆产品森林认证贸易网络度值分布及双对数坐标下度值分布(彩图见二维码 5-6)
(数据来源:R 语言绘制)

二维码 5-6　2018 年纸和纸浆产品森林认证贸易网络度值分布及双对数坐标下度值分布的彩图

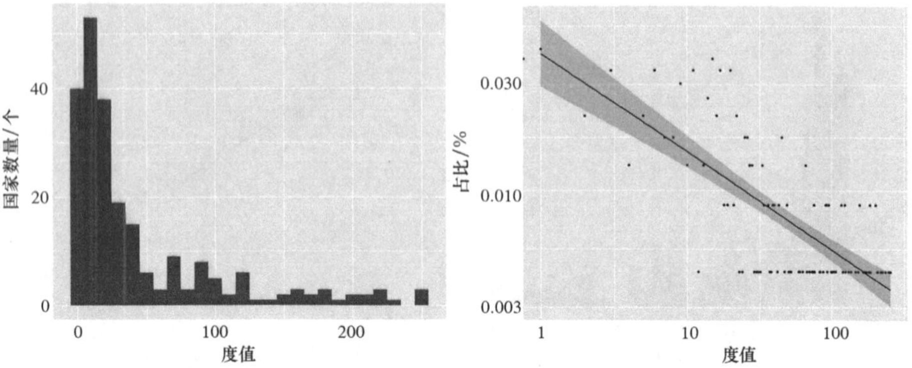

图 5-11　2018 年家具产品森林认证贸易网络度值分布及双对数坐标下度值分布(彩图见二维码 5-7)
(数据来源:R 语言绘制)

二维码 5-7　2018 年家具产品森林认证贸易网络度值分布及双对数坐标下度值分布的彩图

进一步观察三种林产品的森林认证贸易网络最短路径分布情况(图 5-12)。木制品、纸和纸浆产品以及家具产品的网络平均最短路径分别为 1.74、1.64、1.89,与网络中的节点规模相比非常小,因此进一步证明了三种林产品的网络都具有“小世界”特性。

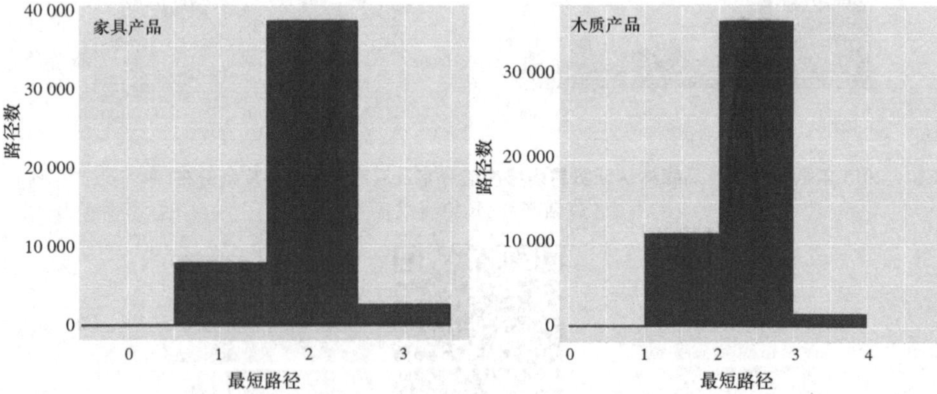

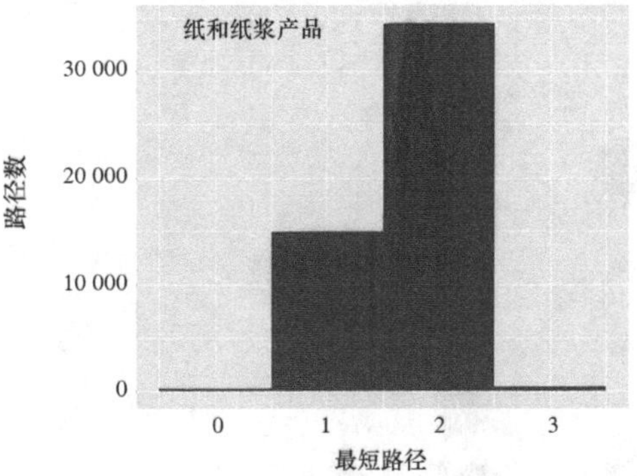

二维码 5-8　2018 年三种林产品森林认证贸易网络最短路径分布的彩图

图 5-12　2018 年三种林产品森林认证贸易网络最短路径分布（彩图见二维码 5-8）
（数据来源：R 语言绘制）

综上所述，三种林产品的网络具有“无标度”与“小世界”的网络特征，基于两种网络的特征，可以判断在森林认证作用下的林产品贸易网络有以下演化趋势。

(1)网络的平均最短路径长度保持平稳，即任意两个国家之间发生贸易都十分便利，只需经过很少的中转国即可到达目的地，这是“小世界”网络特征的体现。

(2)各个国家更倾向于与贸易额较高的国家建立贸易关系，从而在网络中产生“马太效应(Matthew effect)”或“富人效应(rich get richer)”，这是网络“无标度”性的体现。

(3)基于 BA 无标度网络模型，对三种林产品森林认证贸易网络结构进行预测，结果如图 5-13 至图 5-15 所示，其中仅显示数据大于 250 的国家关系。木制品、纸和纸浆产品以及家具产品 2025 年度网络平均度值分别为 85.24、107.86、65.27，网络度值均较之前年度有所提高，符合 BA 无标度网络的构造规律及演化进程，表明网络将向着密度更高、贸易往来更加紧密的方向发展。

网络规律预测，2025 年木制品的森林认证网络仍将围绕北美洲(加拿大、美国)、亚洲(中国、泰国、印度尼西亚、阿拉伯联合酋长国、菲律宾和日本)、大洋洲(新西兰和澳大利亚)、欧洲(英国、芬兰、瑞典、爱尔兰、爱沙尼亚、挪威、德国、法国、波兰、拉脱维亚、奥地利和意大利等)展开，其中加拿大、美国和欧洲国家为核心国。

2025 年纸和纸浆产品的森林认证网络将分为：南欧(匈牙利、克罗地亚、罗马尼亚、斯洛伐克、希腊和斯洛文尼亚)、西欧(英国、爱尔兰、荷兰、比利时、卢森堡、法国和摩纳哥)、亚洲(日本、新加坡、韩国、印度尼西亚、越南、马来西亚、泰国、阿拉伯联合酋长国和沙特阿拉伯)。

2025 年家具产品的森林认证网络将由以中国为核心的亚洲国家连接欧洲国家和北美洲国家继续开展森林认证和贸易。

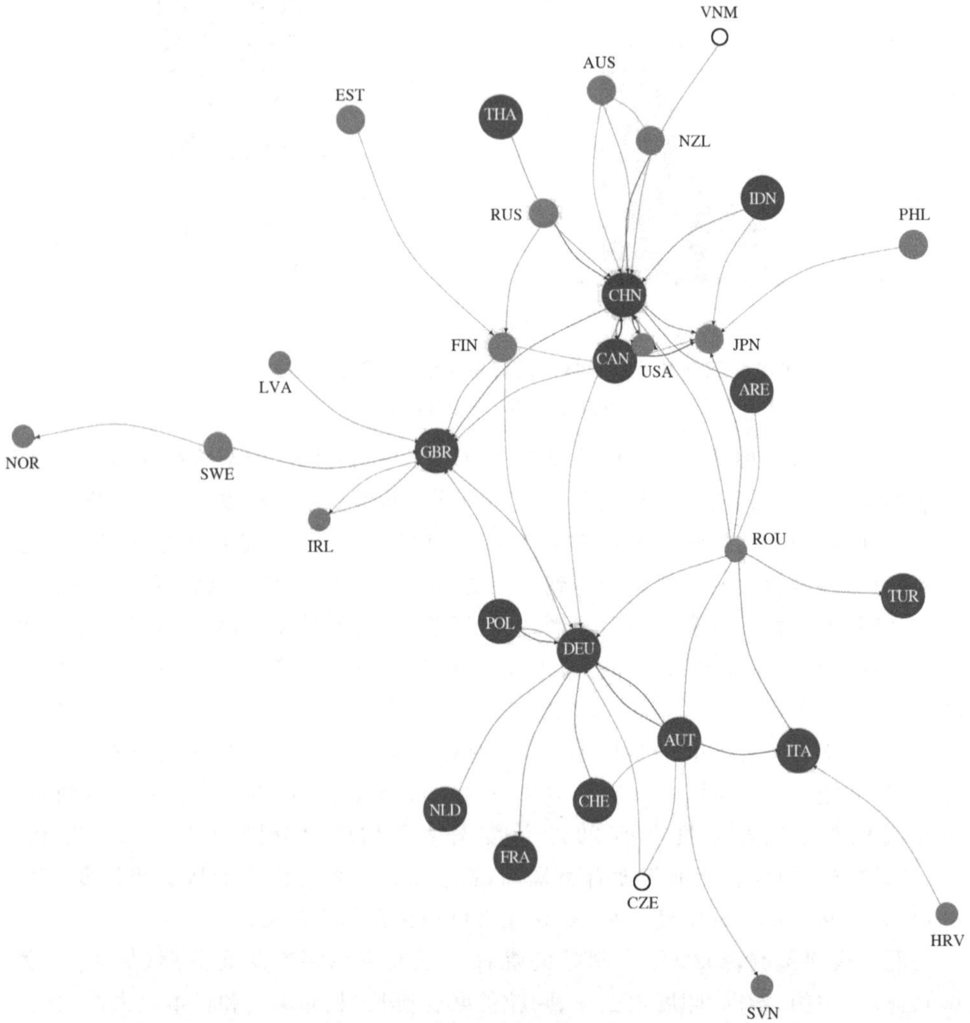

图 5-13　2025 年木制品森林认证贸易网络结构预测(彩图见二维码 5-9)

二维码 5-9　2025 年木制品森林认证贸易网络结构预测的彩图

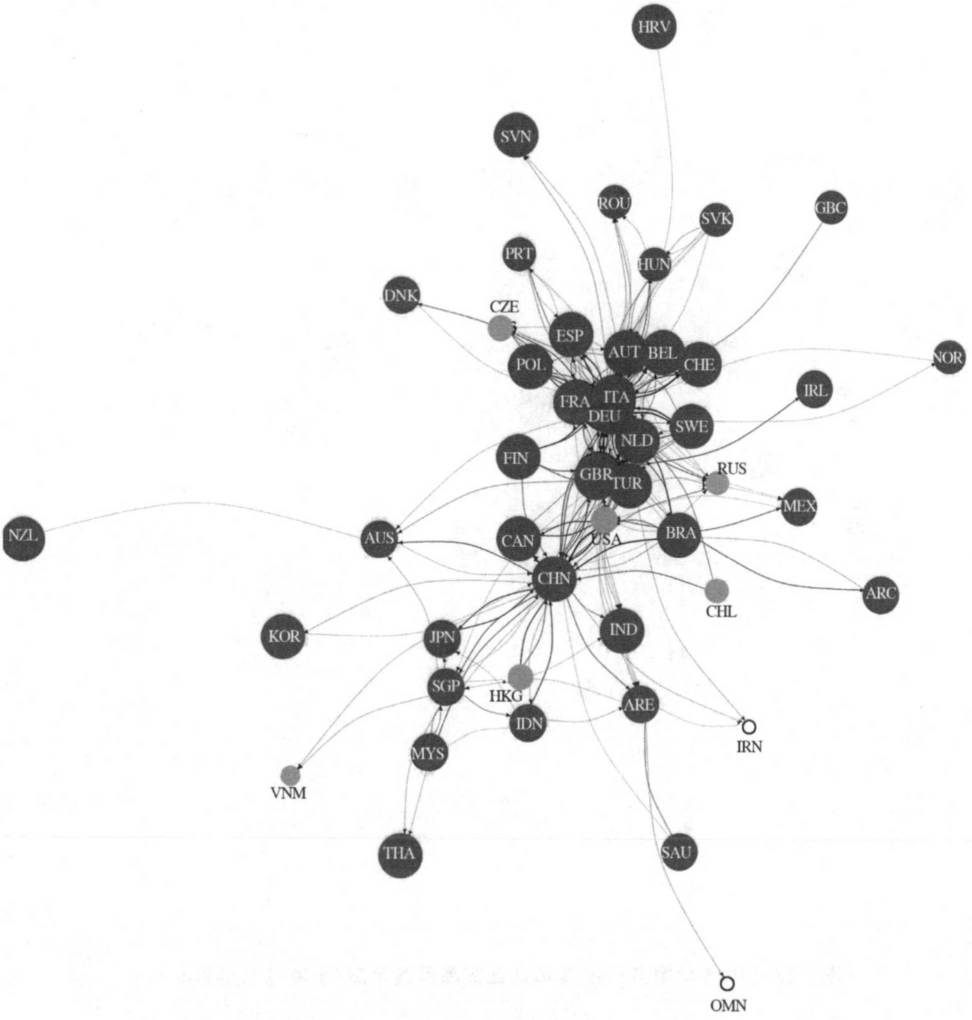

图 5-14　2025 年纸和纸浆产品森林认证贸易网络预测（彩图见二维码 5-10）

二维码 5-10　2025 年纸和纸浆产品森林认证贸易网络预测的彩图

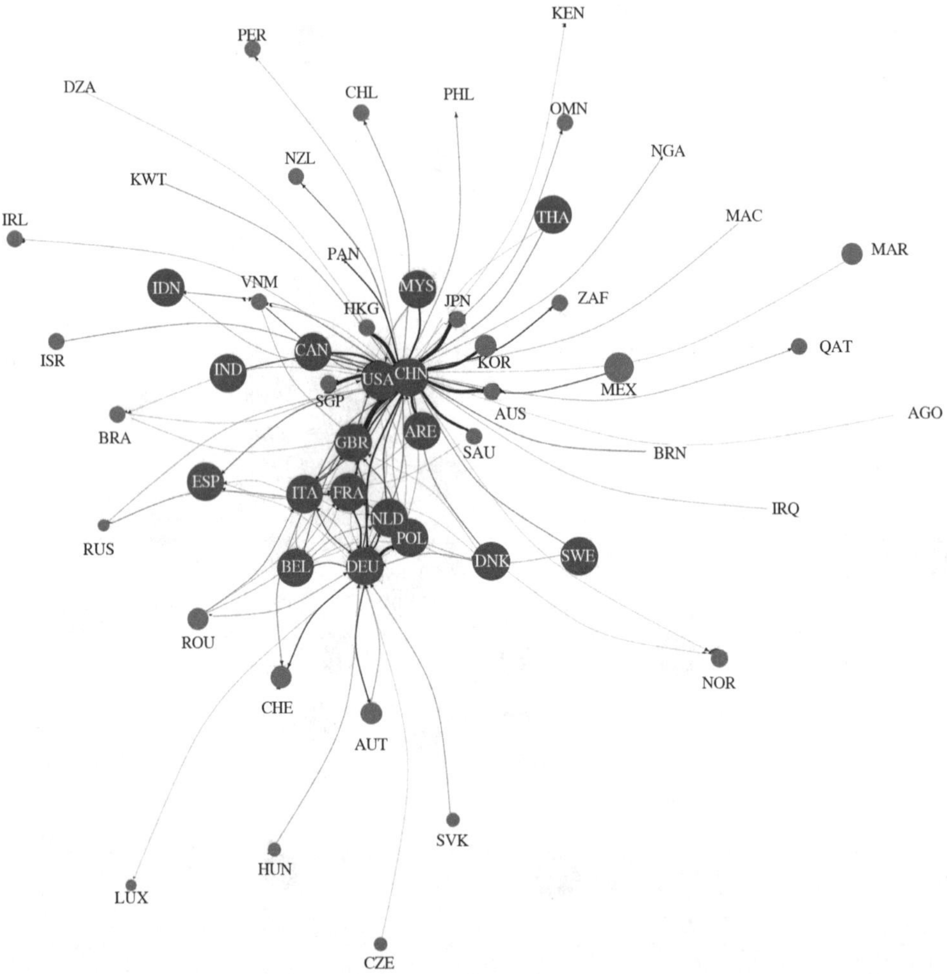

图 5-15　2025 年家具产品森林认证贸易网络预测（彩图见二维码 5-11）

二维码 5-11　2025 年家具产品森林认证贸易网络预测的彩图

通过对三种林产品贸易网络和森林认证贸易网络的网络拓扑性质对比得出，当森林认证参与林产品贸易网络后，越来越多的国家与更少的国家进行贸易，贸易网络缩小，即一些国家未参与森林认证的林产品国际贸易。森林认证不利于贸易网络便利化。

林产品的贸易网络近年来没有明显的变化，即每年平均每个国家的贸易伙伴数量并没有发生太大的变化。然而，森林认证贸易网络不断扩大，即每年平均每个国家和越来越多的国家进行林产品国际贸易往来。森林认证导致国家的贸易网络缩小，对中国的影响较小，而对其他国家的影响较大。通过平均最短路径，发现纸和纸浆产品网络最为便捷，其次为木制品，而家具产品网络最不便捷。三种林产品的贸易网络以及森林认证贸易网络的紧密度大小依次为纸和纸浆产品、木制品、家具产品。各国的纸和纸浆产品贸易网络受森林认证的影响比较小，对各国木制品和家具产品的贸易网络影响比较大。

森林认证对三种林产品贸易格局的影响完全不一样。结合森林认证的发展趋势，森林认证对贸易网络的影响大致可总结为三个阶段：第一阶段为贸易麻痹阶段，即森林认证对贸易的影响不显著；第二阶段为贸易刺激阶段；第三阶段为贸易减弱阶段。森林认证对木制品和家具产品贸易的影响趋势基本一致，即2009—2014年森林认证的贸易影响并未显现，处于第一阶段麻痹阶段。2014—2016年森林认证对贸易产生了刺激作用，处于第二阶段贸易刺激阶段。2016年以后，森林认证导致一些企业退出国际贸易市场，致使贸易量减少，处于第三阶段贸易减弱阶段。由于纸和纸浆产品认证较早，2009—2014年对应的是森林认证对贸易的影响处于第三阶段。

基于Walktrap算法的森林认证贸易网络社团结构发现，社团数量整体呈现下降的趋势，即贸易格局由多个分散的小团体向聚集的小团体演化，在一定程度上反映了森林认证作用下林产品全球贸易一体化的进程。尽管很多国家参与了三种林产品国际贸易，但绝大多数市场集中在少数几个国家。木制品社团划分和家具产品较为相似，主要为东南亚国家、北美洲国家和南美洲国家。纸和纸浆产品主要分为五个社团：第一个社团为西亚国家；第二个社团为南美洲国家；第三个社团为包括中国、美国、加拿大在内的北美洲国家和亚洲国家；第四个社团较为分散；第五个社团主要为欧洲国家和北美洲北部国家。

通过网络演化规律，发现现有的三种林产品森林认证贸易网络具有“无标度”与“小世界”的网络特征。预测2025年三种林产品的森林认证网络度值均比之前的年度有所提高，符合BA无标度网络的构造规律及演化进程，表明网络将向着密度更高、贸易往来更加紧密的方向发展。

森林认证对林产品国际贸易的影响效应 6

前文的实证结果得出了森林认证将对林产品贸易网络产生影响的结论，本章进一步通过实证分析森林认证对贸易的影响程度。

结合森林认证和林产品国际贸易数据的分析以及对森林认证贸易网络的分析，本章选取了 68 个国家，对 2009—2018 年所有林产品双边贸易的总模型进行验证，通过多个估计方法之间的对比，选取了最适合林产品国际贸易的估计方法进行后续实证检验；进一步细分了四个不同经济体国家相互贸易的子模型以及木制品、家具产品、纸和纸浆产品的子模型，以进行组间认证贸易效应比较，从而验证假说。

6.1 研究方法与模型构建

引力模型被公认为是估计国际贸易流量最有效的工具之一，被广泛运用于不同行业国际标准对贸易影响的研究（Clougherty 和 Grajek，2014）。但是引力模型也存在一些问题。首先，由于不存在零的自然对数，因此，所有零贸易的观测值均存在潜在偏差。其次，随机引力模型的乘法误差项导致异方差问题，结果产生了偏差（王绍媛和李国鹏，2016；徐世腾，2014）。

为克服引力模型的问题，林业行业的研究也做了一些探索，Buongiorno（2016）使用普通最小二乘（ordinary least square，OLS）估计、固定效应（fixed effects，FE）估计和随机效应（random effects，RE）估计分析了经济政策对林产品国际贸易的影响。Larson 等（2018）基于国际林产品贸易的最新文献，通过引力模型，运用泊松拟最大似然（poisson pseudo maximum likelihood，PPML）估计，进行了贸易弹性的新估计。改进的林产品贸易计量经济学估算方法可用于评估某些政策限制

(进口关税)对林产品贸易流量的影响。

本章选用引力模型来验证以上提出的假说。基础引力模型的理论假设为:①垄断竞争市场;②恒定替代弹性(constant elasticity of substitution, CES);③冰山成本(Krugman, 1980)。基础引力模型的方程形式为:

$$X_{ij} = \frac{A(Y_i Y_j)}{D_{ij}} \tag{6-1}$$

公式(6-1)为出口国 i 向进口国 j 的出口贸易方程,其中,X_{ij} 为出口国向进口国的贸易量;Y_i 和 Y_j 为出口国 i 和进口国 j 的经济总量;D_{ij} 表示两国之间的距离。进一步对基础引力模型进行对数化处理,则线性回归方程为:

$$\ln X_{ij} = \alpha + \sigma_1 \ln Y_i + \sigma_2 \ln Y_j + \varphi_1 \ln D_{ij} + \zeta_{ij} \tag{6-2}$$

本章对标准引力模型进行了修改,并将森林认证变量引入公式(6-2)的基础引力模型。因此,用于验证森林认证对贸易影响的引力方程由两部分组成:进出口国的指标以及阻力项 T_{it},如公式(6-3)和公式(6-4)所示:

$$\begin{aligned} \ln EX_{ijt} = {} & \alpha_0 + \gamma_1 \ln FC_{it} + \gamma_2 \ln FC_{jt} + \gamma_3 \ln GDP_{it} + \gamma_4 \ln GDP_{jt} + \gamma_5 \ln POP_{it} + \\ & \gamma_6 \ln POP_{jt} + \gamma_7 \ln INFRA_{it} + \gamma_8 \ln INFRA_{jt} + \ln T_{it} + \zeta_{ijt} \end{aligned} \tag{6-3}$$

$$\begin{aligned} \ln T_{it} = {} & \varphi_1 \ln Dist_{ij} + \varphi_2 Contig_{ij} + \varphi_3 Comlang_{ij} + \varphi_4 Colony_{ij} + \\ & \varphi_5 FTA_{ij} + \varphi_6 \ln FC_{it} \times FC_{jt} + \omega_{ijt} \end{aligned} \tag{6-4}$$

为了克服基础引力模型的异方差问题,参考 Baier 和 Bergstrand(2009)通过多边抵抗力项(Multilateral Resistance Terms, MR)来扩充引力方程式,所构造的多边阻力项 $MRDist_{ijt}$、$MRContig_{ijt}$、$MRComlang_{ijt}$、$MRColony_{ijt}$、$MRFTA_{ijt}$ 和 $MRFC_{ijt}$,如公式(6-5)至公式(6-10)所示:

$$\begin{aligned} MRDist_{ijt} = {} & \sum_k Q_{kt} \cdot \ln Dist_{ikt} + \sum_m Q_{mt} \cdot \ln Dist_{mjt} - \\ & \sum_k \sum_m Q_{kt} \cdot Q_{mt} \cdot \ln Dist_{kmt} \end{aligned} \tag{6-5}$$

$$\begin{aligned} MRContig_{ijt} = {} & \sum_k Q_{kt} \cdot Contig_{ikt} + \sum_m Q_{mt} \cdot Contig_{mjt} - \\ & \sum_k \sum_m Q_{kt} \cdot Q_{mt} \cdot Contig_{kmt} \end{aligned} \tag{6-6}$$

$$\begin{aligned} MRComlang_{ijt} = {} & \sum_k Q_{kt} \cdot Comlang_{ikt} + \sum_m Q_{mt} \cdot Comlang_{mjt} - \\ & \sum_k \sum_m Q_{kt} \cdot Q_{mt} \cdot Comlang_{kmt} \end{aligned} \tag{6-7}$$

$$\text{MRColony}_{ijt} = \sum_k Q_{kt} \cdot \text{Colony}_{ikt} + \sum_m Q_{mt} \cdot \text{Colony}_{mjt} - \sum_k \sum_m Q_{kt} \cdot Q_{mt} \cdot \text{Colony}_{kmt} \tag{6-8}$$

$$\text{MRFTA}_{ijt} = \sum_k Q_{kt} \cdot \text{FTA}_{ikt} + \sum_m Q_{mt} \cdot \text{FTA}_{mjt} - \sum_k \sum_m Q_{kt} \cdot Q_{mt} \cdot \text{FTA}_{kmt} \tag{6-9}$$

$$\text{MRFC}_{ijt} = \sum_k Q_{kt} \cdot \ln\text{FC}_{it} \cdot \ln\text{FC}_{kt} + \sum_m Q_{mt} \cdot \ln\text{FC}_{mt} \cdot \ln\text{FC}_{jt} - \sum_k \sum_m Q_{kt} \cdot Q_{mt} \cdot \ln\text{FC}_{kt} \cdot \ln\text{FC}_{mt} \tag{6-10}$$

其中 $Q_{it} = \dfrac{\text{GDP}_{it}}{\sum_n \text{GDP}_{nt}}$

6.2 变量解释及数据来源

表 6-1 为模型中包含的变量的描述和预期结果。通过扩展的引力模型，以剖析森林认证对贸易的影响效应，重点考察森林认证指标对林产品国际贸易的不同影响效应。该模型的被解释变量为两国的相关林产品贸易的出口额，数据来源为 UN Comtrade 数据库，单位为亿美元。在该模型中，共考察了以下九个影响贸易流量因素。

(1)两国之间的贸易额与两国之间的经济总量成正相关(Buongiorno，2016)，经济发达的国家之间的贸易往来更为密切，贸易额更大。国家的 GDP 数据来源于世界银行 WDI 数据库。

(2)两国之间的地理距离会影响两国之间的贸易往来，两国的地理距离越近，两国间的贸易将越紧密(Anderson 和 Van Wincoop，2013)，该数据来源于 CEPⅡ数据库。

(3)该模型的核心变量是森林认证的数量。数据来源为 FSC、PEFC 官网，共有 270 847 个证书，基于认证证书的内容，按年份、国家、证书类型和不同林产品获得了森林认证的统计数据。在现有研究中没有剥离森林认证的贸易效应，森林认证出现较高的出口竞争效应，遮蔽了森林认证贸易壁垒的本质。本章参考 Clougherty 和 Grajek (2014)从三个方面分解国际标准对贸易的影响，以得到森林认证对贸易的净效果。因此，森林认证对林产品国际贸易的影响效应可分为：①出口国的森林认证出口竞争效应 FC_{it}；②进口国的森林认证贸易壁垒效应 FC_{jt}；③进出口国森林认证的共同传播将促进出口，产生共同语言效应 $FC_{it} \times FC_{jt}$。共同语言效应是指森林认证在国际市场上传达林产品可持续经营信息对贸易产生的效果(Galati 等，2017)。

(4)一国人口数量将影响贸易流量，人口数量越多，对林产品的需求就越大，对贸易产生促进作用(Silva 和 Tenreyro，2006)。

(5)一个国家的基础设施水平可能与这类软基础设施标准呈正相关(Clougherty 和 Grajek，2014)，对贸易同样产生影响。

(6)两国之间的共同边界意味着更紧密的地理位置，方便两国之间的贸易往来。

(7)两国拥有通用的官方语言更有利于两国之间的贸易合作。

(8)历史上的殖民关系使两国贸易更加紧密。

(9)两国达成自由贸易协定的贸易政策将促进两国贸易。

以上最后 4 个虚拟变量作为解释变量，数据均来源于 CEPⅡ 数据库。

表 6-1 变量含义及理论说明

变量	变量定义	预期符号	数据来源
EX_{ijt}	t 年出口国 i 对进口国 j 林产品出口额		UN Comtrade 数据库
FC_{it}	t 年出口国 i 的森林认证数量	+/−	FSC、PEFC 官网整理
FC_{jt}	t 年进口国 j 的森林认证数量	+/−	FSC、PEFC 官网整理
GDP_{it}	t 年出口国 i 的 GDP	+	世界银行 WDI 数据库
GDP_{jt}	t 年进口国 j 的 GDP	+	世界银行 WDI 数据库
POP_{it}	t 年出口国 i 的人口数量	+	World Bank's WDI
POP_{jt}	t 年进口国 j 的人口数量	+	World Bank's WDI
$INFRA_{it}$	t 年出口国 i 的基础设施水平	+	World Bank's WDI
$INFRA_{jt}$	t 年进口国 j 的基础设施水平	+	World Bank's WDI
$Dist_{ij}$	两国的地理距离	−	CEPⅡ 数据库
$Contig_{ij}$	虚拟变量，表示两国是否共享边界	+	CEPⅡ 数据库
$Comlang_{ij}$	虚拟变量，表示两国是否有官方语言	+	CEPⅡ 数据库
$Colony_{ij}$	虚拟变量，表示两国是否有殖民关系	+	CEPⅡ 数据库
FTA_{ij}	两国是否隶属于同一经济一体化区域	+	CEPⅡ 数据库

本书对 68 个国家 2009—2018 年共 44 890 个样本进行总体回归(表 6-2)，通过比较多种估算方法，以解决引力模型通常存在的异方差和自相关问题。首先，基础引力方程并未明确说明影响贸易的其他因素，例如，货币联盟、宗教文化和种族

等。在一定程度上，这些贸易驱动因素不会随时间变化而变化，因此可以通过特定固定效应（FE）估计来控制这些因素，同时也尝试使用随机效应（RE）估计来控制这些因素。其次，本章进一步通过泊松拟最大似然法（PPML）估计，尝试解决零贸易值的问题。最后，通过多边阻力项（MR）来扩展引力方程模型，以解决引力模型的异方差问题。因此，本章进行了八种模型的对比，分别是普通最小二乘（OLS）估计、固定效应（FE）估计、随机效应（RE）估计、泊松拟最大似然（PPML）估计以及扩展的普通最小二乘 OLS（MR）估计、扩展的固定效应 RE（MR）估计、扩展的随机效应 RE（MR）估计、扩展的泊松拟最大似然 PPML（MR）估计。

表 6-2　变量统计

变量	样本量	平均值	标准差	最小值	最大值
EX_{ijt}	44 890	0.112	1.27	0	101
FC_{it}、FC_{jt}	44 890	132.85	227.34	0	3 011
GDP_{it}、GDP_{jt}	44 890	10 300	24 900	114	205 000
POP_{it}、POP_{jt}	44 890	80.02	225.64	0.50	1 392.73
$INFRA_{it}$、$INFRA_{jt}$	44 890	4.60	1.18	0	6.80
$Dist_{ij}$	44 890	7 028.28	4 862.28	20.25	19 563.95
$Contig_{ij}$	44 890	0.04	0.19	0	1
$Comlang_{ij}$	44 890	0.07	0.26	0	1
$Colony_{ij}$	44 890	0.01	0.12	0	1
FTA_{ij}	44 890	2.53	1.95	1	7

6.3　结果分析

本章选取了 68 个国家[①]对 2009—2018 年所有林产品双边贸易的总模型进行验证，通过多个估计方法的对比，选取了最适合林产品国际贸易的估计方法进行后续实证检验。进一步细分了四个不同经济体国家相互贸易的子模型以及木制品、

① 按照联合国 2019 年的发展报告，本书定义主要研究的 68 个国家。发达国家 33 个，分别为加拿大、美国、澳大利亚、日本、新西兰、奥地利、比利时、丹麦、芬兰、法国、德国、希腊、爱尔兰、意大利、卢森堡、荷兰、葡萄牙、保加利亚、克罗地亚、塞浦路斯、爱沙尼亚、匈牙利、拉脱维亚、立陶宛、波兰、斯洛伐克、捷克共和国、西班牙、瑞典、英国、斯洛文尼亚、挪威、瑞士。发展中国家 34 个，分别为阿尔巴尼亚、俄罗斯、白俄罗斯、乌克兰、埃及、摩洛哥、南非、中国、印度尼西亚、马来西亚、哥斯达黎加、加蓬、菲律宾、泰国、印度、危地马拉、墨西哥、巴拿马、阿根廷、巴西、智利、土耳其、哥伦比亚、厄瓜多尔、秘鲁、乌拉圭、巴基斯坦、斯里兰卡、黎巴嫩、阿曼、卡塔尔、沙特阿拉伯、土耳其、阿拉伯联合酋长国。

家具产品、纸和纸浆产品[①]的子模型，以进行组间认证贸易效应比较分析，从而验证假说。

6.3.1 总样本分析

在 OLS 估计中，被解释变量为出口额的对数，由于不存在零的自然对数，因此 OLS 估计方法排除了双边贸易值为零的国家。在 44 890 个总样本中，只有 11 052 个样本的贸易观测值不为零，仅占总样本的 25%。在牛顿引力模型中，引力可能很小，但永远不会为零。在引力模型中，现实的双边贸易中的很多国家之间并不进行贸易往来，因此，存在很多零贸易值。因此，在 OLS 估计中，直接删除为零的贸易观测值样本，将存在严重偏差。此外，OLS 估计极大地夸大了地理邻近性的作用，OLS 估计中 $Contig_{ij}$ 的系数为 2.07%，而 PPML 估计中的 $Contig_{ij}$ 的系数为 1.05%。这与 Silva (2006)在对比引力模型的几种估计方法的研究中所认为的 OLS 存在问题的结论一致。

引力模型的另一问题是异方差问题，在存在异方差的情况下，模型的对数线性化会导致估计不一致。这种偏差既存在于引力方程的传统 OLS 估计中，又包括特定的固定效应和随机效应。经过几种估计方法结果的比较，本章认为，PPML 估计很好地处理了引力模型的异方差和零贸易值问题。PPML (MR)估计对所有变量都是显著的，因此，在下文的子模型中，选择 PPML (MR)估计方法验证并来解释模型结果。

表 6-3 中 PPML(MR)估计的回归结果表明，引力模型的经济变量和阻力变量的估计方向与文献结果一致。出口国和进口国的 GDP，人口和基础设施指数均显著促进了出口贸易，而两国之间的距离阻碍了出口贸易。其余的虚拟变量包括两国是否共享边界、两国是否具有相同的官方语言、两国是否具有殖民关系以及区域经济一体化协议，都会影响出口贸易。

从 PPML (MR)估计的回归结果看，核心变量出口国森林认证的数量 $\ln FC_{it}$ 的系数为 0.88，这表明，出口国森林认证数量上升 1%，出口将增加 0.88%，假说二成立。进口国森林认证的数量 $\ln FC_{jt}$ 的系数为 −0.14，表明进口国森林认证数量上升 1%，出口将减少 0.14%。从这个角度来看，森林认证存在贸易壁垒。进出

① 结合海关编码，所要研究的产品为木质林产品(HS 44：木及木制品、木炭；HS 45：软木及软木制品；HS 46：稻草、秸秆、针茅或其他编结材料制品、篮筐及柳条编结品)、家具产品(HS 940169：木框架的其他坐具；HS 940330：办公室用木家具；HS 940340：厨房用木家具；HS 940350：卧室用木家具；HS 940360：其他木家具)、纸和纸浆产品(HS 47：木浆、废纸；HS 48：纸或纸板制品；HS 49：书籍、报纸、印刷图画及其他印刷品、手稿、打字稿及设计图纸)。

口国森林认证的交互项 $\ln FC_{it} \times FC_{jt}$ 的系数为 0.06，表明进出口两国的森林认证具有一定的通用语言效应，符合假说三。

表 6-3　总样本回归结果

变量	估计							
	OLS	FE	RE	PPML	OLS (MR)	FE (MR)	RE (MR)	PPML (MR)
核心变量								
$\ln FC_{it}$	0.98***	0.09***	0.20***	0.95***	0.93***	0.08***	0.18***	0.88***
	(0.03)	(0.02)	(0.02)	(0.03)	(0.03)	(0.02)	(0.02)	(0.03)
$\ln FC_{jt}$	0.05*	0.02	0.04*	−0.06	−0.00	0.01	0.02	−0.14***
	(0.03)	(0.02)	(0.02)	(0.04)	(0.03)	(0.02)	(0.02)	(0.04)
$\ln FC_{it}$ ·	−0.10***	−0.00	−0.03**	0.00	−0.06**	0.00	−0.02	0.06*
FC_{jt}	(0.02)	(0.01)	(0.01)	(0.02)	(0.02)	(0.01)	(0.01)	(0.02)
经济变量								
$\ln GDP_{it}$	1.18***	−0.53***	0.91***	1.16***	0.90***	−0.66***	0.52***	0.76***
	(0.03)	(0.08)	(0.06)	(0.03)	(0.03)	(0.08)	(0.07)	(0.03)
$\ln GDP_{jt}$	0.66***	1.32***	0.78***	0.61***	0.31***	1.20***	0.37***	0.12***
	(0.03)	(0.08)	(0.06)	(0.03)	(0.03)	(0.08)	(0.07)	(0.03)
$\ln POP_{it}$	0.16***	−1.56***	0.40***	0.16***	0.15***	−1.57***	0.32***	0.16***
	(0.03)	(0.19)	(0.06)	(0.03)	(0.02)	(0.20)	(0.06)	(0.03)
$\ln POP_{jt}$	0.59***	0.32	0.42***	0.64***	0.63***	0.31	0.35***	0.72***
	(0.02)	(0.19)	(0.06)	(0.03)	(0.02)	(0.20)	(0.06)	(0.03)
$INFRA_{it}$	0.42***	−0.02	0.11***	0.50***	0.42***	−0.01	0.11***	0.51***
	(0.02)	(0.03)	(0.03)	(0.03)	(0.02)	(0.03)	(0.03)	(0.03)
$INFRA_{jt}$	0.46***	0.01	0.09**	0.53***	0.46***	0.01	0.09**	0.54***
	(0.02)	(0.03)	(0.03)	(0.03)	(0.02)	(0.03)	(0.03)	(0.03)
阻力变量								
$Dist_{ij}$	−0.51***	0.00	−0.81***	−0.47***	−0.59***	0.00	−0.87***	−0.60***
	(0.02)	(.)	(0.14)	(0.05)	(0.03)	(.)	(0.14)	(0.05)
$Contig_{ij}$	2.07***	0.00	2.17***	1.05***	2.10***	0.00	2.13***	1.09***
	(0.11)	(.)	(0.29)	(0.11)	(0.11)	(.)	(0.30)	(0.11)

续表 6-3

变量	估计							
	OLS	FE	RE	PPML	OLS (MR)	FE (MR)	RE (MR)	PPML (MR)
阻力变量								
$Comlang_{ij}$	2.11***	0.00	1.65***	2.01***	2.18***	0.00	1.74***	2.11***
	(0.08)	(.)	(0.16)	(0.07)	(0.08)	(.)	(0.17)	(0.07)
$Colony_{ij}$	0.60***	0.00	1.17***	0.55***	0.55***	0.00	0.88***	0.46***
	(0.13)	(.)	(0.24)	(0.09)	(0.13)	(.)	(0.26)	(0.09)
FTA_{ij}	(0.76***	0.15**	0.62***	0.73***	0.69***	0.19***	0.62***	0.62***
	(0.01)	(0.05)	(0.05)	(0.02)	(0.01)	(0.05)	(0.05)	(0.02)
多边阻力	否	否	否	否	是	是	是	是

注：* $P<0.05$，** $P<0.01$，*** $P<0.001$。

6.3.2 国别差异分析

森林认证在不同的发达国家和发展中国家的表现不同。在现阶段森林认证的发展水平具有显著的差异。本章进一步将数据细分为四个子模型，以评估森林认证对不同经济体的影响，并使用 PPML(MR)估计进行样本子模型的分组回归。四个子模型分别为进口国和出口国均为发达国家的模型(DC-DC)，进口国和出口国均为发展中国家的模型(DIC-DIC)，出口国为发达国家、进口国为发展中国家的模型(DC-DIC)以及出口国为发展中国家、进口国为发达国家的模型(DIC-DC)。

由表 6-4 可知，四组样本的样本量分别为 10 890、11 220、11 220 和 11 560。通过分析核心变量的结果，发现森林认证对发展中国家和发达国家的贸易影响效应是不一样的，即贸易效应不对称。具体分析如下。

(1)在四组样本中，$lnFC_{it}$ 的系数均显著为正，两组发展中国家的系数分别为 0.78 和 0.69，两组发达国家的系数分别为 0.55 和 0.29，说明发展中国家森林认证的出口竞争效应大于发达国家。虽然这不符合假说一，但证实了发展中国家森林认证的绿色质量水平的提升对贸易的促进效果更明显。

(2)从 $lnFC_{jt}$ 的系数看，两组进口国为发展中国家的 $lnFC_{jt}$ 的系数分别为 −0.14 和 −0.09，说明对于发展中国家来说，森林认证已经成为贸易壁垒，尤其是在与发达国家发生贸易的过程中，其贸易壁垒效应(−0.14)大于与发展中国家的贸易壁垒效应(−0.09)。

(3)在四组样本中，$lnFC_{it} \times FC_{jt}$ 的系数均为正，说明森林认证具有通用语言效应。且当发达国家与发展中国家发生贸易时，其系数为 0.12，说明此时通用语言效应对出口的促进效果更明显，符合假说四。

表 6-4 国家子模型的 PPML(MR)回归结果

	DC-DC	DC-DIC	DIC-DC	DIC-DIC
$\ln FC_{it}$	0.55***	0.29***	0.78***	0.69***
	(0.01)	(0.00)	(0.01)	(0.01)
$\ln FC_{jt}$	0.04**	−0.14**	0.05**	−0.09*
	(0.01)	(0.00)	(0.01)	(0.01)
$\ln FC_{it}\cdot FC_{jt}$	0.09**	0.12***	0.05*	0.06***
	(0.00)	(0.00)	(0.00)	(0.00)
N	10 890	11 220	11 220	11 560

注：* $P<0.05$，** $P<0.01$，*** $P<0.001$。

6.3.3 产品差异分析

在林业行业中，不同产品的森林认证数量和贸易量存在很大的差异。本节将样本细分为木制品、家具、纸和纸浆产品进行比较分析。使用 PPML(MR)估计，对 68 个国家进行总回归，样本量为 44 890，并进一步将总样本细分为四个经济体样本进行回归分析。

由表 6-5 的回归结果可知，从总样本来说，木制品、家具产品、纸和纸浆产品的森林认证效应具有较大的差异。

(1)从产品子模型的总样本来看　木制品的 $\ln FC_{it}$ 的系数是三种林产品中最大的，为 1.14，家具产品的 $\ln FC_{it}$ 系数为 0.76，纸和纸浆产品的 $\ln FC_{it}$ 系数为 0.84。因此，木制品的森林认证出口竞争效应大于家具产品的森林认证出口竞争效应，符合假说五。木制品的 $\ln FC_{jt}$ 的系数为 0.21，家具产品的 $\ln FC_{jt}$ 系数为 −0.08，纸和纸浆产品的 $\ln FC_{jt}$ 的系数为 −0.01。说明森林认证对木制品贸易具有促进作用，而对家具以及纸和纸浆产品产生了一定的贸易壁垒效应，符合假说六。木制品的 $\ln FC_{it}\times FC_{jt}$ 的系数为 −0.04，家具的 $\ln FC_{it}\times FC_{jt}$ 的系数为 0.07，纸和纸浆产品的 $\ln FC_{it}\times FC_{jt}$ 的系数为 −0.06。说明森林认证在家具产品贸易过程中具有通用语言效应，而在木制品、纸和纸浆产品贸易过程中通用语言效应不明显。

(2)从产品子模型的国别看

①在木制品贸易的四组样本中，$\ln FC_{it}$ 的系数均显著为正且是三种林产品中系数最大的，两组发展中国家的系数分别为 0.83 和 0.92，两组发达国家的系数分

别为 0.86 和 0.54，说明发展中国家森林认证的出口竞争效应大于发达国家。从 $\ln FC_{jt}$ 的系数看，发达国家和发展中国家木制品贸易过程的系数为−0.28，说明在发展中国家与发达国家贸易过程中，森林认证都产生了贸易壁垒效应。发达国家和发达国家贸易过程的 $\ln FC_{it} \times FC_{jt}$ 的系数为−0.18，发展中国家和发展中国家贸易过程的 $\ln FC_{it} \times FC_{jt}$ 的系数为−0.07，说明森林认证的通用语言效应在相同经济体贸易过程中并未显现。而两组发达国家与发展中国家贸易的子样本的 $\ln FC_{it} \times FC_{jt}$ 的系数分别为 0.08 和 0.17，说明森林认证的通用语言效应在经济发展水平差异较大的国际贸易中效应明显。

②在家具产品贸易的四组样本中，$\ln FC_{it}$ 的系数均显著为正，发达国家出口至发展中国家出口竞争效应最大，为 0.67。从 $\ln FC_{jt}$ 的系数看，两组发达国家作为家具产品进口国时的系数分别为−0.47 和−0.17，说明森林认证对发达国家的家具产品产生了明显的贸易壁垒效应。发展中国家和发展中国家贸易过程的 $\ln FC_{it} \times FC_{jt}$ 的系数为−0.06，说明森林认证的通用语言效应在发展中国家的相互贸易过程中并未显现。

③在纸和纸浆产品的四组样本中，$\ln FC_{it}$ 的系数均显著为正，两组发展中国家的系数分别为 0.28 和 0.65，两组发达国家的系数分别为 0.26 和 0.38，说明发展中国家森林认证的出口竞争效应大于发达国家。从 $\ln FC_{jt}$ 的系数看，发达国家和发达国家纸和纸浆贸易过程的系数为−0.09，而发达国家与发展中国家贸易过程的系数为−0.11，说明在与发达国家贸易过程中，森林认证都产生了贸易壁垒效应，且对于发展中国家森林认证的贸易壁垒效应更明显。发展中国家和发展中国家贸易过程的 $\ln FC_{it} \times FC_{jt}$ 的系数为−0.27，说明森林认证的通用语言效应在发展中国家的相互贸易过程中并未显现。而两组发达国家与发展中国家贸易的子样本的 $\ln FC_{it} \times FC_{jt}$ 的系数为 0.06 和 0.07，此时，森林认证具有通用语言效应。

表 6-5 产品子模型的 PPML(MR)回归结果

	总样本	DC-DC	DC-DIC	DIC-DC	DIC-DIC
			木制品		
$\ln FC_{it}$	1.14***	0.86***	0.54***	0.83***	0.92***
	(0.04)	(0.09)	(0.06)	(0.07)	(0.06)
$\ln FC_{jt}$	0.21**	0.65***	−0.28*	0.07**	0.00**
	(0.07)	(0.14)	(0.13)	(0.12)	(0.12)
$\ln FC_{it} \cdot FC_{jt}$	−0.04**	−0.18**	0.08*	0.17***	−0.07**
	(0.02)	(0.06)	(0.04)	(0.05)	(0.04)

续表 6-5

	总样本	DC-DC	DC-DIC	DIC-DC	DIC-DIC
			家具产品		
$\ln FC_{it}$	0.76***	0.28**	0.67***	0.41***	0.43***
	(0.04)	(0.09)	(0.06)	(0.07)	(0.05)
$\ln FC_{jt}$	−0.08*	−0.47***	0.35***	−0.17**	0.09**
	(0.04)	(0.10)	(0.07)	(0.06)	(0.05)
$\ln FC_{it} \cdot FC_{jt}$	0.07**	0.28***	0.08*	0.20***	−0.06*
	(0.02)	(0.06)	(0.04)	(0.04)	(0.03)
			纸和纸浆产品		
$\ln FC_{it}$	0.84***	0.26***	0.38***	0.28***	0.65***
	(0.03)	(0.06)	(0.04)	(0.06)	(0.06)
$\ln FC_{jt}$	−0.01**	−0.09**	−0.11*	0.08**	0.43***
	(0.03)	(0.07)	(0.05)	(0.05)	(0.06)
$\ln FC_{it} \cdot FC_{jt}$	−0.06***	0.03**	0.06**	0.07**	−0.27***
	(0.02)	(0.04)	(0.02)	(0.03)	(0.04)
N	44 890	10 890	11 220	11 220	11 560

注：* $P<0.05$，** $P<0.01$，*** $P<0.001$。

6.3.4 稳健性检验

本节在选用适用于林产品国际贸易的引力模型估计方法的过程中，进行了多种估计方法的比较，如表 6-3 所示。首先，选用了基准的普通最小二乘估计；其次，由于变量遗漏或估计误差等问题，通过固定效应估计和随机效应估计以控制这些因素；最后，由于林产品国际贸易过程中存在大量的零贸易值，因此选用了泊松拟最大似然估计。根据估计结果，由于国别差异分析和行业差异分析的估计结果与总样本回归的估计结果的方向基本保持一致，且显著性水平差异不大，个别非核心变量的实证结果有所差异，但不会影响最终的经济解释，因此，本节关于总样本的回归结果是稳健的。

由于森林认证和林产品国际贸易可能存在反向因果关系而导致内生性问题，因此，进一步将核心变量森林认证的滞后项引入模型，对扩展的引力模型进行估计，从而检验本节实证结果的真实性。本节对八种样本进行了检验，分别为总模型，进口国和出口国均为发达国家的模型（DC-DC），进口国和出口国均为发展中国家的模型（DIC-DIC），出口国为发达国家、进口国为发展中国家的模型

(DC-DIC)以及出口国为发展中国家、进口国为发达国家的模型(DIC-DC)以及木制品,纸和纸浆产品,家具产品三种林产品的子模型。

根据表 6-6 的估计结果,总样本模型中的森林认证变量、相关经济变量以及阻力变量与表 6-3 中的估计结果基本一致,出口国森林认证的数量会促进出口,而进口国森林认证的数量会阻碍出口,以及进出口两国的森林认证的交互项促进出口,因此,进一步证实了总样本回归结果的稳健性。

从国家子模型看,森林认证变量的结果与表 6-4 的回归结果方向基本一致。而相关经济变量以及阻力变量与表 6-3 中的变量结果方向基本一致。从木制品、纸和纸浆产品、家具产品三种林产品的子模型的结果也可以得出同样的结论,因此,本节的子模型的回归结果也是稳健的。

表 6-6 稳健性检验结果

变量	估计							
	总样本	DC-DC	DC-DIC	DIC-DC	DIC-DIC	木制品	纸和纸浆产品	家具产品
核心变量								
$L2.\ln FC_{it}$	0.90***	0.70***	0.27***	0.79***	0.70***	1.06***	0.78***	0.65***
	(0.03)	(0.08)	(0.04)	(0.07)	(0.07)	(0.03)	(0.03)	(0.03)
$L2.\ln FC_{jt}$	−0.12***	0.08*	−0.13**	−0.02**	−0.07*	0.21***	−0.08*	−0.30***
	(0.04)	(0.09)	(0.05)	(0.04)	(0.05)	(0.04)	(0.03)	(0.04)
$L2.\ln FC_{it}\cdot FC_{jt}$	0.01*	0.08***	0.10***	0.02**	0.00**	−0.02*	0.07***	−0.11***
	(0.02)	(0.06)	(0.03)	(0.03)	(0.05)	(0.02)	(0.02)	(0.02)
经济变量								
$\ln GDP_{it}$	0.76***	0.88***	0.60***	0.31***	0.78***	0.47***	1.40***	0.08*
	(0.04)	(0.08)	(0.07)	(0.09)	(0.12)	(0.04)	(0.04)	(0.05)
$\ln GDP_{jt}$	0.11***	0.24**	1.13***	0.76***	0.78***	0.41***	0.07***	0.75***
	(0.04)	(0.09)	(0.06)	(0.10)	(0.11)	(0.04)	(0.04)	(0.05)
$\ln POP_{it}$	0.19***	0.79***	0.91***	1.07***	0.85***	0.57***	−0.28***	1.00***
	(0.03)	(0.09)	(0.07)	(0.06)	(0.06)	(0.03)	(0.03)	(0.03)
$\ln POP_{jt}$	0.74***	0.55***	0.66***	0.60***	0.61***	0.43***	0.90*	−0.09*
	(0.03)	(0.09)	(0.04)	(0.12)	(0.10)	(0.03)	(0.03)	(0.04)
$INFRA_{it}$	0.50***	0.34***	0.95***	0.15***	0.50***	0.37***	0.40***	0.64***
	(0.03)	(0.05)	(0.05)	(0.05)	(0.07)	(0.03)	(0.03)	(0.04)
$INFRA_{jt}$	0.58***	0.18***	0.71***	0.94***	0.69***	0.82***	0.48***	0.38***
	(0.03)	(0.06)	(0.04)	(0.07)	(0.06)	(0.03)	(0.03)	(0.04)

续表 6-6

变量	估计							
	总样本	DC-DC	DC-DIC	DIC-DC	DIC-DIC	木制品	纸和纸浆产品	家具产品
阻力变量								
$Dist_{ij}$	-0.61^{***}	1.02^{***}	-2.27^{***}	-2.50^{***}	-1.27^{***}	-0.98^{***}	-0.87^{***}	-1.38^{***}
	(0.06)	(0.11)	(0.06)	(0.09)	(0.09)	(0.05)	(0.06)	(0.05)
$Contig_{ij}$	1.13^{***}	2.58^{***}	1.57^{***}	2.23^{***}	1.27^{***}	0.78^{***}	0.77^{***}	0.16
	(0.12)	(0.17)	(0.24)	(0.33)	(0.22)	(0.13)	(0.13)	(0.13)
$Comlang_{ij}$	1.97^{***}	0.71^{***}	1.61^{***}	0.75^{***}	2.11^{***}	1.80^{***}	2.15^{***}	1.87^{***}
	(0.08)	(0.13)	(0.14)	(0.22)	(0.18)	(0.09)	(0.08)	(0.09)
$Colony_{ij}$	0.52^{***}	2.00^{***}	-0.99^{***}	-0.15^{***}	2.07^{***}	0.84^{***}	0.65^{***}	1.08^{***}
	(0.10)	(0.14)	(0.19)	(0.23)	(0.34)	(0.11)	(0.10)	(0.09)
FTA_{ij}	0.62^{***}	1.91^{***}	0.54^{***}	-0.19^{***}	0.60^{***}	0.62^{***}	0.64^{***}	0.51^{***}
	(0.03)	(0.09)	(0.03)	(0.05)	(0.05)	(0.02)	(0.02)	(0.02)
P 值	0.00	0.00	0.00	0.00	0.00	0.00	0.00	0.00

注：* $P<0.05$，** $P<0.01$，*** $P<0.001$。

6.4 讨论与论证

6.4.1 森林认证的出口竞争效应

从全球角度来看，森林认证对林产品国际贸易具有显著的出口竞争效应，从现有的经验看，森林认证的出口竞争效应来源于林产品的绿色质量水平的提高、非法采伐的管理以及企业形象的提升等方面。

1. 绿色质量水平

森林认证所要求的森林管理方面的提升有利于林产品的绿色质量水平提高（管志杰和曹建华，2014），即森林的可持续发展水平的提高，从而增强林产品的出口竞争优势。森林认证作为一种管理程序体系可以改善森林经营单位和林业企业内部管理，有助于减少森林土地所有者内部的纠纷，并减少产品的质量问题。具体来说，森林认证使不同企业与森林土地所有者之间的责任关系更加透明，减少了纠纷。对于企业来说，森林认证提供了产品问题的问责机制，降低了管理和监管的成本，企业的效率会更加高效。

森林认证对森林经营单位和林业企业生产与管理方面的要求本质上还是对森

林质量水平的要求。森林认证被证实对高价值保护森林以及原始的森林景观具有重要作用。森林在全球碳存量中所占比例高，对维持完整的生物多样性系统，提供重要的生态系统服务，例如调节水和土壤养分循环，都具有重要的积极作用。森林火灾是影响森林质量的另一大危害，森林认证已被证实在管理森林火灾方面发挥着重要的作用。通过森林认证标准的要求，建立和维护火灾隔离区以保证森林大火的及时阻断，并通过 GPS 和无人机等先进科技技术对森林保持持续的监控。森林认证在设备和人员培训方面的要求也确保了森林大火能得到及时处理和控制(Praveen, 2017)。

2. 非法采伐

在林业领域，非法采伐是木材可持续发展的一个重要障碍(孙久灵和陆文明，2009)。在林产品国际贸易过程中，木材的合法性问题一直是争论的焦点和急需解决的问题之一。印度尼西亚、马来西亚、巴西、智利和加蓬等拥有丰富森林资源的发展中国家的非法采伐至少占木材采伐总量的一半。森林认证的意图之一是对没有森林认证标签的产品制造贸易壁垒，从而解决非法采伐问题，促进森林的可持续发展(崔玉倩等，2016)。森林认证通过跟踪供应来源，将产品与合法性问题联系在一起，有效地防止了非法采伐，并成为证明林产品贸易合法性的重要方式(崔玉倩等，2016；乌爽等，2020；张朝等，2020)。在墨西哥、巴西和智利等国家，森林认证已成为证明林产品绿色质量水平的低成本方式，森林认证标签在全球木材供应链中起着越来越重要的作用。

3. 企业形象

非市场因素是增加企业无形竞争力的方法，被视为企业市场战略的重要途径。企业具有负责任的形象以及产品被证实具有国际认可的质量是企业无形的资产。企业形象是企业品牌的重要方面，我国政府将品牌建设工作提到新的高度[①]，森林认证将是林业品牌建设的重要途径[②]。

国际标准的采用可以提高企业负责任的形象以及在国际市场上的信誉，这是企业品牌提升的重要途径之一，也是达到企业异质性的方法。国际标准的认证标志意味着企业达到了外部市场的监控和要求，企业管理和产品质量得到了国际公认标准的认可。

森林认证对企业内部管理和优化具有指导作用，可以改善企业的经营状况。

① 《国务院办公厅关于发挥品牌引领作用推动供需结构升级的意见》国办发〔2016〕44 号。

② 《林业品牌建设与保护行动计划(2017—2020 年)》林科发〔2017〕158 号。

森林认证为企业和其他组织提供了一种新的方式，可以积极地支持森林管理者负责任地管理森林并保护生态系统。一国开展森林认证就可以为企业带来产品竞争优势，与国外市场接轨，增加产品市场的准入范围，从而增加出口，扩大市场份额和利润。森林认证对于企业的好处包括合法合规性、价值链发展、企业社会责任与可持续发展、市场准入和价格溢价、改善利益相关者关系、绿色营销工具、提升企业品牌。

6.4.2 森林认证的贸易壁垒效应

森林认证的贸易壁垒效应主要来自两个方面：第一，森林经营单位和林业企业向第三方认证公司支付的认证费用以及为达到森林认证的要求而改善森林经营单位和林业企业的管理、培训、设备和技术的间接费用。第二，在国际贸易过程中，发达国家将森林认证作为进入该国市场的门槛。

1. 成本

从间接成本看，无论是 FSC 体系，还是 PEFC 体系，由于难以完全适应当地国家的国情和林情，其认证成本都是较高的。很多发展中国家的林业企业以中小企业为主，生产规模小，缺乏科学的森林资源经营管理和可持续发展理念（刘禹君，2013）。中国等发展中国家存在森林认证体系和认证市场运作不规范、实际操作标准与审核标准有差异等问题（陈光，2017）。因此，森林认证成本一般需要上涨12%～15%，直接影响木材生产企业的利润（Ma，2010 ；Zhao 等，2011）。在加蓬，一家大型木材企业获得 FSC 初始认证的成本为 400 万欧元，维持认证的年度成本约为 10 万欧元（Kaplinsky 等，2010）。日本（Sugiura 和 Yoshinao，2018）、加纳（Carlsen 等，2012）、巴西（May，2002）、印度尼西亚、喀麦隆、秘鲁（Savilaakso 等，2016）和越南（Maraseni 等，2017）等国家都反映森林认证的认证费用或维持的成本较高。

此外，由于森林认证存在两种国际标准体系，这两种标准体系的侧重点是不一样的，PEFC-CoC 和 FSC-CoC 两个体系在原料来源判定、材料加工过程、销售和流通等方面具有较大的差异（刘旭，2018）。总的来说，FSC 体系更侧重市场，而 PEFC 体系更侧重环境和社会（Paluš 等，2018）。不同的进口市场对产品有不同的认证要求。为了进入更多市场，森林经营单位和林业企业往往要花更多的成本来获得这两个认证（Butterfield 等，2005；Moenius，2006）。

许多学者和政策制定者认识到森林认证应该以市场为基础。实际上，很多国家并未实现森林认证的激励措施，如认证产品的价格溢价。在很多发展中国家，很多消费者并不熟知森林认证（Tian 等，2018），因此很难产生认证产品的溢价。在加拿大，大约 2/3 的消费者表示他们需要认证的木制品，60%的消费者表示愿意支付 25%的产品溢价（Kozak 等，2004），美国的消费者愿意支付 10%的产品溢价（Aguilar 和 Vlosky，2007）。日本受访者认为 FSC 认证相对昂贵，仅有 20%的受访者表示认证在总体上具有积极的经济影响（Sugiura 和 Yoshinao，2018），认证增加的产品溢价比传统原木的价格高出 1.4%（Yamamoto 等，2014），溢价的效果因木材的种类而异。其他一些国家，例如中国（Chen 等，2010）、意大利（Paletto 等，2017）、尼泊尔（Acharya 等，2015）、罗马尼亚（Halalisan 等，2013）、捷克和斯洛伐克共和国（Paluš，2009；Paluš 等，2017b）等国家都证实产品的价格溢价很少，不足以涵盖认证的成本（Sedjo 和 Swallow，2002；Van Kooten 等，2005）。

2. 贸易保护

一些政府通过制定国内贸易和外交政策来保护国内市场和制造商。这种政府政策很可能被伪装成合法的贸易保护，违反了国际市场上的公平竞争，阻碍了国际贸易。虽然森林认证通常被描述为“非国家治理”方法（Cashore 等，2004；Gulbrandsen，2005），但是政府仍然可以采取进一步的干预措施，以提高市场的效率。政府在认证方面的指导和支持可能涉及三个方面：进一步制定和执行国内的可持续森林管理标准；认证系统的设计和运行；制定市场激励措施（Rametsteiner，2002）。卜乐和陆文明（2020）通过多源流理论的视角，发现政治源流对森林认证的影响相对更大。政府采购是发达国家政府普遍采用的政策，由于公共部门消费的林产品约占总林产品消费的 10%～20%，因此，政府采购对于森林认证的发展具有较强的推动作用。比利时、丹麦、法国、德国、日本、荷兰、新西兰、瑞士和英国等国家已经制定了木材采购政策。森林认证的政府采购政策主要集中在发达国家，这在某种程度上为发达国家林产品占领世界林产品市场筑起了坚实的贸易壁垒（李小勇，2008）。森林认证的这些政府政策很可能成为贸易保护主义的外壳，从而损害国外厂商的利益（Hou 和 Wen，2016；彭晓英和岳上植，2013a），因此森林认证被定义为“非关税壁垒”的标准，阻碍了林产品的自由贸易。

6.4.3 森林认证的通用语言效应

森林认证可确保企业在木材生产中使用符合环境可持续发展的森林管理规范，确保企业遵守不断变化的木材法规，并满足消费者日益增长的对环保的需求。森林认证的通用语言效应传达了有关进出口国林产品可持续管理的信息，从而降低了消费者产品搜索的成本。森林认证在贸易过程中传达的信息包括有效的资源管理、满足环境要求、企业社会责任、满足环境管理协议和对突发事件的处理能力。

从森林认证的通用语言效应看，信息不对称的影响主要表现在较少采用国际标准的国家(Clougherty 和 Grajek，2014)。发达国家与发展中国家之间的信息不对称效应要大于经济水平相似的国家之间的信息不对称效应。因此，在不同经济体贸易过程中，森林认证对贸易的共同语言效应要高于经济水平相似的国家之间的共同语言效应。

6.4.4 森林认证的贸易效应不对称

1. 不同产品

在国际森林认证体系中，森林经营认证旨在提高森林的绿色质量水平，而产销监管链认证则是在产品的生产、加工、运输和营销等方面进行可持续认证。与一般行业的国际标准不同，在林业行业中，木制品的森林认证一般是森林经营认证，经过认证的产品需要通过技术、管理、生产、培训等多方面的改进以达到绿色质量水平。而家具产品的森林认证一般是产销监管链认证，是在一般木材认证的基础上进一步对产品在生产、运输、销售等方面的可持续经营认证。因此，家具产品因森林认证带来的绿色质量水平的提升而促进出口的效应没有木制品明显，即基于森林经营认证的木制品的出口竞争优势高于基于产销监管链认证的家具产品的出口竞争优势。

随着消费者对环境的意识日益增强，纸和包装企业需要证明其产品的环境属性，即证明产品是以负责任的方式采购及生产。纸和纸浆产品是以森林为基础的产业，尽管有无纸化社会的讨论，但全球纸张消费量仍在增长。尽管纸张可以生物降解并容易回收，如果不能可持续地获取，也可能会导致森林砍伐或产生不良的林业作业方式。通过森林认证，可对纸和纸浆企业进行可持续发展的管理，可以确保纸张的长期来源。致力于可持续原料采购并专注于创新包装设计的企业已经成功地在市场上获得了竞争优势。这在本质上还是企业产品核心竞争力的提升。目前，纸和纸浆产品获得认证的成本已大大降低，因此认证的纸产品在市场上的可得性和占有率也大大加强。

自 2009 年世界经济危机后，我国纸和纸浆产业进入后危机时代(郑义和余建辉，2013)，循环经济效率值处于低下水平(陈翔和肖序，2015)。造纸工业的低碳转型是适应人类社会可持续发展的需要，也是提升造纸工业国际竞争力的必然要求。作为全球性的国际标准，森林认证已经成为影响纸和纸浆产业的重要因素之一，对纸和纸浆行业实现可持续发展具有重要的推动力。森林认证导致我国纸产品企业的成本上升，经济效益提高要经过一段时间才能显现(鲁艳增，2011)。熊立春和程宝栋(2017)测算了中国和其他国家的林产品贸易的成本，发现由于森林认证的逐步发展以及贸易保护主义等，中国、智利、越南等发展中国家的纸和纸浆产品的年均贸易成本下降，而中国与意大利、比利时、英国和德国等发达国家的纸和纸浆产品的年均贸易成本上升。森林认证提高了发展中国家的纸和纸浆产品的绿色质量水平，从而增加了出口竞争力(Arminen 等，2014)。

对于家具产品而言，消费者不仅关注家具产品的质量和设计，还逐渐关注家具产品是否来自管理良好的森林。世界家具产品的贸易较为集中，主要为我国对其他国家的出口。我国的家具产品在世界林产品价值链中仍处于较为低端的加工环节，自主设计和研发家具产品的技术和能力仍然有待提高。森林认证对家具产品的溢价远低于原材料的溢价。2012 年，家具产品的森林认证原材料溢价率为 30%，而森林认证家具产品的溢价率仅为 4.21%。2019 年，家具产品的森林认证原材料溢价率为 22.73%，而森林认证家具产品的溢价率为 9.87%，家具产品森林认证的经济效益为 −215.47 万元(陈诗卉，2020)。森林认证的出现和采用使我国家具产品实现了被动升级。对于家具产品的森林认证标准来说，PEFC 体系和 FSC 体系的产销监管链标准没有太大区别，外销企业倾向于 FSC 体系，而内销企业倾向于 PEFC 体系(王璟，2013)。

2. 不同国家

发达国家和发展中国家在认证的需求和资源方面处于不同的阶段。一旦获得森林认证，发展中国家林产品的绿色质量水平的提高将高于发达国家。与发达国家相比，在森林资源相对缺乏的发展中国家，森林认证对森林面积和森林蓄积量都具有更加明显的正向影响(李凌超等，2018)。黄丰桥国有林场的森林经营认证综合指数显示，森林认证使林场处于中度改进状态(冯超，2010)。可见，森林认证对发展中国家的绿色质量水平具有更明显的促进效应。因此，发展中国家的森林认证对比发达国家带来了更强的出口竞争力。

从贸易壁垒的角度看，发展中国家企业的成本比发达国家要高(Clougherty 和 Grajek，2014)。认证已在发达国家被广泛采用，而大多数发展中国家处于探索阶段。对于发展中国家来说，FSC 体系和 PEFC 体系的间接成本较高，发达国家和发展中国家对林业的生产与管理标准与认证要求的差距是不同的(陈娇娇等，2018；校建民和万坚，2011)，且发达国家和发展中国家消费者的绿色道德消费观念存在很大差异。此外，为了确保符合欧盟、美国和澳大利亚的法律的特定要求，森林认证原则和标准基于现有国际法律对相应的标准和指标进行了一些修改。因此，对于发展中国家来说，森林经营认证的相关标准与现有的林业相关法律没有形成相互卯合的体系(张德成等，2018)，认证主要被视为进口商所施加的又一个市场要求(Rametsteiner 和 Simula，2003)。

森林认证的出现改变了传统的林业生产和经营模式，改善了森林产品的使用、管理及消费模式，并将成为森林经营单位和林业企业在绿色质量、林业创新技术、企业形象等多个环节和全产业链发展具有国际竞争优势的基础。

为了验证假说，本章运用 2009—2018 年 68 个经济体森林认证数量和林产品双边贸易的数据，将森林认证作为核心考察变量引入引力模型，从三个方面分解森林认证对林产品国际贸易的影响效应。本章进行了多种估计方法的比较，发现扩展的泊松拟最大似然估计很好地处理了引力模型的异方差和零贸易值问题。在选取了估计方法的基础上，本章进一步将总样本细分为四个不同经济体国家相互贸易的子模型和三种不同林产品的子模型，并进行组间认证贸易效应比较。

研究发现，森林认证对林产品国际贸易具有显著的出口竞争效应；森林认证产生了贸易壁垒效应，森林认证是非关税贸易壁垒，阻碍了林产品的自由贸易；森林认证还具有一定的通用语言效应。森林认证对林产品国际贸易的影响呈现不对称效应，具体来说，发展中国家森林认证的出口竞争效应大于发达国家。在和发达国家的贸易过程中，森林认证产生了贸易壁垒效应，且对发展中国家森林认证的贸易壁垒效应更明显。森林认证的通用语言效应在发达国家与发展中国家的贸易过程中更明显。

从产品子模型的总样本来看，木制品的森林认证出口竞争效应大于家具产品的森林认证出口竞争效应，森林认证对家具产品以及纸和纸浆产品产生了一定的贸易壁垒效应。森林认证在家具产品贸易过程中具有通用语言效应，而在木制品、纸和纸浆产品贸易过程中通用语言效应不明显。

森林认证对全球林产品的影响 7

自由的国际林产品市场一般无法导致最佳的资源配置，最大化全球福利，通过统一的标准在一定程度上可以解决市场失灵或社会环境问题。然而，在认证的发展过程中，认证逐渐成为一种贸易保护主义，对林产品国际贸易流动产生影响。这是由于在国际经济一体化的背景下，各国的关税率不断下降，在自由贸易的压力下，各国转向更具隐蔽性和灵活性的非关税壁垒。虽然森林认证的主要目标是通过标准促进贸易，从而提高全球福利。但是对出口国而言，森林认证的引入意味着成本将增加，价格也将增加。对绝大多数进口国来说，它相当于增加的“关税”，从而导致进口产品的价格上涨，进口国的价格竞争力下降。因此，森林认证可以视为新的贸易壁垒(管志杰，2011)，将影响森林认证“小国”的福利状况(马靖策，2011)。

在“森林认证是非关税壁垒”结论的基础上，本章进一步分析森林认证的贸易壁垒所带来的影响。首先，通过理论分析，在市场不完善的情况下，森林认证的贸易壁垒效应是在林产品国际市场上的一般均衡的经济学含义。其次，通过一般均衡模型，将森林认证的非关税壁垒效应纳入 GTAP 模型，模拟得出森林认证的非关税壁垒对全球林产品生产、价格、贸易和福利的影响。

7.1 非关税壁垒影响的经济分析

本节提出一个简化的框架，以更清晰地关注森林认证标准的非关税壁垒对国际市场和国内市场的经济影响。假设不包括外国消费者和政府，且监管成本为零。森林认证标签能够完全地告知消费者与产品相关的绿色质量水平属性，企业的沉没成本不影响企业的进入或退出。假设在一个具有价格接受型的竞争性产业中，有 M_D 个国内企业和 M_F 个国外企业，为了便于处理，假设企业的成本函数是产量的二次函数。对于给定的价格 p 而言，企业 i 的最大化利润为：

$$\pi_{ui} = pq_{ui} - \mathrm{Max}[1, \mathrm{Max}(\delta_{ui}, S) \times \gamma_u] \times (f_u q_{ui} - \frac{1}{2}\bar{c}_{ui} q_{ui}^2) - \mathrm{Max}(\delta_{ui}, S)\bar{K} \quad (7\text{-}1)$$

公式(7-1)中,$i=\{1,\cdots,Mu\}$且$u=\{D,F\}$,即国内企业和国外企业。$\bar{c}_{ui}$和f_u为企业可变的成本参数。γ_u为国内或国外企业的成本变化,当$\gamma_u>1$时,表示由提高产品绿色质量水平而导致的可变成本增加。$\bar{K}$为企业提高产品绿色质量水平的沉没成本,假设这种沉没成本不会影响企业的进入或退出。是否采取认证将影响$\mathrm{Max}(\delta_{ui}, S)$的大小。当$\delta_{ui}=1$时,表明该国的企业采取认证;当$\delta_{ui}=0$时,表明该国的企业没有采取认证。当$S=1$时,表明森林认证的标准在该国实施;当$S=0$时,表明森林认证的标准没有在该国实施。当$\delta_{ui}=S=0$时,企业的可变成本为$f_u q_{ui}-\frac{1}{2}\bar{c}_{ui}q_{ui}^2$;当$\delta_{ui}=1$或$S=1$时,企业的可变成本为$\gamma_u \times f_u q_{ui}-\frac{1}{2}\bar{c}_{ui}q_{ui}^2$。产品质量是离散的,即1或0。

进一步利润最大化单个企业的供给函数,这些函数按国家类型和质量水平相加产生行业供给。当$S=0$时,即没有森林认证时,国内外企业的高绿色质量水平(H)和低绿色质量水平(L)的反供给函数为:

$$\begin{aligned} p_{DL}^{S}(Q_{DL}) &= \frac{c_D Q_{DL}}{1-\beta_D} + f_D \\ p_{DH}^{S}(Q_{DH}) &= \varepsilon_D\left(\frac{c_D Q_{DH}}{1-\beta_D} + f_D\right) \\ p_{FL}^{S}(Q_{FL}) &= \frac{c_F Q_{FL}}{1-\beta_F} + f_F \\ p_{FH}^{S}(Q_{FH}) &= \varepsilon_F\left(\frac{c_F Q_{FH}}{1-\beta_F} + f_F\right) \end{aligned} \quad (7\text{-}2)$$

公式(7-2)中,$c_D=\frac{\bar{c}_D}{M_D}$,$c_F=\frac{\bar{c}_F}{M_F}$,$\beta_D$和$\beta_F$分别为国内和国外供应商的认证决策。如果国内和国外供应商都没有做认证,即$\beta_D=0$和$\beta_F=0$,那么$p_{DH}^{S}(Q_{DH})\rightarrow\infty$和$p_{FH}^{S}(Q_{FH})\rightarrow\infty$,即生产者生产高质量水平的产品$Q_{DH}=Q_{FH}=0$。如果国内和国外供应商都采取森林认证,即$\beta_D=1$和$\beta_F=1$,那么$p_{DL}^{S}(Q_{DL})\rightarrow\infty$和$p_{FL}^{S}(Q_{FL})\rightarrow\infty$,即生产者生产低质量水平的产品$Q_{DL}=Q_{FL}=0$。假设$f_D=0$,$f_f=0$,$c_D=c$,$c_F=c$,$\varepsilon>1$,则国内外生产者供给可进一步总结为:

$$P^S(Q,S)=\mathrm{Max}[1,S\varepsilon]cQ \quad (7\text{-}3)$$

纳入认证的消费者效用函数，如公式(7-4)所示：

$$U_i(q_{Hi},q_{Li},w_i)=a(q_{Hi}+q_{Li})-\bar{b}(q_{Hi}^2+q_{Li}+2\theta q_{Hi}q_{Li})/2- \\ Ir_iq_{Li}+Js_iq_{Hi}+w_i \tag{7-4}$$

公式(7-4)中，q_{Hi} 为高绿色质量水平的产品，q_{Li} 为低绿色质量水平的产品。参数 a 和 $\bar{b}$ 为从产品中获得的满意度，w_i 为基准商品。参数 θ 为高绿色质量水平的产品和低绿色质量水平的产品的替代系数。r_i 为低绿色质量水平的产品的单位损失，s_i 为高绿色质量水平的产品的单位利益。参数 I 和 J 分别为两种不同绿色质量水平的产品的消费者对产品的认知。当 $I=0$ 或 $J=0$ 时，表示消费者不知道产品信息，而当 $I=1$ 或 $J=1$ 时，表示消费者知道产品信息，进而得到消费者的反需求函数公式(7-5)：

$$p^D(Q,I,r)=a-(1-S)Ir-bQ \tag{7-5}$$

因此，当均衡时，可得到均衡价格 p^* 和均衡数量 $Q(p^*)$，从而可得出消费者剩余公式(7-6)，生产者剩余公式(7-7)以及国际福利公式(7-8)：

$$CS(I,S)=\frac{b[a-(1-S)Ir]^2}{2(b+\mathrm{Max}[1,S\gamma]c)^2}-(1-S)(1-I)\frac{a-(1-S)Ir}{b+\mathrm{Max}[1,S\gamma]c}r \tag{7-6}$$

$$PS(I,S)=\frac{\mathrm{Max}[1,S\gamma]c[a-(1-S)Ir]^2}{2(b+\mathrm{Max}[1,S\gamma]c)^2}-MS\bar{K} \tag{7-7}$$

$$W(I,S)=\frac{[a-(1-S)Ir]^2}{2(b+\mathrm{Max}[1,S\gamma]c)}-(1-S)(1-I)\frac{a-(1-S)Ir}{b+\mathrm{Max}[1,S\gamma]c}r-MS\bar{K} \tag{7-8}$$

图 7-1 表示森林认证的非关税壁垒的经济影响。国内需求 P^D 和外国供应 P^S，价格 P 在纵轴上，数量 Q 在横轴上。在没有认证要求的自由贸易情况下，均衡为 E 点，均衡价格 P^E 通过均衡需求和供给实现市场出清。由于没有沉没成本，国外生产商的利润与区域 OEP^E 相对应，国内消费者剩余对应于区域 P^EaE。国际福利是国内福利和国外生产者利润的总和。

当实施森林认证标准时，需求曲线下移至 $P^{D'}$，需求量减少至较低的水平，导致出现新的均衡点 F，与 P^E 相比，较低的均衡价格为 P^F。国内消费者剩余对应面积 $P^F(a-r)F$，国外生产商的利润对应于 OFP^F 面积。就国内和国际福利而言，有森林认证标签的国内福利高于初始情况 E 下的国内福利，国际福利也是如此。

此时，供给曲线上移至 $P^{S'}$，供给量减少至较低的水平，导致新的均衡 H。供给转移使均衡价格上升到 P^H，贸易流减少到 Q^H，这将导致木材产品的国际贸易流量发生变化，并限制出口国的贸易增长。从而消费者剩余减少 $P^HaH<P^EaE$。对于消费者来说，森林认证的总体效果是模糊的，因为它取决于盈余和损害两者之间的大小关系。对外国制造商来说，净利润为 OHP^H，沉没成本没有通过价格转嫁给消费者。

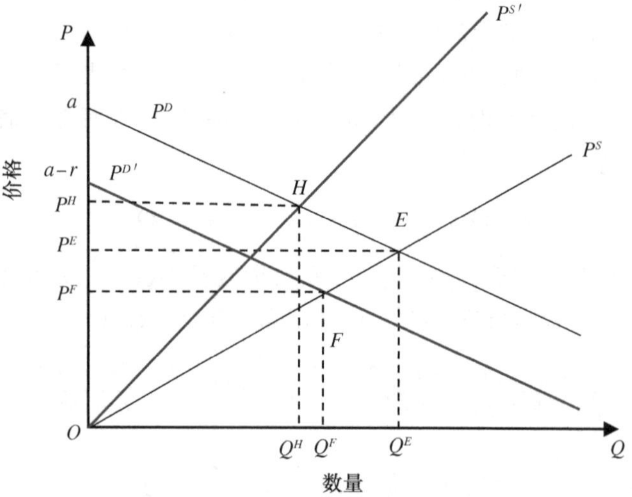

图 7-1　森林认证的非关税壁垒的经济影响

图 7-1 分析了森林认证对国内消费者和外国生产者的影响是不同的，以进一步分析森林认证的非关税壁垒对福利的影响(图 7-2)。图 7-2 的横坐标表示森林认证所带来的企业的单位损失 r，纵坐标表示国内市场和国际市场认证和未认证前后福利的变化，即认证后的福利减去认证前的福利。

由于森林认证标准将最大限度地提高国际市场监管机构的选择，而在我国市场中，当 $r_1<r<r_2$ 时，森林认证的标准为保护主义，即认证并没有带来福利的增加。不同国家 r_1、r_2 的值不同。此时，森林标准导致价格上涨的事实往往会影响市场对认证产品的选择。当 $r>r_2$ 时，虽然企业的损失更高，但消费者从认证中受益。这种状态会导致我国市场对认证的福利变化与国际市场相似。

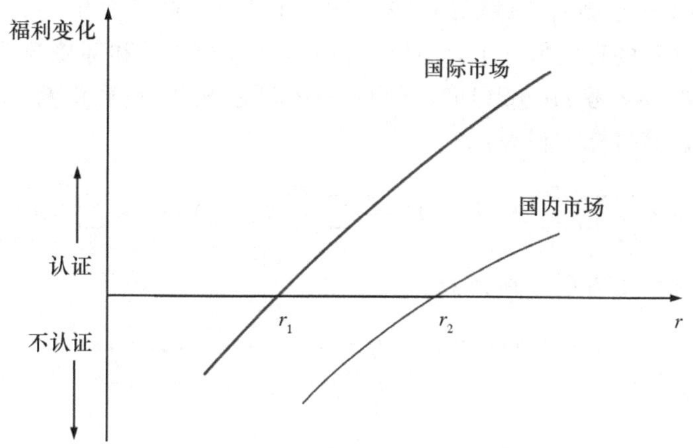

图 7-2 森林认证的壁垒效应对福利的影响

7.2 研究方法与模型构建

学术界对于贸易摩擦的分析方法主要分为定性分析和定量分析。由于缺乏贸易摩擦的相关数据,定量分析的主要方法集中于投入产出(IO)模型和可计算一般均衡模型(CGE)。近年来,CGE 模型成为评估贸易政策的有效方法,实现了从生产到分配过程的较为完整的分析。

本书基于森林认证的非关税壁垒,通过一般均衡模型模拟分析其对全球林产品生产、价格、贸易和福利方面的影响,为中国林业和世界林业的进一步发展建议提供实证基础。

由于森林认证通过价格溢价和市场准入来提供激励措施,以吸引更多的生产者参加认证计划。即使只有少数几个国家的生产者获得了认证,由于世界各国改善森林管理的压力越来越大,林业行业的其他国家也将继续实施更高水平的森林管理实践。此外,全球化扩大了森林认证市场驱动的适用范围,在全球流动市场上,更多的国家将认证纳入经济活动的范畴。因此,鉴于森林认证和林产品市场的全球化规模以及林业行业与其他行业之间的联系,本书通过可计算的一般均衡(computable general equilibrium,CGE)模型来完成。这种方法能够跟踪行业之间的相互作用,例如木材和非木材材料之间的需求替代以及区域之间的贸易转移等。用产出、价格、贸易和福利等指标的变化来衡量经济影响,以揭示在不同国家的森林认证对林业和相关行业的影响。同时,模拟预测的贸易转移和生产转移将为森林认证对全球林产品贸易模式的改变提供预期影响。

CGE模型植根于新古典微观经济学理论，并已成为政策分析的有力工具，尤其是在多行业联系的现实情况下，已被广泛应用于包括贸易和环境政策分析在内的经济研究。本节参考 Hertel(1997)的 GTAP 理论，模拟价格、供需、贸易和福利等方面的改变。其目标方程为：

$$W = \mathrm{Max}\Big[\sum_i \int_0^{D_i} P_i(D_i)\mathrm{d}D_i - \sum_j \int_0^{D_j} P_j(S_j)\mathrm{d}S_j - \sum_{ij} c_{ij}m_{ij}\Big] \qquad (7\text{-}9)$$

需求方程和供给方程分别为：

$$P_i = \alpha_i + \beta_i D_i, P_j = \gamma_j + \beta_j S_j \quad i = 1, 2, \cdots, n \qquad (7\text{-}10)$$

约束条件为：

$$\sum\nolimits_i m_{ij} < D_i, \sum\nolimits_j m_{ij} < S_j \qquad (7\text{-}11)$$

公式(7-11)中，W 为社会净收入；D_i 为 i 地区的商品需求量；S_j 为 j 地区的商品供给量；P_i、P_j 分别为 i、j 地区的商品价格；m_{ij} 为商品从 i 地区运输到 j 地区的数量；c_{ij} 为运输成本。

7.3 数据说明

1. 国家或地区类别划分

本书使用 GTAP 模型第 10 版（以下简称 GTAP-10）数据库，该数据库主要涵盖两个方面，即投入产出表以及全球参与的贸易相关数据。GTAP-10 包括了 141 个国家（地区）和 65 个产品部门 2004 年、2007 年、2011 年和 2014 年基准年份的数据。根据前文对林产品国际贸易现状的分析和区域经济一体化的现状，将国家（地区）做如下划分（表 7-1）。其中，为了更清晰地了解森林认证的非关税壁垒对中国的影响，从而提出针对性的建议，中国单列，把与中国林产品贸易往来密切的欧洲国家、北美洲国家和独联体国家归为一类，将大洋洲国家、东亚国家、东南亚和南亚国家、拉丁美洲国家、西亚国家和非洲国家各归为一类，其余均为其他国家（地区）。

表 7-1 GTAP-10 模拟中 141 个国家(地区)的类别划分

国家或地区分类	包含的国家(地区)
中国	中国内地、中国香港、中国台湾
大洋洲国家	澳大利亚、新西兰及其他大洋洲国家
东亚国家	日本、韩国、蒙古国、朝鲜
东南亚和南亚国家	孟加拉国、印度、尼泊尔、巴基斯坦、斯里兰卡、文莱、柬埔寨、印度尼西亚、老挝、马来西亚、菲律宾、新加坡、泰国、越南、缅甸
北美洲国家	美国、加拿大、墨西哥
拉丁美洲国家	阿根廷、玻利维亚、巴西、智利、哥伦比亚、厄瓜多尔、巴拉圭、秘鲁、乌拉圭、委内瑞拉、南美洲其他地区、哥斯达黎加、危地马拉、洪都拉斯、尼加拉瓜、巴拿马、萨尔瓦多、中美洲其他地区、多米尼加共和国、牙买加、波多黎各、特立尼达和多巴哥、加勒比
欧洲国家	欧盟 27 国(奥地利、比利时、塞浦路斯、捷克、丹麦、爱沙尼亚、芬兰、法国、德国、希腊、匈牙利、爱尔兰、意大利、拉脱维亚、立陶宛、卢森堡、马耳他、荷兰、波兰、葡萄牙、斯洛伐克、斯洛文尼亚、西班牙、瑞典、保加利亚、克罗地亚、罗马尼亚)、英国、瑞士、挪威
独联体国家	俄罗斯、白俄罗斯共和国、摩尔多瓦共和国、亚美尼亚共和国、阿塞拜疆共和国、塔吉克斯坦共和国、吉尔吉斯斯坦共和国、哈萨克斯坦共和国、乌兹别克斯坦共和国
西亚国家	亚美尼亚、阿塞拜疆、乔治亚州、巴林、伊朗伊斯兰共和国、以色列、约旦、科威特、阿曼、卡塔尔、沙特阿拉伯、土耳其、阿拉伯联合酋长国
非洲国家	非洲各国
其他国家	上述国家(地区)以外的国家(地区)

2. 部门类别划分

根据林产品国际贸易和森林认证产品的种类，GTAP-10 中的 65 个产品部门可划分为 8 组(表 7-2)。其中，原木、木制品和纸制品作为本节重点研究的产品部门，单独划分为一类。将与林产品联系较为紧密的农产品和畜牧产品归为一类；将重工业产品和轻工业产品分别归类；其余类别还包括矿产及能源产品、服务业及其他产业。

表 7-2 GTAP-10 模拟中 65 个部门的类别划分

部门类别	包含的产品
原木	原木
木制品	木制品
纸制品	纸制品
农产品和畜牧产品	水稻、小麦、谷物及其他相关产品、蔬菜、水果、坚果、油料作物、糖料作物、植物纤维、农作物及相关产品、牛羊马牲畜、渔业、牛马羊肉
重工业	机动车及零部件、交通运输设备及其他相关产品、电力、天然气制造及零售、水、建筑、石化及煤制品、化学产品、基础药品、橡胶塑料制品、矿产制品及其他相关产品、计算机、电子和光学、电子设备、机械设备及其他相关产品、制造业及其他产品、黑色(铁类)金属、有色金属及其相关产品、金属制品
轻工业	加工大米、糖、食物制品及其他相关产品、饮料及烟草制品、动物制品及其他相关产品、奶、肉类制品及其他相关产品、动植物油脂、乳制品及丝制品、纺织品、服装、皮革制品
矿产及能源	煤、石油、天然气、矿产及相关产品
服务业及其他产业	贸易、住宿、食物和服务、交通及其他相关服务、海运、空运、仓储和支持活动、通信、金融及其他相关服务、保险、房地产活动、商务服务及其他相关服务、娱乐及相关服务、政府/法院/医疗/教育、人类健康和社会服务、民居

3.情景设定

根据前文章的研究方法,测算出了部分主要国家的森林认证贸易壁垒效应和出口竞争效应(详见附录 E)。为了模拟计算森林认证的非关税贸易壁垒对全球林产品的影响,本节结合 GTAP 模型的国家(地区)分类,进一步计算了一些地区的林产品贸易壁垒效应值,如表 7-3 所示。

森林认证对中国的贸易壁垒效应为－0.19%,即中国的森林认证数量上升1%,出口将减少 0.19%,说明森林认证的标准阻碍了中国林产品的自由贸易。具体来看,森林认证对原木的森林认证贸易壁垒效应为 0.27%,即中国原木产品的森林认证数量上升 1%,中国原木出口将增加 0.27%。纸和纸浆产品的森林认证贸易壁垒效应为－0.27%,即中国纸和纸浆产品森林认证数量上升 1%,中国纸和纸浆出口将减少 0.27%。家具产品的贸易壁垒效应为－0.04%,即家具产品的森林认证数量上升 1%,家具产品出口将减少 0.04%。由此可见,森林认证对中国的贸易壁垒效应较明显,尤其是纸和纸浆产品。

从其他国家(地区)总产品的贸易壁垒效应看,森林认证对东亚国家和拉丁美洲国家的影响较小。森林认证对大洋洲国家、东南亚和南亚国家以及北美洲国家的所有林产品并未产生贸易壁垒效应，即森林认证的标准并未对这些国家的林产品贸易产生阻碍。而对独联体国家的贸易壁垒效应比较明显，贸易壁垒效应为－0.23%，即森林认证的标准阻碍了独联体国家的自由贸易。

从三种林产品来看，西亚国家的原木产品的森林认证贸易壁垒效应较为明显，为－0.45%，独联体国家的家具产品的森林认证贸易壁垒效应为－0.26%，欧洲国家纸和纸浆产品以及家具产品的森林认证贸易壁垒效应分别为－0.13%和－0.17%。在北美洲国家，森林认证的标准促进了三种林产品的自由贸易。

表 7-3　林产品贸易壁垒效应　　%

国家或地区	总产品	原木	纸和纸浆	家具
中国	－0.19	0.27	－0.27	－0.04
大洋洲国家	0.27	0.11	0.28	0.31
东亚国家	0.02	－0.01	0.10	－0.07
东南亚和南亚国家	0.10	0.18	0.40	0.34
北美洲国家	0.42	1.10	0.75	0.52
拉丁美洲国家	－0.01	0.67	0.36	0.27
欧洲国家	－0.09	0.45	－0.13	－0.17
独联体国家	－0.23	0.37	0.71	－0.26
西亚国家	0.50	－0.45	0.47	0.31
非洲国家	0.19	0.44	0.34	0.14
其他国家	0.25	0.06	0.24	0.31

7.4　结果分析

7.4.1　价格

森林认证的非关税贸易壁垒效应将导致国家(地区)林产品价格的变化，如图7-3所示。在森林认证的非关税贸易壁垒的影响下，世界各国的林产品价格基本呈现上升趋势，变化最大的是原木的价格，其次是纸和纸浆产品的价格，木制品价格变化最小。从国家来看，北美洲国家的原木价格上升最高，为0.82%，其他国家的原木价格有不同程度的增加，中国的原木价格增加0.33%。北美洲国家的纸和纸浆产品价格上升幅度最大，为 0.42%，其次是中国，价格上升幅度为 0.20%。北美洲国家的木制品价格上升最多，为 0.31%，其次是中国和拉丁美洲国家，价格增长为 0.20%。独联体国家、欧洲国家和非洲国家木制品价格下降分别为 0.13%、0.10%和 0.05%。

森林认证的非关税贸易壁垒对不同国家(地区)的影响程度与该国家(地区)森林认证的数量以及林产品贸易差额有关，即森林认证数量越多的国家(地区)受森林认证的贸易壁垒的影响越大，且林产品贸易差额越大的国家(地区)受森林认证的贸易壁垒的影响越大。

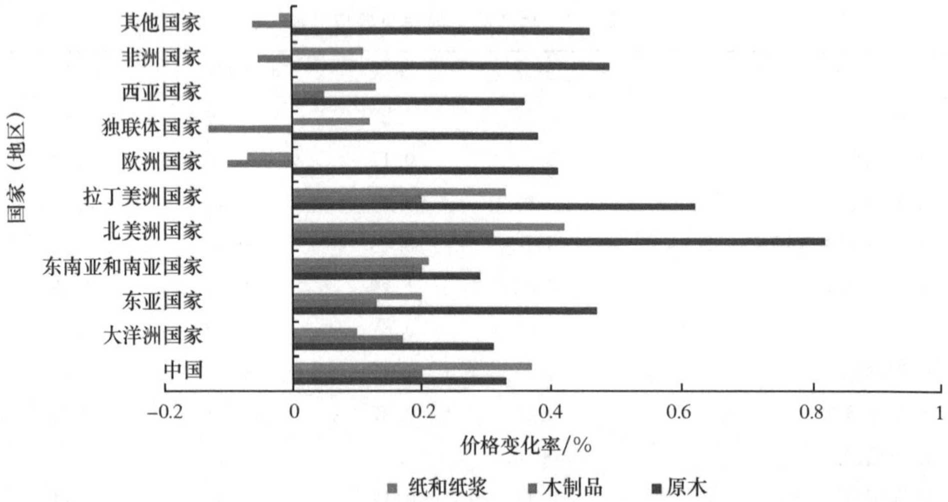

图 7-3 国家(地区)林产品价格变化率(彩图二维码见 7-1)

二维码 7-1 国家(地区)林产品价格变化率的彩图

7.4.2 生产

森林认证的非关税壁垒效应对国家(地区)林产品的产出产生了较大的影响(图 7-4)。中国的原木、木制品、纸和纸浆产品的产出都将减少，分别为 0.21%、0.11% 和 0.28%。东亚国家的三种林产品的产出也将分别减少 0.31%、0.18%

和 0.10%。欧洲国家的三种林产品的产出分别减少 0.13%、0.16%和 0.18%，而北美洲国家的三种林产品的产出将分别增加 0.20%、0.07%和 0.22%。东南亚和南亚国家的木制品、纸和纸浆产品的产出将分别增加 0.28%和 0.14%，拉丁美洲国家的原木和木制品的产出将分别增加 0.05%和 0.09%，非洲国家的三种林产品的产出将小幅增加，分别为 0.02%、0.08%和 0.04%。而独联体国家的原木和木制品的产出将分别增加 0.04%和 0.45%，纸和纸浆产品的产出将增加 0.59%，西亚国家的原木产出将减少 0.10%，而木制品、纸和纸浆产品的产出将分别增加 0.10% 和 0.23%。

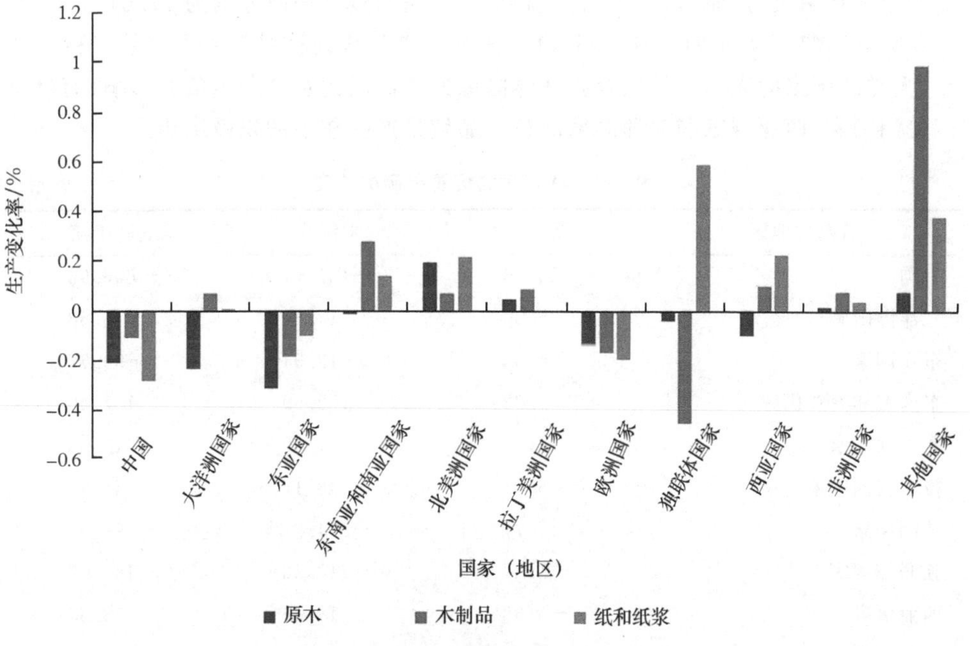

图 7-4 林产品的产出变动(彩图见二维码 7-2)

二维码 7-2 林产品的产出变动的彩图

7.4.3 贸易

1.贸易平衡变动

表 7-4 为全球各地区三种林产品的贸易平衡的变化,森林认证的非关税壁垒对原木产品的贸易平衡的改变最小,而对纸和纸浆产品的影响最大。中国的三种林产品的贸易平衡均为负,分别为 -23.16×10^6 美元、-131.71×10^6 美元和 -606.92×10^6 美元。欧洲国家的木制品和纸制品的贸易平衡都将呈现负向增长趋势,分别为 -274.37×10^6 美元和 -791.98×10^6 美元。森林认证将促进北美洲国家的自由贸易,原木、木制品、纸和纸浆产品的贸易平衡分别为 77.01×10^6 美元、251.52×10^6 美元和 $1\,015.06\times10^6$ 美元。森林认证将对东亚国家的三种林产品、大洋洲国家的原木产品以及独联体国家的木制品的贸易产生负面影响,而对拉丁美洲国家、西亚国家和非洲国家的林产品贸易产生较小的积极影响。

表 7-4 林产品的贸易平衡的改变 $\times10^6$ 美元

国家或地区	原木	木制品	纸和纸浆
中国	−23.16	−131.71	−606.92
大洋洲国家	−25.06	14.44	6.58
东亚国家	−4.3	−13.34	−90.72
东南亚和南亚国家	−39.22	162.69	137.49
北美洲国家	77.01	251.52	1015.06
拉丁美洲国家	6.61	43.17	45.37
欧洲国家	4.77	−274.37	−791.98
独联体国家	−1.37	−117.33	143.09
西亚国家	−5.58	18.36	78.55
非洲国家	5.75	21.9	24.88
其他国家	−1.63	11.38	8.26

2.进出口量变动

图 7-5 列出了森林认证的贸易壁垒效应对各个国家(地区)林产品进出口量变动情况。从进口量变化来看,各国基本呈现增加三种林产品进口的趋势。其中,原木的进口量变化最大,纸和纸浆产品的进口量变化位列其次,木制品的进口量变化最小。从出口量变化来看,一些国家将减少三种林产品的出口。具体来说,中国将增加原木、木制品、纸和纸浆产品的进口,增加量分别为 0.63%、0.60%和 0.94%,

而减少对三种林产品的出口，出口量减少分别为0.14%、0.51%和1.93%。可见，森林认证的贸易壁垒效应将对中国的林产品贸易产生较大的负向影响。

森林认证的贸易壁垒效应将对北美洲国家的贸易产生正向影响，原木、木制品、纸和纸浆产品的进口增加量分别为1.80%、0.99%和1.20%，同时大幅度增加三种产品的出口量，出口增加变化率分别为2.21%、2.09%和2.63%。森林认证的贸易壁垒效应将对欧洲国家产生较大的负向影响，其原木进口量增加0.80%，木制品、纸和纸浆产品进口量将分别减少0.29%和0.20%，而欧洲国家的原木出口量增加0.56%，木制品、纸和纸浆产品出口量将分别减少0.75%和0.69%。森林认证的贸易壁垒效应还将对东亚国家和独联体国家产生负向影响。东亚国家的三种林产品的出口量将分别减少1.07%、0.61%和0.40%，而独联体国家的木制品出口量将减少1.58%。

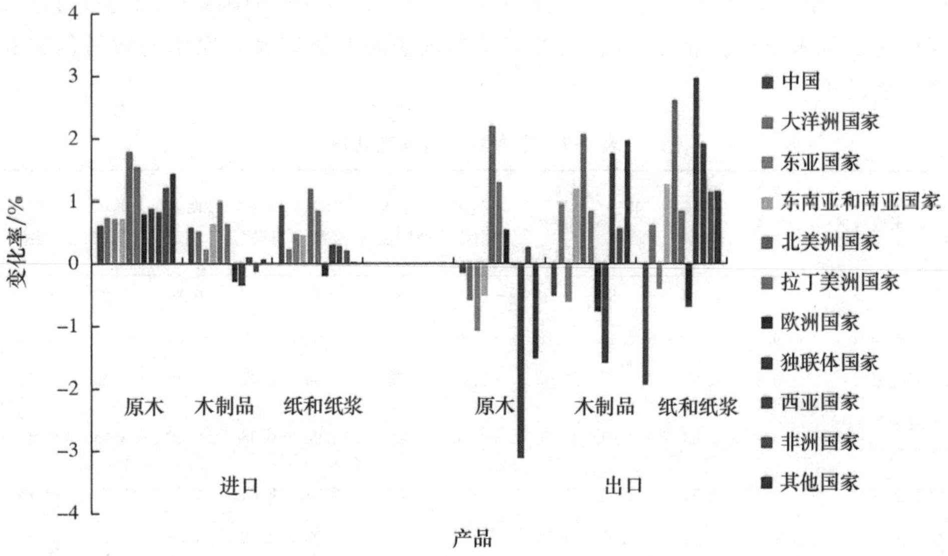

图 7-5 林产品进出口量变动(彩图见二维码7-3)

二维码 7-3 林产品进出口量变动的彩图

3. 双边贸易格局变动

为了进一步分析森林认证的非关税壁垒效应对不同林产品国际贸易的影响，分别列出了原木(表 7-5)、木制品(表 7-6)、纸和纸浆产品(表 7-7)的双边贸易格局的变化。

从原木双边贸易变化格局来看，中国将增加对大洋洲国家(0.18%)、东南亚和南亚国家(0.83%)、拉丁美洲国家(0.11%)、独联体国家(0.45%)、西亚国家(0.37%)和非洲国家(0.37%)的原木出口，而减少对东亚国家(−0.83%)、北美洲国家(−0.30%)和欧洲国家(−0.11%)的出口。大洋洲国家、东亚国家、东南亚和南亚国家、西亚国家将减少对其他国家的原木出口，而北美洲国家将增加对其他国家的原木出口。大洋洲国家(−0.57%)、东亚国家(−0.89%)、东南亚和南亚国家(−0.80%)、西亚国家(−3.12%)将减少对中国的原木出口，而北美洲国家(2.45%)、拉丁美洲国家(1.04%)、欧洲国家(0.62%)和非洲国家(0.20%)将增加对中国的原木出口。北美洲国家、拉丁美洲国家和非洲国家是原木的贸易创造和贸易转移国。

表 7-5　原木双边贸易变化率　%

国家或地区	中国	大洋洲国家	东亚国家	东南亚和南亚国家	北美洲国家	拉丁美洲国家	欧洲国家	独联体国家	西亚国家	非洲国家	其他国家
中国	—	0.18	−0.86	0.83	−0.30	0.11	−0.11	0.45	0.37	0.37	0.34
大洋洲国家	−0.57	—	−1.41	0.25	−0.86	−0.46	−0.65	−0.09	−0.21	−0.21	−0.19
东亚国家	−0.89	−0.67	—	−0.06	−1.15	−0.78	−0.96	−0.41	−0.49	−0.49	−0.50
东南亚和南亚国家	−0.80	−0.63	−1.64	—	−1.10	−0.70	−0.92	−0.38	−0.45	−0.46	−0.48
北美洲国家	2.45	2.61	1.61	3.27	—	2.54	2.32	2.84	2.79	2.79	2.76
拉丁美洲国家	1.04	1.20	0.20	1.86	0.74	—	0.92	1.46	1.39	1.38	1.36
欧洲国家	0.62	0.82	−0.2	1.45	0.35	0.74	—	1.08	0.99	0.98	0.96
独联体国家	0.04	0.22	−0.8	0.87	−0.25	0.14	−0.08	—	0.39	0.39	0.37
西亚国家	−3.12	−2.95	−3.96	−2.30	−3.42	−3.02	−3.24	−2.70	—	−2.78	−2.79
非洲国家	0.20	0.37	−0.64	1.02	−0.10	0.30	0.08	0.62	0.55	—	0.53
其他国家	−1.22	−1.02	−2.04	−0.38	−1.49	−1.1	−1.36	−0.77	−0.88	−0.85	—

注：表格中列项为出口国，行项为进口国。

从木制品的双边贸易变化格局来看，中国将减少对大洋洲国家(−0.75%)、东亚国家(−1.06%)、东南亚和南亚国家(−0.74%)、北美洲国家(−0.96%)、拉丁美洲国家(−0.65)和西亚国家(−0.28%)的木制品出口，而增加对欧洲国家(0.36%)、独联体国家(0.57%)和非洲国家(0.25%)的木制品出口。从其他国家来看，东亚国家、欧洲国家和独联体国家将减少对其他国家的木制品出口。而大洋洲国家、东南亚和南亚国家、北美洲国家、拉丁美洲国家和西亚国家将增加对其他国家的木制品出口。东亚国家(−1.03%)、欧洲国家(−1.96%)、独联体国家(−2.52%)和非洲国家(−0.25%)将减少对中国的木制品出口，而大洋洲国家(0.85%)、东南亚和南亚国家(0.96%)、北美洲国家(1.88%)、拉丁美洲国家(0.49%)和西亚国家(0.83%)将增加对中国的木制品出口。大洋洲国家、东南亚和南亚国家、北美洲国家、拉丁美洲国家和西亚国家是木制品产品的贸易创造和贸易转移国。

表 7-6 木制品的双边贸易变化率 %

国家或地区	中国	大洋洲国家	东亚国家	东南亚和南亚国家	北美洲国家	拉丁美洲国家	欧洲国家	独联体国家	西亚国家	非洲国家	其他国家
中国		−0.75	−1.06	−0.74	−0.96	−0.65	0.36	0.57	−0.28	0.25	0.63
大洋洲国家	0.85	—	0.81	1.15	0.92	1.23	2.25	2.46	1.61	2.13	2.51
东亚国家	−1.03	−0.75	—	−0.75	−0.97	−0.65	0.37	0.56	−0.28	0.25	0.64
东南亚和南亚国家	0.96	1.23	0.92	—	1.02	1.33	2.34	2.55	1.7	2.23	2.61
北美洲国家	1.88	2.16	1.84	2.17	—	2.25	3.27	3.47	2.63	3.15	3.53
拉丁美洲国家	0.49	0.76	0.45	0.77	0.54	—	1.87	2.08	1.23	1.76	2.13
欧洲国家	−1.96	−1.68	−2	−1.67	−1.9	−1.58	—	−0.36	−1.21	−0.69	−0.31
独联体国家	−2.52	−2.25	−2.56	−2.24	−2.47	−2.15	−1.14	—	−1.78	−1.25	−0.88
西亚国家	0.83	1.11	0.79	1.12	0.89	1.2	2.21	2.42	—	2.10	2.48
非洲国家	−0.25	0.03	−0.29	0.04	−0.19	0.12	1.14	1.34	0.50	—	1.40
其他国家	−1.04	−0.76	−1.08	−0.75	−0.98	−0.67	0.35	0.55	−0.29	0.23	—

注：表格中列项为出口国，行项为进口国。

从纸和纸浆产品的双边贸易变化格局来看，中国减少了对所有国家的纸和纸浆产品的出口，其中对北美洲国家(−2.54%)、拉丁美洲国家(−2.40%)、东南亚和南亚国家(−2.12%)减少最多。从其他国家来看，东南亚和南亚国家、欧洲国家将减少对其他国家的纸和纸浆产品出口。而北美洲国家、独联体国家和西亚国家将增加对其他国家的纸和纸浆产品出口。东南亚和南亚国家(−0.79%)、欧洲国家(−1.99%)将减少对中国的纸和纸浆产品出口,而北美洲国家(2.33%)、独联体国家(2.19%)、西亚国家(1.08%)等将增加对中国的纸和纸浆产品出口。由此可见,北美洲国家、独联体国家和西亚国家是纸和纸浆产品的贸易创造和贸易转移国。

表 7-7　纸和纸浆产品的双边贸易变化率　　%

国家或地区	中国	大洋洲国家	东亚国家	东南亚和南亚国家	北美洲国家	拉丁美洲国家	欧洲国家	独联体国家	西亚国家	非洲国家	其他国家
中国	—	−1.60	−1.99	−2.12	−2.54	−2.40	−1.02	−1.66	−1.82	−1.66	−0.99
大洋洲国家	0.05	—	0.64	0.51	0.09	0.23	1.61	0.97	0.81	0.97	1.64
东亚国家	−0.79	0.19	—	−0.33	−0.75	−0.61	0.77	0.12	−0.03	0.13	0.80
东南亚和南亚国家	0.74	1.72	1.33	—	0.78	0.92	2.30	1.65	1.50	1.66	2.33
北美洲国家	2.33	3.31	2.92	2.79	—	2.51	3.89	3.25	3.09	3.25	3.92
拉丁美洲国家	0.46	1.43	1.04	0.91	0.49	—	2.01	1.37	1.21	1.38	2.04
欧洲国家	−1.99	−1.01	−1.4	−1.53	−1.95	−1.81	—	−1.07	−1.23	−1.07	−0.4
独联体国家	2.19	3.17	2.78	2.64	2.23	2.37	3.74	—	2.94	3.11	3.78
西亚国家	1.08	2.05	1.66	1.52	1.11	1.25	2.63	1.98	—	1.99	2.66
非洲国家	0.35	1.32	0.93	0.80	0.38	0.53	1.90	1.26	1.10	—	1.93
其他国家	−1.37	−0.4	−0.79	−0.92	−1.34	−1.19	0.18	−0.46	−0.62	−0.45	—

7.4.4　福利

森林认证的社会福利效应变化需要将森林认证的环境效益考虑在内(图 7-6)。林产品贸易经常被认为是零和博弈(程滢,2013),但在考虑森林认证的环境效应后,林产品贸易将呈现正和博弈。其中,北美洲国家的福利增加最多,为 607.87×10^6 美元,其次为东南亚和南亚国家,福利增加 137.29×10^6 美元,中国的福利将增加 72.10×10^6 美元,而欧洲国家的福利减少 422.54×10^6 美元。

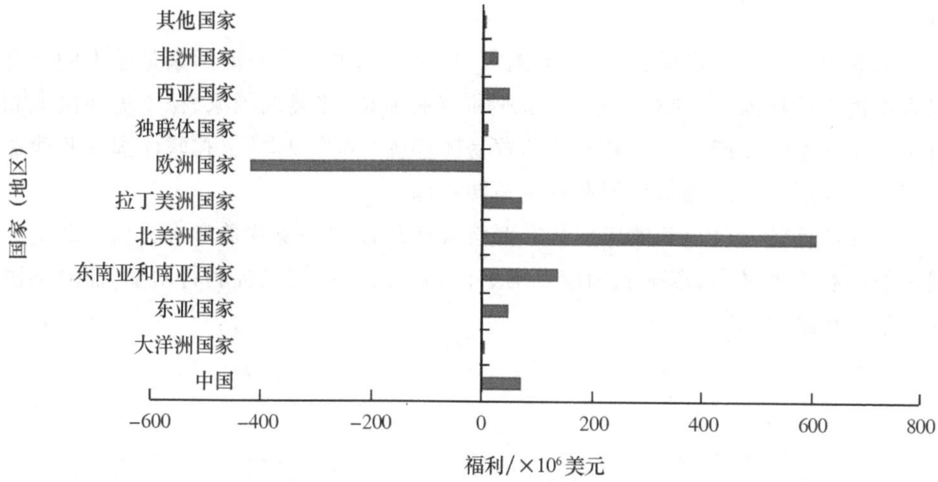

图 7-6 福利变化

森林认证对我国的贸易壁垒效应较明显，即森林认证的标准阻碍了我国林产品的自由贸易，尤其是纸和纸浆产品。森林认证的标准还阻碍了独联体国家林产品的自由贸易。森林认证的非关税壁垒还体现在西亚国家的原木、欧洲国家的纸和纸浆产品以及家具产品的贸易过程。森林认证的标准在很大程度上促进了北美洲三种林产品的自由贸易，对大洋洲国家、东南亚和南亚国家的自由贸易具有一定的促进作用。森林认证对东亚国家和拉丁美洲国家贸易的影响较小。

森林认证贸易壁垒效应将导致世界各国的林产品价格基本呈现上升趋势，变化最大的是原木的价格，其次是纸和纸浆产品的价格，木制品的价格变化最小。森林认证的非关税壁垒对不同林产品的影响与贸易差额有关，即进出口贸易差额越大的林产品所受的影响越大。北美洲国家的三种林产品价格上升最高，而独联体国家、欧洲国家和非洲国家木制品价格将下降。中国、东亚国家和欧洲国家的原木、木制品、纸和纸浆产品的产出都将减少，而北美洲国家的三种林产品的产出都将增加。

森林认证的非关税壁垒对原木的贸易影响最小，其次是木制品，对纸和纸浆产品的影响最大。森林认证的贸易壁垒效应将对中国的林产品贸易产生较大的负向影响，增加进口，而减少出口。具体来看，它对纸和纸浆产品的负向影响最大，其次是木制品，对原木的影响最小。森林认证的贸易壁垒效应将对北美洲国家的贸易产生正向影响，增加进口，同时增加出口，且出口变化率大于进口变化率。而森林认证的贸易壁垒效应将对东亚国家、欧洲国家和独联体国家的贸易产生较大的负面影响。

从双边贸易变化格局看，北美洲国家、拉丁美洲国家和非洲国家是原木的贸易创造和贸易转移国，大洋洲国家、东南亚和南亚国家、北美洲国家、拉丁美洲国家和西亚国家是木制品产品的贸易创造和贸易转移国，北美洲国家、独联体国家和西亚国家是纸和纸浆产品的贸易创造和贸易转移国。

森林认证的社会福利效应变化需要将森林认证的环境效益考虑在内。北美洲国家的福利增加最多，东南亚和南亚国家位列其次。中国的福利将增加，而欧洲国家的福利将减少。

研究结论、对策建议及展望 8

8.1 研究结论

针对本书提出的科学问题，本书开展了翔实的理论分析，并通过三个方面的实证检验进行验证。通过理论分析，回答森林认证对贸易的影响机制这一科学问题；通过社会网络分析，回答本书提出的第二个科学问题，即森林认证与林产品国际贸易的关系问题；进一步通过扩展的引力模型，回答本书提出的第三个科学问题，即森林认证对林产品国际贸易的影响程度；在"森林认证是非关税壁垒"结论的基础上，进一步分析森林认证的贸易壁垒所带来的影响，回答本书提出的第四个科学问题，即森林认证对全球林产品的预期影响。据此，本书得出以下三个研究结论。

第一，森林认证导致林产品贸易网络缩小，森林认证不利于贸易网络便利化。但是森林认证贸易网络会随着时间变化而不断扩大。三种林产品的贸易网络的紧密度大小依次为纸和纸浆产品、木制品、家具产品。森林认证导致国家的贸易网络缩小，对中国的影响较小，而对其他国家的影响较大。各国的纸和纸浆产品的贸易网络受森林认证的影响较小，各国木制品和家具产品的贸易网络受森林认证的影响较大。结合森林认证的发展趋势，森林认证对贸易网络的影响目前大致可总结为三个阶段：第一阶段为贸易麻痹阶段；第二阶段为贸易刺激阶段；第三阶段为贸易减弱阶段。森林认证对木制品和家具产品贸易的影响趋势基本一致。森林认证贸易网络社团数量整体呈现下降的趋势，即贸易格局由多个分散的小团体向聚集的小团体演化，在一定程度上反映了林产品全球贸易一体化的进程。尽管很多国家参与了三种林产品国际贸易，但绝大多数市场集中在少数几个国家。通过网络演化规律，发现现有的三种林产品森林认证的网络具有"无标度"与"小世界"的网络特征。预测 2025 年三种林产品的森林认证网络度值均比之前的年度有所提高，表明网络将向着密度更高、贸易往来更加紧密的方向发展。

第二，扩展的泊松拟最大似然估计很好地处理了林产品国际贸易引力模型的异方差和零贸易值问题。森林认证对林产品国际贸易具有显著的出口竞争效应；森林认证产生了贸易壁垒效应，是非关税贸易壁垒，阻碍了林产品贸易自由；森林认证还具有一定的通用语言效应。森林认证对林产品国际贸易的影响呈现不对称效应，具体来说，发展中国家森林认证的出口竞争效应大于发达国家。在和发达国家发生贸易的过程中，森林认证产生了贸易壁垒效应，且对发展中国家森林认证的贸易壁垒效应更明显。森林认证的通用语言效应在发达国家与发展中国家贸易过程中更明显。木制品的森林认证出口竞争效应大于家具的森林认证出口竞争效应，森林认证对家具以及纸和纸浆产品产生了一定的贸易壁垒效应。森林认证在家具产品贸易过程中具有通用语言效应，而在木制品、纸和纸浆产品贸易过程中通用语言效应不明显。

第三，受森林认证贸易壁垒效应的影响，世界林产品价格将呈现上升趋势，变化最大的是原木，其次是纸和纸浆产品。中国林产品的产出和贸易将减少，而北美洲国家的三种林产品的产出和贸易将增加。北美洲国家将成为最大的贸易创造和贸易转移受益国。北美洲国家的福利增加最多，其次为东南亚和南亚国家。中国的福利将增加，而欧洲国家的福利将减少。

通过理论分析，本书为森林认证对林产品国际贸易的影响研究提供了一个规范的理论框架。首先，竞争优势理论解释了森林认证的绿色质量水平增强生产者的优势的原因，认证标签的信息传递刺激了消费者的需求。其次，企业异质性理论解释了技术创新和企业形象在认证企业和非认证企业之间产生战略差异，从而潜在地增加了认证企业的市场份额的原因。最后，政府通过政府采购、补贴和降低税率等政策来干预市场，贸易壁垒理论解释了当价格溢价普遍削弱生产者的出口竞争优势时，一些生产者仍然接受并采用高成本的森林认证的原因。

本书从新制度经济学的视角出发，将森林认证视为国际标准，从全球的角度得出了森林认证是非关税壁垒以及森林认证贸易效应不对称的重要结论。本书将森林认证体系的运行机理纳入国家对外贸易活动及政策研究的框架，从而为森林认证对林产品国际贸易效应的研究带来了更大的宽度和广度，为森林认证体系的进一步发展提供了理论基础。从新的研究视角为森林认证对国际贸易的影响提供了新的解释和实证证据，从而为制定公平的森林认证国际标准提供了科学基础，并丰富了国际标准效果评价的研究。

8.2 对策建议

根据本书的分析,森林认证对国际贸易的影响正处于第二阶段,即森林认证作为贸易保护主义,影响国际市场福利。因此,预计未来一段时间,全球森林认证将向着影响自由贸易进程的方向发展。森林认证所要求的森林管理是一个长期的过程,良好的实践结果往往要通过几十年才能显现。鉴于本书的研究,针对森林认证体系和我国森林认证发展存在的问题,提出以下几点针对性的建议,以实现全球森林可持续经营以及我国的碳达峰和碳中和的目标。

8.2.1 对森林认证体系发展的建议

森林认证对使用非法木材、滥伐森林或森林退化以及对当地居民不利的非正规的生产行为形成了市场或贸易壁垒,在一定程度上优化了林产品国际贸易的环境。由于以下两方面的问题,森林认证或将成为不合理壁垒。第一,标准的设立问题,现阶段没有考虑到发展中国家和小林所有者的竞争力和市场准入现状。第二,发达国家将其作为政治武器,通过人为设置与森林认证有关的要求,成为非关税壁垒。围绕本书研究提出的森林认证的出口竞争效应、贸易壁垒效应和通用语言效应以及贸易效应不对称现象从以下几个方面对森林认证体系发展提出建议。

1.政府推动森林认证发展

本书研究得出了森林认证是非关税壁垒的重要结论,因此,全球森林认证的发展目前处于第二阶段,即森林认证的贸易保护影响林产品的贸易进程。从森林认证体系发展的角度出发,仍需要政府推动,才能有效降低森林认证的非关税贸易壁垒效应。我国森林认证发展阶段仍处于政府推动阶段(崔宁,2017),因此,在我国森林认证发展的初期阶段,要体现政府推进和监管的重要性和必要性,要科学地把握和推进森林认证的"自愿性"与"强制性"协调作用的原则。同时,森林认证作为软性的监管手段还不够严格,需要国家林业执法部门和政府管理部门的协同,以实现企业社会责任和强有力的政府监管的互补。通过自愿性的标准规范的行业竞争秩序,提升规模经济效应,以促进林业产业的发展和林产品核心竞争力的提升(唐帅,2015)。森林认证引入国有林场的森林经营管理不仅可以提高我国的森林认证面积,提高森林资源质量(李秋娟等,2017),还有利于优化国有林场管理体系。森林认证标准对于经营单位管理方面的要求可以替代部分行政审批,从而优化部分政府职能。

政府可通过一系列的政策以完善企业的进入机制和自由的退出机制，并通过价格溢价来激励市场主体，从而鼓励社会企业或组织参与森林认证。在许多行业中，标准的关键驱动主体是全球价值链中的领先企业。在森林认证发展初期，政府应制定并实施优惠政策以协助林业龙头企业的国际化发展，如森林认证产品优惠政策及产品税收优惠政策等。

基于我国林业产业的发展现状，政府需要考虑森林认证在林业产业发展中的作用，从而完善我国林业体制。政府要进一步促进集体林改政策，让林农成为林业市场的主体，以释放森林认证的活力。目前，我国森林认证产品主要集中于纸和纸浆产品，政府要通过优惠政策不断扩大森林认证的产品。从发达国家森林认证的已有经验来看，森林认证已经融入生活的很多行业，如服装、食品、办公用品和家居等生活必需品都进行了森林认证。

政府推动森林认证的另一个有力方式是制定和完善政府采购政策。目前，美国、加拿大和英国等欧美国家已建立了完善的森林认证政府采购政策，提高了木材采购的准入门槛，例如美国的《环境友好型产品采购指南》、加拿大的《绿色政府指南》。森林认证的政府采购政策已经成为发达国家的普遍政策，这是新的发展趋势。

标准总体上滞后于经济、社会和科技的发展，标准的供给还难以完全满足社会对标准的需求(刘三江和刘辉，2015)。我国森林认证面积和数量虽然有所增加，但体量仍然非常少，在全国范围内实施森林认证政府采购政策的时机尚未成熟，因此有必要实施森林认证政府采购试点产品。因产品和产业领域不同，森林认证在不同产业中的发展程度不同，可以分别采取对应的政策，以提高特定产品森林认证的正向效应以及国际贸易的促进效应。我国纸和纸浆产品的森林认证市场发展相比其他林产品更成熟，可考虑以纸和纸浆产品为突破口，探索和实施我国森林认证纸和纸浆产品的政府采购政策，以作为其他森林认证产品改革的排头兵，进而提出完善的林产品政府采购政策(曹熔琨，2016)。另外，在我国现行的环保产品或绿色认定产品的政府采购政策中，加入森林认证产品的采购需求或许是一种更直接和更适合我国绿色采购标准的做法。

2. 发挥森林认证的市场机制

从全球分工及森林认证福利最大化的角度分析，森林认证将向着影响自由贸易的进程发展。因此，从国家层面来看，其仍要发挥森林认证的市场机制作用。在全球森林认证发展过程中，我国政府需要培育国内认证产品市场，以增加森林认证发展的动力。通过逐渐改变消费者传统环境产品的消费模式，即消费者为林产品的绿色质量或者可持续发展支付使用费用，从而将森林认证更大范围地纳入市场经济活动，发挥消费者参与森林可持续发展的作用。

本书研究证实森林认证具有通用语言效应，森林认证标识所代表的产品绿色质量水平和森林管理的信息是市场上低成本的信号传送方式，更是国际林产品贸易市场的通用语言。因此，首先，培育国内的认证环境，宣传力度的欠缺将直接导致森林认证产品市场需求的不足，对森林认证的发展产生了较大的影响；其次，为了最大限度地在国际市场上发挥森林认证的通用语言效应，缩小不同经济体民众对于森林认证的认知差距，也有助于发展中国家主动融入全球森林治理进程。因此，我国可加强森林认证体系的宣传，形成国内外结合的宣传机制。此外，建立健全审核员资格考试和登记制度，培养具有资质的第三方审核机构和审核员，对森林认证在国内的有序开展以及森林经营单位和林业企业认证过程中不符合的项目的整改具有重要作用，也为森林认证体系持续稳定的发展奠定重要的人员基础。

3. 推行森林认证国家标准与国际标准互认

由于一些发展中国家林业标准与FSC体系和PEFC体系存在一定的差距，对于发展中国家来说，认证的改进成本较高，从而在林产品国际贸易市场产生了贸易壁垒。因此，推行发展中国家森林认证国家标准与国际标准互认是降低发展中国家森林认证的非关税壁垒的一种有效途径。PEFC体系有很好的与各国森林认证体系的互认机制。本国的国家森林认证体系符合本国的林情与国家林业政策要求，通过与国际森林认证标准的互认，既确保了森林认证目标的实现，又降低了由发展中国家林业发展水平低而导致的国际森林认证标准成本过高的问题，从而减少发展中国家的贸易壁垒。

国际两大森林认证体系的侧重存在差异，各国开始实施双重认证。双重认证在国际上占有的比例也在不断上升。与2018年同期相比，2019年双重认证的面积从8 600万公顷增加到9 300万公顷，增长了8%，相当于认证总面积的18%，俄罗斯和瑞典是双重认证面积增长最快的国家。因此，我国仍需要建立两大森林认证体系双重认证的机制，从而减少认证单位的成本，同时确保企业具有国际竞争力。

8.2.2 对我国林业行业发展的建议

基于新形势下我国提出的“双循环”发展、国家“十四五”规划指导以及我国的碳达峰和碳中和目标，结合本书具体的研究结论，进一步提出我国林业行业发展的几点建议。

1. 推动林业产业结构调整和科技创新

森林认证具有显著的出口竞争效应，因此，从我国林业行业发展的角度考虑，要推动林业产业结构调整和科技创新。从产业结构角度来看，我国林业体量小，利润来源仍然是劳动力比较优势的产品，高附加值的产业少，从而导致产业结构不合理，产业链脆弱。我国是世界上主要的木制品生产和贸易大国，但我国的木制品产业面临着对外依赖性较高、劳动力密集、生产效率较低等问题。我国林业产业结构应由“一产、二产、三产”模式逐步波动式的向“一产、三产、二产”模式转变（吕洁华等，2019），继续提高第三产业的比重。因此，要进一步推动我国林业产业结构调整，形成一产的集约化、二产的高技术化、三产的智能化新局势。具体来说，在一定土地资源上规模化地集约投入资金、技术及人力，从而降低成本，提升效率，形成林地的集约化生产；通过园区化建设加大林产品生产经营的科技投入，培育具有国际影响力的林产品国际品牌，提高林产品的附加价值；搭建数字化经济、物联网架构平台，促进林产品国内外商贸智能化。

2. 加强林业海外投资

森林认证在一定程度上限制了我国林产品贸易，通过加强林业的海外投资，可转移森林认证的贸易壁垒效应。我国的林业企业选择林业资源丰富的国家进行海外投资，可节约成本。我国林业企业海外投资目前仍处于小规模、以加工企业为主的阶段，缺乏保障机制，因此我国林业企业海外投资项目缺乏竞争力（管志杰和公培臣，2015）。在可持续发展的前提下，林业企业在海外投资时，要先关注当地森林资源保护，原材料和生产的产品要满足可持续发展的要求。此外，林业企业要学习和使用海外先进的绿色技术，从产品生产、加工的各环节关注环境效应，使用清洁工艺技术、无危害和便于回收的生产工艺。

3. 开拓国际市场

根据森林认证贸易效应不对称的原则，继续开拓市场，与经济发展水平相当的国家进行产品贸易，将降低森林认证的贸易壁垒效应。寻找新的贸易合作伙伴国，以分散贸易保护带来的风险。从缩小林产品进出口贸易差额、减小贸易摩擦带来的影响这一角度考虑，继续推动“一带一路”倡议，实施区域全面经济伙伴关系（RCEP）和金砖合作，促进林产品贸易在世界范围内的合理有效运作。“一带一路”和金砖国家都是自然资源相对丰富但经济相对落后的国家，我国在与这些国家林业的合作发展中要进一步调整对外模式。具体来说,完善同这些国家的林业贸易政策体系,注重标准的建立和推行。将森林认证体系的产销监管链标准与这些国家的需求相结合,从而形成从林产品生产、加工、运输和销售等环节更完备的国际林产品贸易产业链。作为国际公共产品,森林认证通过区域经济一体化政策来推动全球公共产品供给,各国能主动融入全球经济治理,以加快可持续发展的进程。

8.3 研究不足与展望

本书研究的局限性主要是森林认证数据获取难度大。首先,与 FSC 体系相比,PEFC 体系证书的相关信息获取难度大。其次,森林认证数据收集的难度来源于 FSC 体系和 PEFC 体系的数据统计口径的统一。最后,由于一些国家近年来缺乏认证森林面积的数据且认证时间相对较短,因此,无法形成森林经营认证(FM 认证)面积的面板数据,这大大局限了森林认证的有关科学研究。未来可基于全球森林经营认证面积的面板数据来深入开展森林认证生态效应、森林转型等方面的研究,将有助于完善森林认证的研究。

本书开展了森林认证对不同林产品的贸易网络的分析,且得出了森林认证对贸易网络影响的重要结果。森林认证贸易网络的优化,即全球森林认证的进一步发展以及森林认证体系完善的研究还有待深化,从而为达到全球范围内森林认证对贸易影响的效益最大化提供研究基础。未来可进一步从森林资源丰富的国家以及森林认证发展的角度,结合聚类分析和国家投资风险的结果,根据我国不同林产品的实际发展需要,进一步选择我国林业海外投资的战略区域。

对于一般均衡分析而言,本书的研究是基于标准静态 GTAP 模型,下一步研究方向将着眼于林产品贸易市场动态 GTAP 模型的基准情景的建立。由于动态 GTAP 更注重时间的处理,因此有助于提供长期的预测分析。

由于森林认证经济效果的显现需要一段时间,因此森林认证的经济效应在短期和长期来看是不一样的,对于企业和政府具有重要的现实指导意义。基于森林认证更长时间的面板数据以及对相关企业的长期经济利益的追踪,开展类似的研究将成为可能。

参考文献

[1] 安真. 2018. 新新贸易理论与传统贸易理论的比较分析[C]. 财金观察(1): 31-39.

[2] 白清玉. 2014. 产销监管链认证标准与木材合法性认定体系关联性研究[D]. 北京:中国林业科学研究院.

[3] 白清玉,陆文明. 2014. 中国森林认证产销监管链标准与《欧盟木材法》关于合法性的比较分析[J]. 世界林业研究,27(3): 92-96.

[4] 鲍晓华,朱达明. 2014. 技术性贸易壁垒与出口的边际效应:基于产业贸易流量的检验[J]. 经济学(季刊), 13(4): 1393-1414.

[5] 卞海丽. 2014. 产品碳足迹国际标准对我国出口贸易的影响:基于 CGE 模型的评估[J]. 标准科学(6): 84-86.

[6] 卜乐,陆文明. 2020. 多源流理论视角下中国《森林认证规则》的政策形成过程分析[J]. 世界林业研究, 33(3): 43-48.

[7] 蔡静静,何海燕,李思奇,等. 2017. 技术性贸易壁垒与中国高技术产品出口:基于扩展贸易引力模型的经验分析[J]. 工业技术经济, 36(10): 45-54.

[8] 蔡倩茹. 2010. "标准型"贸易壁垒对中国的影响及应对[D]. 大连:东北财经大学.

[9] 曹冰,田恩喜,宫敬君. 2018. 森林认证的发展及其对中国森林经营的影响[J]. 农业与技术, 38(4): 198.

[10] 曹慧平. 2011. 提高中国出口竞争力的标准化战略研究[J]. 重庆工商大学学报(社会科学版), 28(2): 20-26.

[11] 曹熔琨. 2016. 认证纸产品政府采购政策研究[D]. 北京:中国林业科学研究院.

[12] 曹玉昆,王玥. 2013. 气候谈判、木材产品国际贸易及其关系研究现状[J]. 世界林业研究, 26(6): 5-9.

[13] 陈光. 2017. 中国森林认证现状与发展对策研究[D]. 北京:北京林业大学.

[14] 陈娇娇,缪东玲,宋维明. 2018. 森林认证能否与一国林业可持续管理政策协同发展[J]. 世界林业研究, 31(1): 1-6.

[15] 陈诗卉. 2020. 我国木家具出口企业实施森林认证的动力与影响分析[D]. 北京:北京林业大学.

[16] 陈淑梅. 2007. 欧盟标准化外部性对我国出口企业技术创新路径的影响[J]. 中国软科学(1): 90-100.

[17] 陈翔,肖序. 2015. 中国工业产业循环经济效率区域差异动态演化研究与影响因素分析:来自造纸及纸制品业的实证研究[J]. 中国软科学(1): 160-171.

[18] 陈雪,赵眉芳,王岩,等. 2013. 森林认证背景下生态环境影响经济评价方法研究[J]. 林业科技, 38(6): 47-49,59.

[19] 程滢. 2013. 中国林产品国际贸易的比较利益研究[D]. 杭州:浙江大学.

[20] 丛磊,李洋,朱江梅. 2013. 中国林产品出口面临的绿色贸易壁垒[J]. 东北林业大学学报, 41(7): 145-150.

[21] 丛之华,万志芳,杨兴龙,等. 2014. 基于理论基础视角的森林认证运行机理分析[J]. 世界林业研究, 27(1): 89-92.

[22] 崔宁. 2017. 森林认证对林业企业的影响及其发展路径的研究[D]. 北京:北京林业大学.

[23] 崔玉倩,陈洁,徐斌. 2016. 符合国际市场要求的中国木材合法性尽职调查体系构建[J]. 世界林业研究, 29(2): 71-75.

[24] 戴明辉,沈文星. 2010. 中国木质林产品贸易流量与潜力研究:引力模型方法[J]. 资源科学, 32(11): 2115-2122.

[25] 邓兴华,林洲钰. 2016. 专利国际化推动了贸易增长吗:基于贸易二元边际的实证研究[J]. 国际经贸探索, 32(12): 4-20.

[26] 杜珂. 2011. 森林认证市场和发展趋势[J]. 农村经济(3): 27-30.

[27] 冯超. 2010. 黄丰桥国有林场森林经营认证评价研究[D]. 长沙:中南林业科技大学.

[28] 符磊,强永昌. 2018. 世界非关税壁垒形势与我国的策略选择[J]. 理论探索(4): 98-106.

[29] 葛京,宋宏磊. 2012. 创新在标准对国际贸易影响中的调节效应研究[J]. 科技管理研究, 32(8): 1-5,25.

[30] 耿建新,肖振东. 2006. ISO 14000 认证的出口效应实证研究:来自我国资本市场的证据[J]. 国际经贸探索(1): 29-33.

[31] 管志杰,沈杰,贾卫国. 2010. 森林认证对关税壁垒的替代效应分析[J]. 北京林业大学学报(社会科学版), 9(1): 110-113.

[32] 管志杰. 2011. 森林认证效应及政府的政策选择研究[D]. 南京:南京林业大学.

[33] 管志杰, 曹建华. 2014.基于绿色采购的林业企业绿色技术创新研究[J]. 科技管理研究,34(11): 228-232.

[34] 管志杰,公培臣. 2015. 中国林业对外投资区域选择:可持续发展的视角[J]. 干旱区资源与环境,29(6): 20-24.

[35] 韩丽晶. 2015. 木材可追溯性视角下的林产品环境贸易政策研究[D]. 哈尔滨:东北林业大学.

[36] 洪霄,管志杰,杨红强. 2011. 森林可持续经营的社会福利效应分析[J]. 广东农业科学,38(22): 220-222.

[37] 侯浩,田明华,刘霞. 2010. 森林认证在我国的可持续发展模式研究[J]. 林业调查规划,35(5): 14,15-18.

[38] 侯俊军. 2009. 标准化与中国对外贸易发展研究[D]. 长沙:湖南大学.

[39] 侯俊军,潘惜惜. 2016. 标准化能否促进企业技术创新:基于中国上市公司数据的实证研究[J]. 湖南商学院学报,23(4): 37-43.

[40] 胡娜. 2016. 标准化对山东省机电产品出口贸易的影响研究[D]. 济南:山东财经大学.

[41] 贾宁. 2012. 森林认证产品政府采购政策研究[D]. 北京:中国林业科学研究院.

[42] 荆珍. 2015. 全球森林治理:机制、机构、理念、前景[D]. 长春:吉林大学.

[43] 李程. 2015. 基于复杂网络的绿潮检测方法研究与应用[D].青岛:青岛大学.

[44] 李江鹏. 2018. 森林认证产品消费者支付意愿研究[D]. 北京:北京林业大学.

[45] 李凌超,程宝栋,魏思宜,等. 2018. 森林认证对森林转型的影响:来自发展中国家的经验证据[J]. 世界林业研究,31(5): 86-91.

[46] 李秋娟,陈绍志,胡延杰,等. 2017. 我国国有林场森林经营管理引入森林认证的思考[J]. 世界林业研究,30(5): 93-96.

[47] 李小勇. 2008. 林产品绿色政府采购研究[D]. 北京:北京林业大学.

[48] 李小勇,温亚利,陈晓倩,等. 2012. 林产品绿色政府采购的理论机理和影响分析[J]. 资源开发与市场,28(10):921-925.
[49] 李小勇,张砚,王磊,等. 2015. 英国林产品政府绿色采购政策市场影响评估[J]. 世界林业研究,28(6):80-83.
[50] 凌棱. 2014. 关于森林经营认证影响的研究[D]. 北京:北京林业大学.
[51] 刘晴. 2018. 绿色贸易壁垒对中国木地板出口的影响研究[D]. 广州:暨南大学.
[52] 刘睿雅,李小勇,张砚. 2016. 消费者购买森林认证木地板产品的支付意愿分析[J]. 资源开发与市场,32(4):453-458.
[53] 刘三江,刘辉. 2015. 中国标准化体制改革思路及路径[J]. 中国软科学(7):1-12.
[54] 刘旭. 2018. 我国林产品产销监管链追踪体系的优化研究[D]. 中国林业科学研究院.
[55] 刘燕,支玲,徐慧丽,等. 2010. 退耕还林对新农村建设的影响研究:以贵州省织金县为例[J]. 北京林业大学学报(社会科学版),9(2):125-131.
[56] 刘洋,孟夏. 2017. 专利国际化与国际标准对APEC区域内制造业产品出口的影响:基于ISO 9000认证与IECEE-CB体系的实证检验[J]. 国际经贸探索,33(8):94-112.
[57] 刘禹君. 2013. 黑龙江省国有森工企业森林认证的影响因素研究[D]. 哈尔滨:东北林业大学.
[58] 龙婷,潘焕学,马平,等. 2016. 基于复杂网络的国际木质林产品贸易动态分析[J]. 经济问题探索(4):170-175,182.
[59] 卢福永,蒙双. 2016. 发达国家技术性贸易壁垒效应及分析:基于中国机电产品出口贸易的实证研究[J]. 现代管理科学(6):97-99.
[60] 鲁艳增. 2011. 森林认证对我国纸产品企业经济效益的影响[D]. 北京:北京林业大学.
[61] 吕洁华,刘艳迪,王潇涵. 2019. 基于灰色马尔科夫模型的林业产业结构变动趋势预测:以黑龙江省国有林区为例[J]. 中南林业科技大学学报,39(9):122-128.
[62] 麻见阳. 2020. 我国农产品出口贸易及其绿色壁垒:评《基于绿色贸易壁垒视角的中国农产品出口贸易研究》[J]. 中国农业资源与区划,41(12):65,75.

[63] 马靖策. 2011. 我国林产品贸易森林认证发展路径研究[D]. 长沙:中南林业科技大学.

[64] 马凌远. 2011. ISO 9000 是一种新形式的保护主义吗:基于中国出口贸易的实证研究[J]. 当代经济管理,33(3): 71-76.

[65] 马爽,田明华,李瑞达,等. 2020. 基于中国林产品出口企业视角的应对木材合法性要求策略评价及启示[J]. 世界林业研究,33(4): 62-67.

[66] 米锋,吴卫红,杨静. 2008. 森林认证对中国林产品进出口贸易的影响[J]. 防护林科技,(6): 59-62.

[67] 那力,荆珍. 2015. 全球森林治理: 理念、机制、机构[J]. 郑州大学学报(哲学社会科学版),48(4): 38-41.

[68] 倪婧婕. 2016. 福建省居民森林认证支付意愿的调查统计分析[D]. 北京:北京林业大学.

[69] 彭晓陈. 2015. 林业企业实施森林认证的激励政策效果研究[D]. 福州:福建农林大学.

[70] 彭晓英,岳上植. 2013a. 森林认证对林业外部性的影响及价值效应[J].林业经济(5): 74-77.

[71] 彭晓英,岳上植. 2013b. 森林认证对企业价值创造的机理研究[J]. 资源开发与市场,29(1): 81-84.

[72] 彭晓英,张庆华,岳上植. 2019. 森林认证驱动企业价值的系统动力学分析[J]. 林业经济,41(5): 49-54,74.

[73] 秦臻,倪艳. 2014. SPS 措施对中国农产品出口贸易影响的实证分析:基于HMR 法和极大似然法的比较[J]. 国际贸易问题(12): 37-47.

[74] 邱亦维,杨刚. 2007. 绿色贸易壁垒对中国林产品出口的影响及对策[J]. 国际贸易问题,(5): 23-28.

[75] 任洪生. 2017. 制度互动、权力互动与跨国森林治理[J]. 东岳论丛,38(8): 128-134.

[76] 宋海英,H. Helen J. 2014. SPS 措施对中国蜂蜜出口欧盟的影响:基于面板数据的实证分析[J]. 国际贸易问题(1): 83-91.

[77] 宋明顺,张华. 2012. 专利标准化对国际贸易作用的机理研究及实证:基于标准与国际贸易关系研究现状[J]. 国际贸易问题(2): 92-100.

[78] 宋维明,印中华. 2010. 应对国际林产品贸易面临的新挑战[J]. 世界林业研究,

23(5)：1-5.

[79] 宋阳. 2015. 林产品新绿色贸易壁垒经济效应分析及应对策略研究[D]. 哈尔滨:东北林业大学.

[80] 孙久灵,陆文明. 2009. 国际木材非法采伐与相关贸易问题研究[J]. 林业经济(6)：76-79.

[81] 孙莹,张旭昆. 2011. ISO 9000 标准贸易效应的实证研究[J]. 经济问题(10)：71-76.

[82] 孙莹. 2012. ISO 9000 标准认证对贸易的影响研究[D]. 杭州:浙江大学.

[83] 唐锋,谭晶荣,孙林. 2018. 中国农食产品标准"国际化"的贸易效应分析:基于不同标准分类的 Heckman 模型[J]. 现代经济探讨(4)：116-124.

[84] 唐帅. 2015. 中国纸产品对外贸易影响因素和竞争力研究[D]. 北京:北京林业大学.

[85] 陶爱萍,李丽霞. 2013. 促进抑或阻碍:技术标准影响国际贸易的理论机制及实证分析[J]. 经济理论与经济管理(12)：91-100.

[86] 田萃,韩传峰,杨竹山,等. 2018. 国际经济治理机制对中国贸易水平影响：国际公共产品视角[J]. 中国软科学,(10)：158-167.

[87] 田刚,姜晴晴. 2016. 2005—2014 年国际原木贸易格局的社会网络分析[J]. 世界林业研究,29(4)：87-91.

[88] 田茂佳. 2012. 我国森林认证驱动力分析[D]. 成都:四川农业大学.

[89] 田明华,刘智丹,王富炜,等. 2016. 森林认证标识认知影响因素的实证分析:基于北京市 488 名消费者的调查[J]. 林业经济问题,36(1)：65-71.

[90] 王佳,徐曾一舟,郑齐,等. 2011. 基于消费者购买森林认证产品的支付意愿分析[J]. 财经界(学术版)(12)：121-122.

[91] 王璟. 2013. FSC-COC 证在中国质具行业适应性及其证策略究[D]. 南京:南京林业大学.

[92] 王璐曦. 2017. 基于最优尺度回归的森林认证支付意愿研究[D]. 北京:北京林业大学.

[93] 王绍媛,李国鹏. 2016. TBT 对中国装备制造企业出口二元边际影响的实证分析:基于两阶段重力模型[J]. 宏观经济研究(8)：74-83,115.

[94] 王婉如. 2018. 技术标准、贸易壁垒与国际经济效应研究:基于"一带一路"沿线国家的实证分析[J]. 国际贸易问题(9)：80-94.

[95] 王文霞,陈绍志,胡延杰,等. 2017. 森林认证对生物多样性影响研究进展[J]. 世界林业研究,30(6): 1-5.

[96] 王亚明. 2005. 国际森林认证体系与建立中国森林认证体系的初步研究[D]. 北京:北京林业大学.

[97] 王彦芳,陈淑梅. 2017. 国际标准对于中间品贸易的影响研究:来自 ISO 9001 的经验证据[J]. 国际经贸探索,33(7): 45-59.

[98] 王耀中,陈文娟. 2009. 行业标准与中国机械行业进出口贸易:基于 1985—2005 年数据的协整分析和 Granger 因果检验[J]. 国际贸易问题(3): 30-36.

[99] 韦焕贤,陈永清. 2012. ISO 9000 和 ISO 14000 认证对出口贸易影响的比较研究[J]. 科技管理研究,32(23): 196-203.

[100] 校建民,万坚. 2011. FSC 标准与中国法规之间的冲突分析[J]. 世界林业研究,24(1): 60-63.

[101] 校建民,赵麟萱,马利超,等. 2019. 我国小规模联合森林认证效果调查与分析[J]. 世界林业研究,32(4): 97-100.

[102] 谢兰兰,陈东升,程都. 2017. 标准对农产品贸易影响的量化分析进展:研究评述[J]. 经济问题探索(12): 171-180.

[103] 熊立春,程宝栋. 2017. 中国林产品贸易成本测算及其影响因素研究[J]. 国际贸易问题(11): 25-35.

[104] 徐斌. 2010. 森林认证对森林可持续经营的影响研究[D]. 北京:中国林业科学研究院.

[105] 徐斌,陈绍志,付博. 2014. 中国林业企业开展森林经营认证的动力与经济效益分析[J]. 林业经济问题,34(1): 78-83.

[106] 徐惟,卜海. 2018. 技术贸易壁垒对技术创新和出口贸易的倒逼机制[J]. 经济与管理研究,39(3): 77-88.

[107] 徐世腾. 2014. 基于贸易流量的引力模型:最新研究进展综述[J]. 中南财经政法大学学报(5): 103-110.

[108] 徐媛霞. 2018. 森林认证对中国林产品出口的影响[D]. 福州:福建农林大学.

[109] 徐秀英,李兰英,闫伟伟. 2008. 中国木制品出口面临的技术性贸易壁垒及对策[J]. 生态经济(2): 111-114.

[110] 薛晨. 2016. 技术创新与标准化耦合协同对我国汽车制造业国际竞争力的影响[D]. 镇江: 江苏大学.

[111] 杨小凯,张永生. 2001. 新贸易理论、比较利益理论及其经验研究的新成果:文献综述[J]. 经济学(季刊)(1): 19-44.

[112] 杨丽娟. 2013. 技术标准对中美双边贸易的影响:基于 ICS 分类的实证研究[J]. 国际经贸探索,29(2): 4-11.

[113] 尹翔硕,李春顶. 2007. 国际贸易摩擦南北不对称与摩擦的形成:基于一个三国贸易模型的分析[J]. 南开经济研究(5): 53-66,90.

[114] 张朝,李静,徐斌,等. 2021. 中国加强进口木材合法性管理的经济影响分析:基于静态 GTAP 模型[J]. 世界林业研究,34(1): 65-69.

[115] 张成林,杨超,程宝栋,等. 2017. 基于森林认证的非政府市场监管机制应用探讨[J]. 林业经济,39(1): 25-30.

[116] 张德成,李忠魁,白冬艳,等. 2018. 森林经营标准化的法律依据及问题探讨[J]. 标准科学(1): 40-45.

[117] 张定胜,杨小凯. 2004. 国际贸易、经济发展和收入分配[J]. 世界经济(9): 3-12,80.

[118] 张二愧. 2009. 绿色贸易壁垒对我国家具企业出口的影响及对策分析[D]. 南京:南京林业大学.

[119] 张丽虹. 2015. 技术标准对国际贸易影响的理论与实证研究[D]. 上海:上海社会科学院.

[120] 张莉. 2018. 标准化对山东省机电产品出口贸易的影响研究[D]. 北京:对外经济贸易大学.

[121] 张三峰,卜茂亮. 2015. 嵌入全球价值链、非正式环境规制与中国企业 ISO 14001 认证:基于 2004—2011 年省际面板数据的经验研究[J]. 财贸研究,26(2): 70-78.

[122] 张天宇. 2017. 政府对森林认证的政策推动与森林认证企业价值的影响研究[D]. 北京:北京林业大学.

[123] 张砚. 2017. 木质林产品企业绿色采购对绩效的影响研究[D]. 北京:北京林业大学.

[124] 张维迎. 2012. 博弈论与信息经济学[M]. 上海:格致出版社; 上海:上海人民出版社.

[125] 赵劼. 2016. 基于森林认证的环境影响评估应用指南研究[J]. 世界林业研究,29(3): 1-6.

[126] 赵眉芳，张亚楠，毕金鸽. 2016. 森林认证经济和社会效益的实现[J]. 生产力研究(2)：58-63.

[127] 郑义，余建辉. 2013. 后危机时代中国纸和纸板出口波动影响因素分析[J]. 国际经贸探索(12)：17-24.

[128] 朱江梅. 2012. 基于绿色贸易壁垒视域的中国林产品出口贸易研究[D]. 哈尔滨：东北林业大学.

[129] 朱卫平，张宝友，黄祖庆，等. 2012. ISO 9000认证对我国进出口贸易影响的实证研究[J]. 上海经济研究，24(6)：98-107.

[130] ACHARYA R P, BHATTARAI B P, DAHAL N, et al. 2015. Governance in community forestry in Nepal through forest certification [J]. International Forestry Review, 17(1): 1-9.

[131] AGUIAR A, CHEPELIEV M, CORONG E L, et al. 2019. The GTAP data base: version 10[J]. Journal of Global Economic Analysis, 4(1): 1-27.

[132] AGUILAR F X, VLOSKY R P. 2007. Consumer willingness to pay price premiums for environmentally certified wood products in the U. S[J]. Forest Policy and Economics, 9(8): 1100-1112.

[133] AGUILAR F X, CAI Z. 2010. Conjoint effect of environmental labeling, disclosure of forest of origin and price on consumer preferences for wood products in the US and UK[J]. Ecological Economics, 70(2): 308-316.

[134] AKERLOF G A. 1970. The market for “Lemons”: quality uncertainty and the market mechanism[J]. The Quarterly Journal of Economics, 84(3): 488-500.

[135] BARABÁSI A, ALBERT R. 1999. Emergence of scaling in random networks[J]. Science, 286(5439).

[136] ALLEN T. 2014. Information frictions in trade[J]. Econometrica, 82(6): 2041-2083.

[137] ANDERSON J E, VAN WINCOOP E. 2003. Gravity with gravitas: a solution to the border puzzle[J]. American Economic Review, 93(1): 170-192.

[138] ARMINEN H, HUJALA M, TUPPURA A. 2014. Emerging market

patterns in the recycled paper trade[J]. Journal of Environmental Planning and Management, 58(3): 537-553.

[139] AURIOL E, SCHILIZZI S G M. 2015. Quality signaling through certification in developing countries [J]. Journal of Development Economics, 116: 105-121.

[140] BAIER S L, BERGSTRAND J H. 2009. Bonus vetus OLS: a simple method for approximating international trade-cost effects using the gravity equation [J]. Journal of International Economics, 77(1): 77-85.

[141] BARRIOS V A. 2018. International standards and the agreement on technical barriers to trade[M]. Cambridge: Cambridge University Press.

[142] BEGHIN J, DISDIER A C, MARETTE S, et al. 2012. Welfare costs and benefits of non-tariff measures in trade: a conceptual framework and application[J]. World Trade Review, 11(3): 356-375.

[143] BLACKMAN A, GOFF L, RIVERA PLANTER M. 2018. Does eco-certification stem tropical deforestation? Forest Stewardship Council certification in Mexico [J]. Journal of Environmental Economics and Management, 89: 306-333.

[144] BLIND K. 2001. The impacts of innovations and standards on trade of measurement and testing products: empirical results of Switzerland's bilateral trade flows with Germany, France and the UK[J]. Information Economics and Policy, 13(4): 439-460.

[145] BLIND K, JUNGMITTAG A. 2005. Trade and the impact of innovations and standards: the case of Germany and the UK[J]. Applied Economics, 37(12): 1385-1398.

[146] BLIND K, JUNGMITTAG A. 2007. The impact of patents and standards on macroeconomic growth: a panel approach covering four countries and 12 sectors[J]. Journal of Productivity Analysis, 29(1): 51-60.

[147]BLIND K, MANGELSDORF A, WILSON J S. 2013. Mutual recognition of accreditation: does it matter to trade? Evidence from the food, beverage, and tobacco industry[J]. 12: 291-310.

[148] BLIND K, MANGELSDORF A, POHLISCH J. 2018. The effects of

cooperation in accreditation on international trade: Empirical evidence on ISO 9000 certifications[J]. International Journal of Production Economics, 198: 50-59.

[149] BRENTON P. 2014. International trade, distribution and development: empirical studies of trade policies[M]. World Scientific Books.

[150] BRENTON S. 2018. (Political) Consumers and certification schemes: the ethics of global production and trade[J]. Journal of Agricultural and Environmental Ethics, 31(6): 755-784.

[151] BORGATTI S P, EVERETT M G, FREEMAN L C. 2002. Software for Social Network Analysis[K]. Ucinet 6 for Windows.

[152] BUONGIORNO J. 2016. Gravity models of forest products trade: applications to forecasting and policy analysis[J]. Forestry, 89(2): 117-126.

[153] BUTTERFIELD R, HANSEN E, FLETCHER R, et al. 2005. Forest certification and small forest enterprises: key trends and impacts-benefits and barriers [J]. Forest Trends and the Rainforest Alliance, Washington, DC.

[154] CARLSEN K, HANSEN C P, LUND J F. 2012. Factors affecting certification uptake: perspectives from the timber industry in Ghana[J]. Forest Policy and Economics, 25: 83-92.

[155] CASHORE B, EGAN E, AULD G, et al. 2007. Revising theories of nonstate market-driven (NSMD) governance: lessons from the Finnish forest certification experience[J]. Global Environmental Politics, 7(1): 1-44.

[156] CASHORE B W, AULD G, NEWSOM D. 2004. Governing through markets: forest certification and the emergence of non-state authority [M]. New Haven: Yale University Press.

[157] CHAKRABORTY P. 2017. Environmental standards, trade and innovation: evidence from a natural experiment[J]. Environment and Development Economics, 22(4): 414-446.

[158] CHEN J, INNES J L, TIKINA A. 2010. Private cost-benefits of voluntary

forest product certification[J]. International Forestry Review, 12(1): 1-12.

[159] CHEN Y, WANG X, BU J, et al. 2016. Network structure exploration in networks with node attributes[J]. Physica A: Statistical Mechanics and its Applications, 449: 240-253.

[160] CHENG W, SACHS J, YANG X. 2000. A general-equilibrium re-appraisal of the stolper-samuelson theorem[J]. Journal of Economics, 72(1): 1-18.

[161] CLOUGHERTY J A, GRAJEK M. 2008. The impact of ISO 9000 diffusion on trade and FDI: a new institutional analysis[J]. Journal of International Business Studies, 39(4): 613-633.

[162] CLOUGHERTY J A, GRAJEK M. 2014. International standards and international trade: empirical evidence from ISO 9000 diffusion[J]. International Journal of Industrial Organization, 36: 70-82.

[163] COASE R H. 1988. The firm, the market, and the law[M]. University of Chicago Press.

[164] CZUBALA W, SHEPHERD B, WILSON J S. 2009. Help or hindrance? The impact of harmonized standards on African exports[J]. Journal of African Economies, 18(5): 711-744.

[165] DAVID R J, HAN S K. 2004. A systematic assessment of the empirical support for transaction cost economics[J]. Strategic Management Journal, 25(1): 39-58.

[166] DE BENEDICTIS L, TAJOLI L. 2011. The world trade network[J]. The World Economy, 34(8): 1417-1454.

[167] DE ANDRADE R L, RÊGO L C. 2018. The use of nodes attributes in social network analysis with an application to an international trade network[J]. Physica A: Statistical Mechanics and its Applications, 491: 249-270.

[168] DIMAGGIO P J, POWELL W W. 1991. The new institutionalism in organization analysis[M]. Chicago: University of Chicago Press.

[169] DURST P B, MCKENZIE P J, BROWN C L, et al. 2006. Challenges facing certification and eco-labelling of forest products in developing

countries[J]. International Forestry Review, 8(2): 193-200.

[170] EBELING J, YASUE M. 2009. The effectiveness of market-based conservation in the tropics: forest certification in Ecuador and Bolivia[J]. J Environ Manage, 90(2): 1145-1153.

[171] FAGGI A M, ZULETA G A, HOMBERG M. 2014. Motivations for implementing voluntary environmental actions in Argentine forest companies[J]. Land Use Policy, 41: 541-549.

[172] FRANKLIN J F, JOHNSON K N, JOHNSON D L. 2018. Ecological forest management [M]. Long Grove, Illinois: Waveland Press.

[173] FRENZ M, LAMBERT R. 2016. The economics of accreditation[J]. NCSLI Measure, 9(2): 42-50.

[174] GALATI A, GIANGUZZI G, TINERVIA S, et al. 2017. Motivations, adoption and impact of voluntary environmental certification in the Italian forest based industry: the case of the FSC standard[J]. Forest Policy and Economics, 83: 169-176.

[175] GAN J. 2005. Forest certification costs and global forest product markets and trade: a general equilibrium analysis[J]. Canadian Journal of Forest Research, 35(7): 1731-1743.

[176] GANDAL N, SHY O. 2001. Standardization policy and international trade [J]. Journal of International Economics, 53(2): 363-383.

[177] GARELLA P G, PETRAKIS E. 2008. Minimum quality standards and consumers' information[J]. Economic Theory, 36(2): 283-302.

[178] GIANNICHI M L, DALLIMER M, BAKER T R, et al. 2018. Divergent landowners' expectations may hinder the uptake of a forest certificate trading scheme[J]. Conservation Letters, 11(3): e12409.

[179] GOEDHUYS M, SLEUWAEGEN L. 2016. International standards certification, institutional voids and exports from developing country firms [J]. International Business Review, 25(6): 1344-1355.

[180] GUAN Z, SHEONG I P, JIM K F. 2019. The restricting effects of Forest Certification on the international trade of wood products[J]. Journal of Sustainable Forestry, 38(8): 809-826.

[181] GULBRANDSEN L H. 2005. Sustainable forestry in Sweden: The effect of competition among private certification schemes [J]. The Journal of Environment & Development, 14(3): 338-355.

[182] HADDAWAY N, MACURA B, WHALEY P, et al. 2017. ROSES flow diagram for systematic maps. Version 1.0. figshare.

[183] HALALISAN A, ABRUDAN I, POPA B. 2018. Forest management certification in Romania: motivations and perceptions [J]. Forests, 9 (7): 425.

[184] HALALISAN A F, MARINCHESCU M, POPA B, et al. 2013. Chain of Custody certification in Romania: profile and perceptions of FSC certified companies[J]. International Forestry Review, 15(3): 305-314.

[185] KAPLINSKY R. 2010. Role of standards in global value chains[R]. World Bank.

[186] KORHONEN J, PÄTÄRI S, TOPPINEN A, et al. 2015. The role of environmental regulation in the future competitiveness of the pulp and paper industry: the case of the sulfur emissions directive in Northern Europe[J]. Journal of Cleaner Production, 108: 864-872.

[187] KOZAK R A, COHEN D H, LERNER J, et al. 2004. Western Canadian consumer attitudes towards certified value-added wood products: an exploratory assessment[J]. Forest Products Journal, 54(9): 21-24.

[188] KRUGMAN P. 1994. Competitiveness: a dangerous obsession[J]. Foreign Affairs, 73(2): 28-44.

[189] KRUGMAN P. 1980. Scale economies, product differentiation, and the pattern of trade[J]. The American Economic Association: 950-959.

[190] LARSON J, BAKER J, LATTA G, et al. 2018. Modeling international trade of forest products: application of PPML to a gravity model of trade [J]. Forest Products Society, 68(3): 303-316.

[191] LE H T V. 2009. Assessing impact of ISO 9000 certification on international trade[D]. Clemson University.

[192] LOVRIÓ M, DA RE R, VIDALE E, et al. 2018. Social network analysis as a tool for the analysis of international trade of wood and non-wood forest

products[J]. Forest Policy and Economics, 86: 45-66.

[193] MAERTENS M, SWINNEN J F M. 2009. Trade, standards, and poverty: evidence from Senegal[J]. World Development, 37(1): 161-178.

[194] MALETZ O, TYSIACHNIOUK M. 2009. The effect of expertise on the quality of forest standards implementation: the case of FSC forest certification in Russia[J]. Forest Policy and Economics, 11(5-6): 422-428.

[195] MARASENI T N, SON H L, COCKFIELD G, et al. 2017. The financial benefits of forest certification: case studies of acacia growers and a furniture company in Central Vietnam[J]. Land Use Policy, 69: 56-63.

[196] MARETTE S, BEGHIN J. 2010. Are standards always protectionist[J]. Review of International Economics, 18(1): 179-192.

[197] MARETTE S. 2016. Non-Tariff measures when alternative regulatory tools can be chosen[J]. Journal of Agricultural & Food Industrial Organization, 14(1): 1-17.

[198] MARETTE S, YOKESSA M. 2019. A review of eco-labels and their economic impact[J]. International Review of Environmental and Resource Economics, 13(1-2): 119-163.

[199] MAY P H. 2002. Forest certification in Brazil: trade and environmental enhancement[J]. Washington, DC: Consumer Choice Council.

[200] MELITZ M J. 2003. The impact of trade on intra-industry reallocations and aggregate industry productivity[J]. Econometrica, 71(6): 1695-1725.

[201] MICHAL J, SUJOVÁ A. 2016. Economic benefits and limitations arising from voluntary forest certification[J]. Forum Scientiae Oeconomia, 4(4): 119-126.

[202] MOENIUS J. 2006. International standardization as a strategic tool: do national standards hinder or promote trade in electrical oroducts [M]. Mimeo IEC-Geneva, Switzerland.

[203] MONTIEL I, HUSTED B W, CHRISTMANN P. 2012. Using private management standard certifucation to reduce information asymmetries in corrupt environments [J]. Strategic Management Journal, 33 (9): 1103-1113.

[204] MUTHOO M, LU W. 2017. Progress of forest certification in China[J]. Frontiers of Agricultural Science and Engineering, 4(4): 414.

[205] NUSSBAUM R, SIMULA M. 2013. The forest certification handbook [M]. Routledge.

[206] OSIEMO O. 2016. Food safety standards in international trade: the case of the EU and the COMESA [M]. New York.

[207] OVERDEVEST C, RICKENBACH M G. 2006. Forest certification and institutional governance: an empirical study of forest stewardship council certificate holders in the United States[J]. Forest Policy and Economics, 9 (1): 93-102.

[208] OWARI T, JUSLIN H, RUMMUKAINEN A, et al. 2006. Strategies, functions and benefits of forest certification in wood products marketing: perspectives of Finnish suppliers[J]. Forest Policy and Economics, 9(4): 380-391.

[209] PALETTO A, HAMUNEN K, DE MEO I. 2015. Social network analysis to support stakeholder analysis in participatory forest planning[J]. Society & Natural Resources, 28(10): 1108-1125.

[210] PALETTO A, NOTARO S, PASTORELLA F, et al. 2017. Forest certification in Calabria(Italy): attitudes, preferences and willingness to pay of manufactures and enterprises of forest-wood chain [J]. Forest-Rivista di Selvicoltura ed Ecologia Forestale, 14(2): 107-123.

[211] PALUS H, MAT'OVÁ H, KRIZANOVÁ A, et al. 2014. A survey of awareness of forest certification schemes labels on wood and paper products [J]. Acta Facultatis Xylologiae Zvolen res Publica Slovaca, 56(1): 129.

[212] PALUŠ H. 2009. Survey of attitudes towards forest and chain of custody certification in the Slovak Republic [J]. Drewno: prace naukowe, doniesienia, komunikaty, 52: 65-81.

[213] PALUŠ H, PAROBEK J, VLOSKY R P, et al. 2017a. The status of chain-of-custody certification in the countries of Central and South Europe[J]. European Journal of Wood and Wood Products, 76(2): 699-710.

[214] PALUŠ H, PAROBEK J, DUDÍK R, et al. 2017b. Assessment of Chain-

of-Custody Certification in the Czech and Slovak Republic [J]. Sustainability, 9(10): 1898.

[215] PALUŠ H, PAROBEK J, ŠULEK R, et al. 2018. Understanding sustainable forest management certification in Slovakia: forest owners' perception of expectations, benefits and problems [J]. Sustainability, 10(7): 2470.

[216] PONS P, LATAPY M. 2010. Post-processing hierarchical community structures: quality improvements and multi-scale view [J]. Theoretical Computer Science, 412(8/10): 892-900.

[217] POTOSKI M, PRAKASH A. 2009. Information asymmetries as trade barriers: ISO 9000 increases international commerce[J]. Journal of Policy Analysis and Management, 28(2): 221-238.

[218] POYNTON S, TAYLOR, FRANCIS. 2015. Beyond certification [M]. Taylor and Francis; Abingdon, Oxon;New York, NY.

[219] PRAJOGO D, TANG A K Y, LAI K H. 2012. Do firms get what they want from ISO 14001 adoption?: an Australian perspective[J]. Journal of Cleaner Production, 33: 117-126.

[220] PRAVEEN N, DOUGLAS C M, WILFRID S, et al. 2017. Managing fire risk during drought: the influence of certification and El Niño on fire-driven forest conversion for oil palm in Southeast Asia[J]. Earth System Dynamics, 8(3): 749-771.

[221] RAMETSTEINER E, SCHWARZBAUER P, JUSLIN H, et al. 1998. Potential markets for certified forest products in Europe [D]. Joensuu, Finland: European Forest Institute.

[222] RAMETSTEINER E. 2002. The role of governments in forest certification: a normative analysis based on new institutional economics theories [J]. Forest Policy and Economics, 4(3): 163-173.

[223] RAMETSTEINER E, SIMULA M. 2003. Forest certification: an instrument to promote sustainable forest management [J]. Journal of Environmental Management, 67(1): 87-98.

[224] RICARDO D. 1817. The principle of political economy and taxation[M].

London: Gaernsey Press.

[225] RICKENBACH M, OVERDEVEST C. 2006. More than markets: assessing Forest Stewardship Council(FSC) Certification as a policy tool[J]. Journal of Forestry, 104(3): 143.

[226] SACHS J. 1983. Accumulation and growth in a two-country model: a simulation approach[J]. Journal of International Economics, 15(1-2): 135-159.

[227] SAMANTHA H C, KAVITA M, SOFIA A, et al. 2019. A systematic map of evidence on the contribution of forests to poverty alleviation[J]. BioMed Central, 8(1): 1-22.

[228] SANTOS C M G, AGUIAR A D O. 2019. ISO 14001 and international trade[J]. Independent Journal of Management & Production, 10(1): 22-40.

[229] SAVILAAKSO S, CERUTTI P O, MONTOYA ZUMAETA J G, et al. 2016. Timber certification as a catalyst for change in forest governance in Cameroon, Indonesia, and Peru[J]. International Journal of Biodiversity Science, Ecosystem Services & Management, 13(1): 116-133.

[230] SEDJO R A, SWALLOW S K. 2002. Voluntary eco-labeling and the price premium[J]. Land Economics, 78(2): 272-284.

[231] SILVA J M C S, TENREYRO S. 2006. The log of gravity[J]. The Review of Economics and Statistics, 88(4): 641-658.

[232] SUGIURA K, YOSHINAO O. 2018. Reasons for choosing Forest Stewardship Council (FSC) and Sustainable Green Ecosystem Council (SGEC) Schemes and the effects of certification acquisition by forestry enterprises in Japan[J]. Forests, 9(4): 173.

[233] SWANN P, TEMPLE P, SHURMER M. 1996. Standards and trade performance: the UK experience[J]. The Economic Journal, 106(438): 1297-1313.

[234] SWINNEN J. 2016. Economics and politics of food standards, trade, and development[J]. Agricultural Economics, 47(S1): 7-19.

[235] TERZIOVSKI M, GUERRERO J L. 2014. ISO 9000 quality system certification and its impact on product and process innovation performance

[J]. International Journal of Production Economics, 158: 197-207.

[236] TIAN N, POUDYAL N C, LU F. 2018. Segmenting landowners of Shandong, China based on their attitudes towards forest certification[J]. Land Use Policy, 71: 271-280.

[237] TRICALLOTIS M, GUNNINGHAM N, KANOWSKI P. 2018. The impacts of forest certification for Chilean forestry businesses[J]. Forest Policy and Economics, 92: 82-91.

[238] VAN KOOTEN G C, NELSON H W, VERTINSKY I. 2005. Certification of sustainable forest management practices: a global perspective on why countries certify[J]. Forest Policy and Economics, 7(6): 857-867.

[239] VAN KOOTEN G C, JOHNSTON C. 2014. Global impacts of Russian log export restrictions and the Canada-U.S. lumber dispute: Modeling trade in logs and lumber[J]. Forest Policy and Economics, 39: 54-66.

[240] VIDAL N, KOZAK R, COHEN D. 2005. Chain of custody certification: an assessment of the North American solid wood sector[J]. Forest Policy and Economics, 7(3): 345-355.

[241] WATTS D J,STROGATZ S H. 1998. Collective dynamics of "small-world" networks.[J]. Nature, 393(6684).

[242] YAMAMOTO Y, TAKEUCHI K, SHINKUMA T. 2014. Is there a price premium for certified wood? Empirical evidence from log auction data in Japan[J]. Forest Policy and Economics, 38: 168-172.

[243] ZHAO J, XIE D, WANG D, et al. 2011. Current status and problems in certification of sustainable forest management in China [J]. Environ Manage, 48(6): 1086-1094.

[244] ZHENG Y, JIANG M. 2002. The influence of forest certification on forest product trade[J]. Journal of Forestry Research, 13(4): 316-318.

附　录

附录 A　森林认证与国际标准的关系

标准、认证、认可和申诉如附图 1 所示。

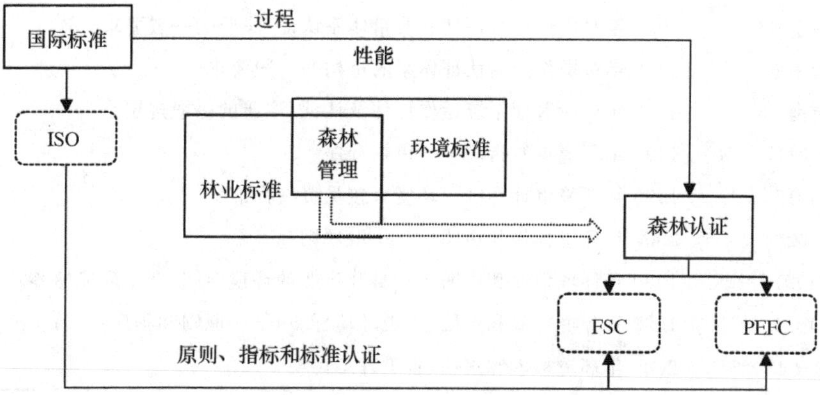

附图 1　标准、认证、认可和申诉

(图片来源:根据 The Forest Certification Handbook 整理)

附录B　设计和运行森林认证体系的ISO指南

设计和运行森林认证体系的ISO指南如附表1所列。

附表1　森林认证体系与ISO指南

ISO指南	认证体系
ISO 指南 59	1994年《标准实施规范》
ISO 指南 61	1996年评估和认可的一般要求认证/注册机构。ISO指南61已被新发布的指南ISO 17011所取代
ISO 指南 62	1996年对机构运行评估和质量体系认证/注册的一般要求
ISO 指南 65	1996年对操作产品认证体系的机构的一般要求
ISO 指南 66	1999年环境管理系统运作评估及认证/注册的一般规定
ISO 14011	1996年环境审核指南——审核程序
ISO 14012	1996年环境审计准则。环境审核员资格标准
ISO 14020	2000年环境标签和声明——一般原则
ISO 14021	1999年环境标签和声明——自我声明的环境声明(Ⅱ型环境标签)
ISO 14024	1999年环境标签和声明(Ⅰ类环境标签)——原则和程序
ISO/TR 14025	2000年环境标签和声明(Ⅲ类环境声明)

附录C　三种林产品的森林认证贸易网络图

三种（木制品、纸和纸浆产品、家具产品）林产品森林认证贸易网络如附图2至附图7所示。

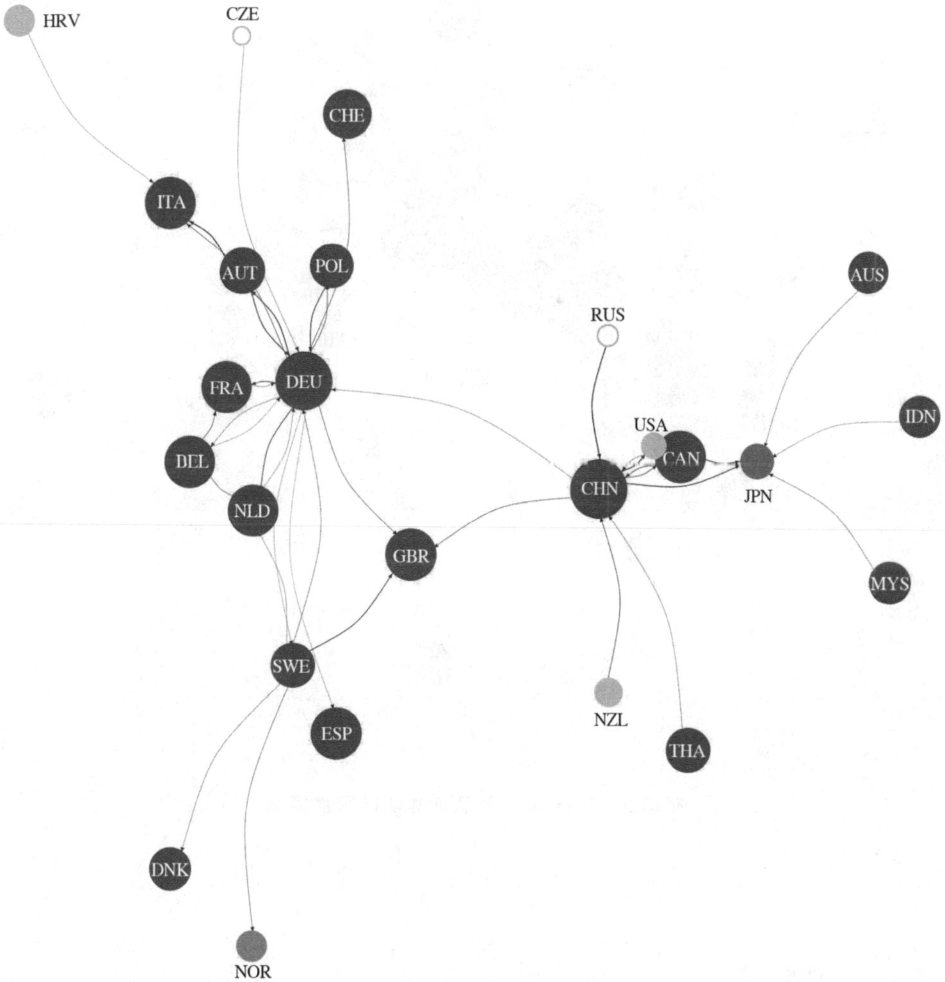

附图2　2009年木制品森林认证贸易网络

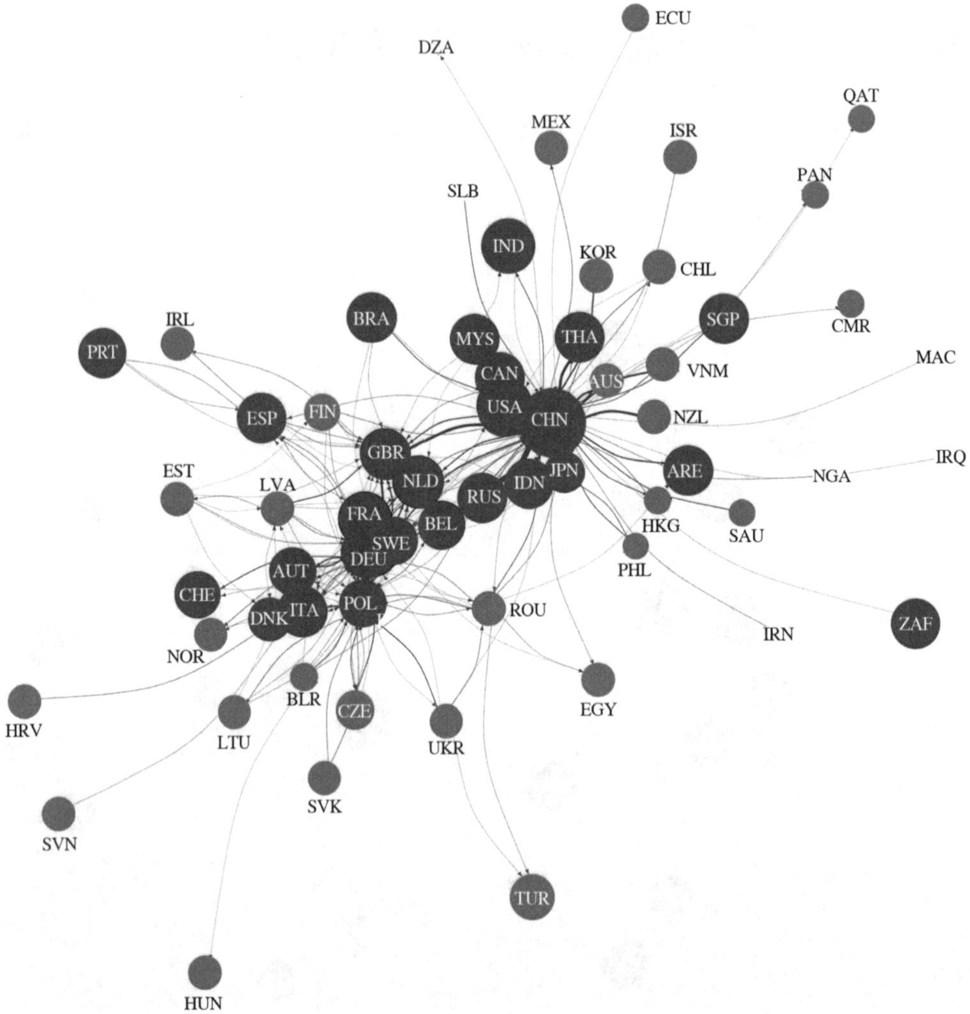

附图 3　2015 年木制品森林认证贸易网络

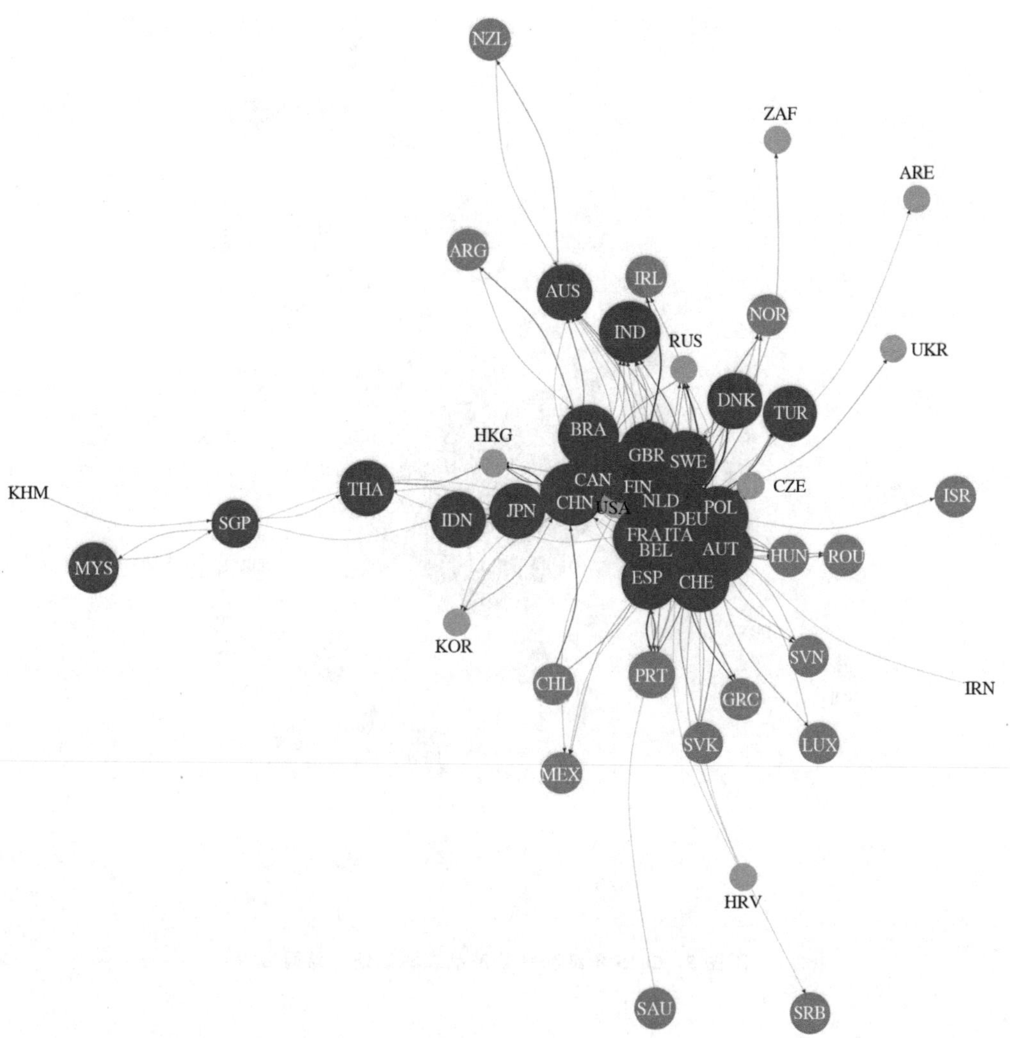

附图 4　2009 年纸和纸浆产品森林认证贸易网络

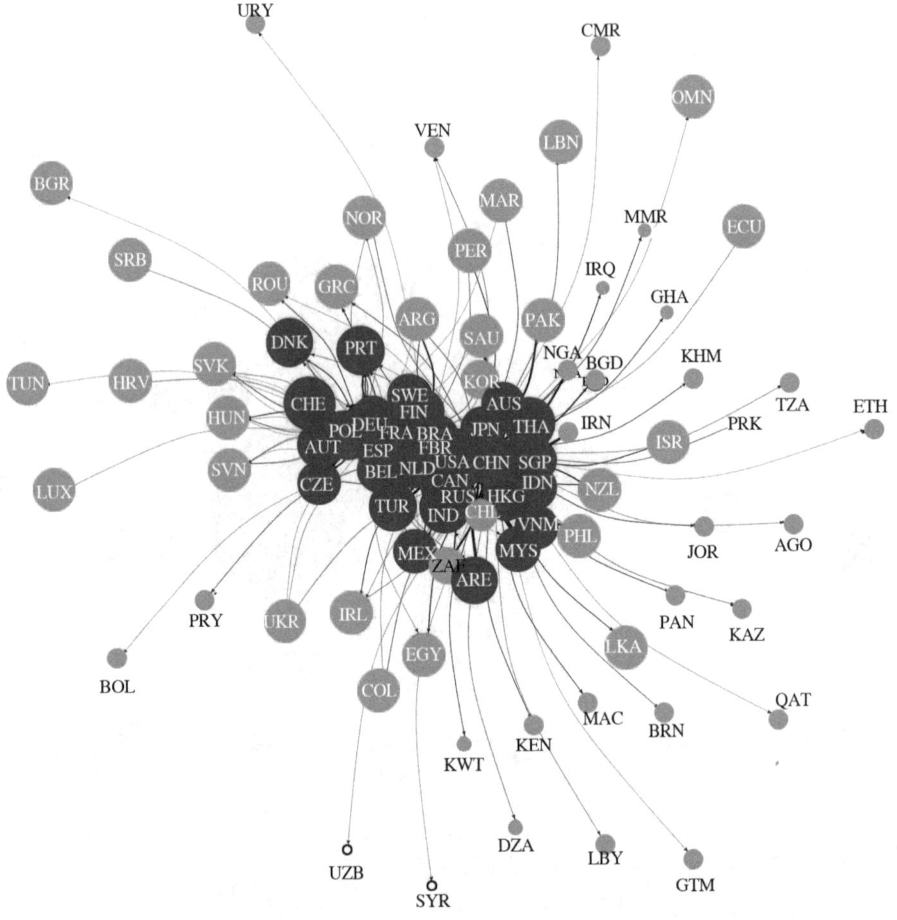

附图 5　2015 年纸和纸浆产品森林认证贸易网络

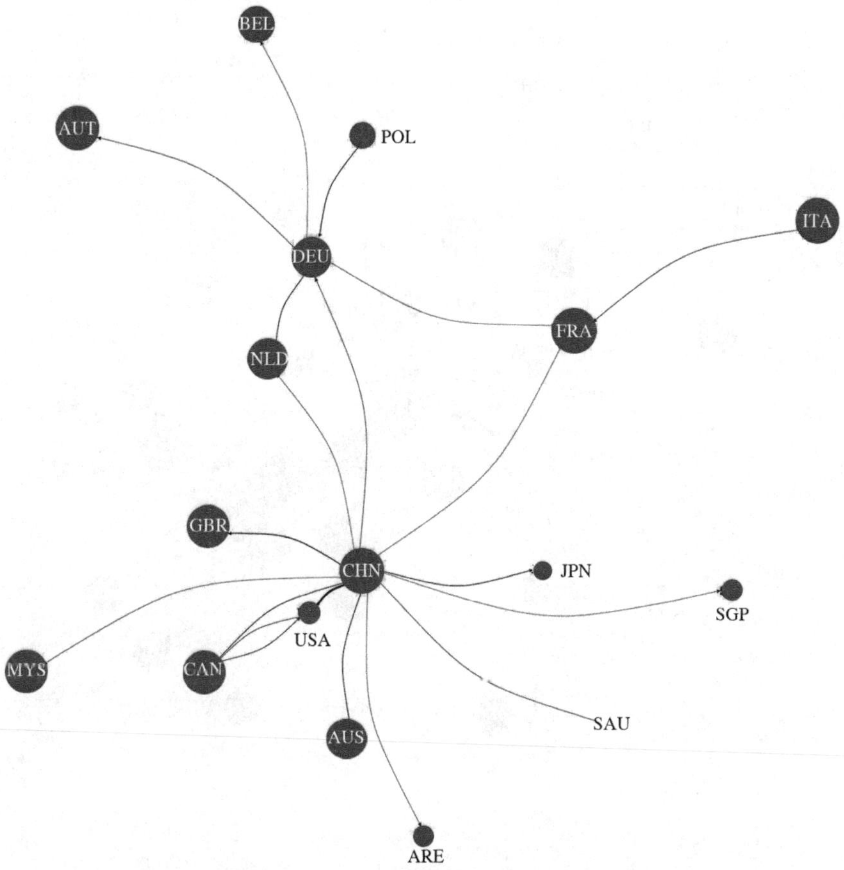

附图 6　2009 年家具产品森林认证贸易网络

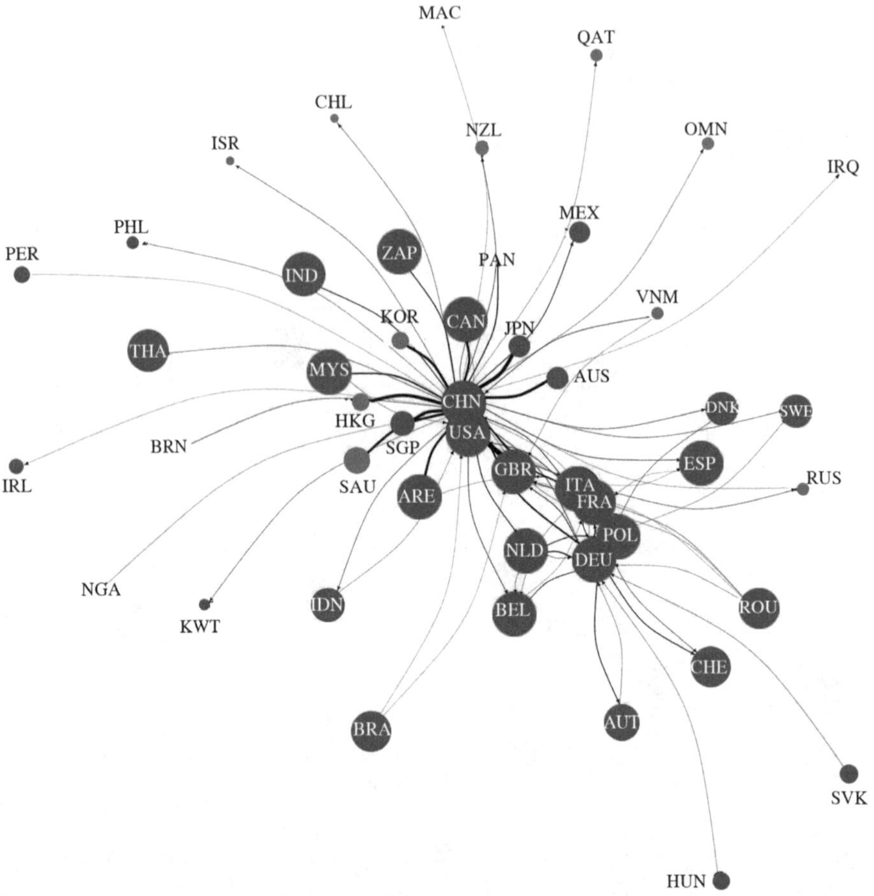

附图 7　2015 年家具产品森林认证贸易网络

附录D 纸和纸浆产品以及家具产品网络聚类系数排名前20的国家

纸和纸浆产品以及家具产品网络聚类系数排名前20的国家如附表2所列。

附表2 纸和纸浆产品以及家具产品网络聚类系数排名前20的国家

纸和纸浆产品									
贸易网络					森林认证贸易网络				
排名	2009年		2015年		排名	2009年		2015年	
	国家	系数	国家	系数		国家	系数	国家	系数
1	德国	0.42	法国	0.38	1	德国	0.38	法国	0.38
2	英国	0.36	中国	0.38	2	英国	0.35	中国	0.38
3	美国	0.35	德国	0.38	3	中国	0.32	德国	0.38
4	中国	0.35	荷兰	0.38	4	法国	0.31	英国	0.37
5	法国	0.34	英国	0.37	5	意大利	0.28	印度	0.33
6	瑞典	0.33	瑞士	0.37	6	荷兰	0.28	荷兰	0.32
7	印度	0.33	美国	0.35	7	西班牙	0.25	西班牙	0.32
8	瑞士	0.32	西班牙	0.35	8	比利时	0.24	意大利	0.31
9	西班牙	0.32	奥地利	0.34	9	印度尼西亚	0.23	奥地利	0.31
10	比利时	0.32	印度	0.33	10	加拿大	0.22	泰国	0.30
11	加拿大	0.31	泰国	0.33	11	泰国	0.22	美国	0.30
12	荷兰	0.31	加拿大	0.32	12	印度	0.22	加拿大	0.28
13	泰国	0.31	比利时	0.31	13	瑞典	0.22	瑞士	0.28
14	印度尼西亚	0.30	韩国	0.31	14	奥地利	0.22	新加坡	0.28
15	韩国	0.30	意大利	0.31	15	马来西亚	0.19	比利时	0.28
16	意大利	0.29	丹麦	0.30	16	芬兰	0.19	波兰	0.27
17	奥地利	0.28	波兰	0.30	17	巴西	0.17	印度尼西亚	0.24
18	澳大利亚	0.24	瑞典	0.29	18	土耳其	0.18	土耳其	0.24
19	马来西亚	0.25	印度尼西亚	0.28	19	瑞士	0.18	葡萄牙	0.24
20	南非	0.24	新加坡	0.28	20	澳大利亚	0.15	巴西	0.23

续附表 2

家具产品									
贸易网络					森林认证贸易网络				
排名	2009 年		2015 年		排名	2009 年		2015 年	
	国家	系数	国家	系数		国家	系数	国家	系数
1	中国	0.42	中国	0.38	1	中国	0.31	中国	0.33
2	马来西亚	0.32	意大利	0.34	2	马来西亚	0.22	意大利	0.26
3	意大利	0.26	德国	0.28	3	意大利	0.20	马来西亚	0.22
4	德国	0.26	美国	0.25	4	印度尼西亚	0.15	德国	0.21
5	美国	0.24	马来西亚	0.24	5	英国	0.13	印度尼西亚	0.18
6	法国	0.23	印度尼西亚	0.23	6	德国	0.13	英国	0.17
7	英国	0.20	法国	0.23	7	法国	0.12	法国	0.17
8	印度尼西亚	0.18	英国	0.22	8	西班牙	0.12	阿拉伯	0.14
9	西班牙	0.19	西班牙	0.21	9	比利时	0.08	土耳其	0.14
10	巴西	0.17	土耳其	0.19	10	加拿大	0.07	西班牙	0.14
11	比利时	0.13	荷兰	0.19	11	泰国	0.05	荷兰	0.14
12	印度	0.15	阿拉伯	0.17	12	巴西	0.04	巴西	0.08
13	泰国	0.12	比利时	0.16	13	波兰	0.06	波兰	0.12
14	土耳其	0.14	韩国	0.17	14	荷兰	0.06	丹麦	0.11
15	加拿大	0.12	印度	0.15	15	丹麦	0.06	印度	0.09
16	南非	0.12	丹麦	0.15	16	印度	0.03	比利时	0.10
17	斐济	0.10	泰国	0.15	17	奥地利	0.05	葡萄牙	0.08
18	韩国	0.10	加拿大	0.13	18	瑞典	0.04	加拿大	0.07
19	瑞典	0.10	巴西	0.13	19	澳大利亚	0.03	美国	0.07
20	荷兰	0.10	葡萄牙	0.10	20	墨西哥	0.02	泰国	0.05

附录E　不同国家森林认证的贸易效应

不同国家森林认证的贸易效应如附表3所列。

附表3　不同国家森林认证的贸易效应

国家	总产品		原木		纸和纸浆		家具	
	出口竞争效应	贸易壁垒效应	出口竞争效应	贸易壁垒效应	出口竞争效应	贸易壁垒效应	出口竞争效应	贸易壁垒效应
阿尔巴尼亚	−0.23	0.25	0.36	0.06	0.00	0.24	−0.59	0.31
阿拉伯联合酋长国	−0.77	0.19	0.63	1.19	−0.43	0.23	4.62	0.08
阿根廷	−0.77	0.19	0.63	1.19	−0.43	0.23	4.62	0.08
澳大利亚	−0.67	−0.98	−0.48	−1.01	0.07	0.15	−0.61	−0.13
奥地利	0.21	0.30	0.12	0.26	−0.43	−0.77	−0.60	−0.54
比利时	0.18	0.33	0.29	0.86	0.09	−0.22	0.45	0.53
保加利亚	0.27	0.18	0.17	0.30	0.39	−0.09	−0.75	−0.39
白俄罗斯	−1.06	−0.72	−0.02	0.01	0.03	0.40	−0.60	0.15
巴西	−0.05	−0.21	0.28	0.89	0.63	0.79	0.42	0.89
加拿大	−0.49	−0.23	−0.05	0.47	−0.02	0.05	0.25	0.72
瑞士	0.14	0.72	0.32	0.50	−0.06	0.13	0.18	0.68
智利	−0.35	0.07	−0.25	0.42	0.52	1.16	−0.04	0.15
中国	0.31	−0.19	0.38	0.27	0.71	−0.27	0.19	−0.04
哥伦比亚	0.33	0.25	−0.02	−0.48	0.20	−0.02	−0.04	0.59
哥斯达黎加	0.42	1.22	0.53	0.81	0.49	0.51	0.09	0.21
塞浦路斯	0.14	0.23	−0.05	0.28	0.67	0.10	−0.05	0.05
捷克	0.21	0.50	−0.39	−0.97	−0.39	−1.19	−0.56	−1.21
德国	0.15	0.28	0.41	1.03	−0.15	−0.77	−0.07	−0.24
丹麦	0.20	0.19	0.38	1.16	−0.37	−0.73	−0.46	−0.25
厄瓜多尔	0.71	1.42	0.53	1.27	0.46	0.21	−0.53	0.08
埃及	0.32	0.44	−0.19	1.01	0.12	0.10	0.00	0.19
西班牙	0.27	0.16	0.32	0.83	0.31	−0.01	0.31	0.49
爱沙尼亚	0.05	−0.04	0.36	0.54	−0.32	−0.13	−1.80	−1.31
芬兰	0.07	0.23	0.81	1.33	−0.36	−0.71	−0.46	−0.02
法国	0.71	0.49	0.83	1.31	1.33	−0.01	0.33	0.09
加蓬	0.65	0.13	0.55	0.87	0.12	−0.25	−0.23	0.28
英国	0.34	−0.20	0.42	0.06	−0.03	−0.41	−0.13	−0.02

续附表 3

国家	总产品		原木		纸和纸浆		家具	
	出口竞争效应	贸易壁垒效应	出口竞争效应	贸易壁垒效应	出口竞争效应	贸易壁垒效应	出口竞争效应	贸易壁垒效应
希腊	0.33	0.84	0.72	1.22	0.10	−0.17	0.34	0.76
危地马拉	0.03	1.14	−0.81	1.07	−3.77	0.33	−0.10	0.19
克罗地亚	0.05	0.25	0.39	−0.07	0.16	0.19	−0.17	−0.41
匈牙利	0.04	0.40	0.07	1.09	−0.72	−1.00	−0.55	−0.64
印度尼西亚	−0.04	0.27	0.17	0.77	−0.15	0.01	−0.17	0.11
印度	0.69	−0.37	−0.07	−1.05	−0.17	−0.66	0.24	0.25
爱尔兰	0.18	0.22	0.43	1.32	−0.20	−0.04	−0.01	0.68
意大利	−0.18	0.21	0.20	0.81	0.26	−0.44	−0.26	−0.17
日本	−0.36	−0.45	0.14	0.17	0.26	0.23	0.76	0.49
韩国	−0.18	0.13	0.24	−0.31	−0.28	−0.76	−0.02	0.17
黎巴嫩	0.42	0.23	0.01	−0.36	0.26	0.23	0.35	0.39
斯里兰卡	−0.03	1.68	−0.38	−0.04	−1.28	−0.14	−1.19	0.53
立陶宛	−0.10	0.22	0.20	0.82	−0.54	−0.31	−0.89	−0.36
卢森堡	0.48	0.75	0.20	0.37	0.02	0.13	0.12	−0.07
拉脱维亚	1.25	0.16	1.07	0.55	−0.68	−0.53	−0.18	0.12
摩洛哥	−0.45	0.06	−0.31	−0.42	−0.42	0.45	0.08	−0.01
墨西哥	−0.32	0.12	0.51	2.02	0.76	0.98	0.23	1.01
马来西亚	0.08	0.13	0.27	0.19	−0.18	0.27	0.09	0.45
荷兰	0.17	0.18	0.49	1.14	0.26	0.03	−0.20	−0.21
挪威	0.07	0.42	0.33	0.99	−0.18	0.15	−1.17	−0.59
新西兰	−0.41	−1.25	−0.28	−0.16	0.74	0.34	−0.26	0.17
阿曼	0.23	0.26	0.00	0.42	0.12	0.51	0.12	0.17
巴基斯坦	−0.44	−0.19	0.00	−0.48	−0.06	−0.05	0.23	0.02
巴拿马	0.66	0.75	0.36	0.66	−1.24	0.26	−0.06	0.17
秘鲁	−0.22	0.51	0.54	1.70	0.43	0.54	0.23	0.43
菲律宾	−0.04	−0.20	−0.12	−0.39	1.21	0.29	−0.33	−0.28
波兰	0.07	0.05	−0.15	−0.88	−0.62	−0.86	−0.99	−0.91
葡萄牙	0.05	−0.09	0.06	0.19	−0.10	−0.08	−0.12	0.26
卡塔尔	1.43	0.58	−0.01	−0.05	−2.19	0.30	−0.88	0.22
俄罗斯	−0.11	−0.06	0.90	1.69	0.31	0.57	−0.90	−0.42

续附表 3

国家	总产品		原木		纸和纸浆		家具	
	出口竞争效应	贸易壁垒效应	出口竞争效应	贸易壁垒效应	出口竞争效应	贸易壁垒效应	出口竞争效应	贸易壁垒效应
沙特阿拉伯	−0.33	0.04	−0.17	−0.47	0.38	0.33	−0.07	−0.10
斯洛伐克	−0.09	0.71	0.59	1.44	−0.82	−1.43	−0.30	0.07
斯洛文尼亚	0.02	0.50	0.41	0.80	−0.88	−1.00	−1.41	−1.93
瑞典	0.18	0.31	0.82	1.11	−0.33	−0.55	−0.49	−0.02
泰国	0.13	0.32	0.11	0.09	0.16	0.18	−0.17	0.22
土耳其	−0.23	−0.05	0.11	0.51	−0.15	−0.51	−0.28	0.25
乌克兰	0.45	0.35	0.72	1.47	0.94	0.70	−0.72	−0.67
乌拉圭	−0.36	−0.07	0.11	−0.28	0.10	0.04	−0.16	0.21
美国	1.43	0.56	1.89	0.50	0.94	0.54	2.58	0.25
南非	1.29	0.27	0.49	0.13	0.28	0.32	0.62	0.57